Libres propos sur le droit en vigueur au Gabon

Le justiciable face à la justice au Gabon
dans le tourbillon de la mondialisation

Les impliqués
Éditeur

Fondée en 2014, notre maison d'édition se consacre à la publication d'ouvrages relevant de divers domaines : littérature, récits personnels, premiers romans et nouvelles, essais en sciences humaines, religion, économie, etc.

Les impliqués ont pour vocation de publier, après sélection, les manuscrits qui leur sont confiés. Ils proposent ainsi aux auteurs de faire de leur projet d'écriture une réalité et d'éditer, après une réelle collaboration avec eux, leur ouvrage issu de leurs souvenirs, de leur imagination, de leurs rêves, de leur recherche ou encore de leur travail.

Jean-Pierre Akumbu M'oluňa

Libres propos sur le droit en vigueur au Gabon

Le justiciable face à la justice au Gabon dans le tourbillon de la mondialisation

Essai

Les impliqués
Éditeur

Du même auteur

La désaffectation pour le Travail au Gabon,
Editions Dianora Paris 2009 ; Diffusion PUF.

Libres propos sur les réformes juridiques au Gabon dans le tourbillon de la mondialisation, Editions L'Harmattan Paris 2018.

5-7, rue de l'École-Polytechnique – 75005 Paris
www.lesimpliques.fr
contact@lesimpliques.fr
ISBN : 978-2-38541-302-6
EAN : 9782385413026
Pour l'envoi de vos manuscrits : voir à la fin de cet ouvrage

DEDICACES

Au vaillant peuple gabonais qui, par ses sacrifices, pour avoir enseigné inlassablement sa manière d'être à ses enfants, le sens de l'histoire de la civilisation de l'espèce humaine, pourquoi tu ne tueras pas un autre être humain, pourquoi tu ne dois pas voler, mentir, comploter, intriguer, porter des coups sur un autre être humain, pourquoi tu dois éviter de violer, commettre l'inceste, être homosexuel, pédophile, rejeter toutes formes de déviances et de violences qu'elles soient verbales ou physiques, pourquoi tu ne dois pas haïr, se nourrir de ressentiment, de vengeance, pourquoi tu ne dois pas calomnier, médire, pourquoi il faut être des honnêtes gens, cultiver les valeurs du partage et du vivre ensemble; tout compte fait que l'être humain est l'alpha et l'oméga de la vie.

Il s'agit là de la qualité des rapports humains que l'humanité se forge et s'évertue à inculquer, enraciner durant la marche des siècles par l'éducation pour le présent et pour que son avenir soit meilleur.

Maintenant, l'on comprend mieux où l'on est, où l'on va et quel est le sens dans lequel tourne la roue de l'histoire, le vrai sens de l'éducation de l'espèce humaine qui fait le fond commun de la civilisation de l'universel.

Et que tout le reste n'est que bifurcation ; nager à contre-courant de l'histoire de l'espèce humaine.

Il s'agit d'un faux pas infondé dans l'élévation de l'espèce humaine vers plus d'amélioration de sa civilisation ; dans la lutte en vue du dépassement de sa nature mi-animale, mi-humaine.

Et l'on sait aussi maintenant pour **l'essentiel** que *« le droit est né de l'apparition de la propriété, parce que par-là, l'agressivité, l'avidité et la convoitise des uns et des autres ; les frustrations, les oppressions, les luttes, les péchés ont fait leur entrée dans le monde* [2] *»*, les juges, les Tribunaux et Cours ont vu le jour pour réguler les rapports humains, les rapports entre les hommes et les choses devenues biens.

A mon aîné feu ENGUINGORI Albert qui a permis que j'aille à l'école du gai savoir pour comprendre ce qui se passe dans ce monde troublé en permanence.

---

[2] Jean CARBONNIER *Essais sur les lois* in : Répertoire du Notariat Defrenois, Imprimerie de France 1979, p.293 ;

A mon excellent confrère, Maître NDIMINE MOSSODOU Théodore qui a quitté les affaires du Palais sans avoir vu la parution des ‘‘libres propos’’ qu’il a tant appréciés. Et de se demander *« si seulement ceux qui sont interpellés ici pouvaient être réceptifs et donner bonne suite, on avancerait ».*

A tous ceux qui d’ici et d’ailleurs m’ont permis de me tirer d’embarras dans mon existence.

A

- Mon fils Andy AKUMBU NGOLEBE et mes petits-enfants Nesta Jeanne AKUMBU, Alexandre AKUMBU NGOLEBE, Jean Niven AKUMBU ;

- Mes filles Amana AKUMBU Urmila, Anouscha AKUMBU ;

- Mon homonyme Jean-Pierre Junior AKUMBU ;

- Profonde gratitude pour la mère de mes enfants : SEETALOO Urmila. Que tous ceux qui me sont très chers reçoivent ici mon affection et mon attachement.

- **Que le Barreau du Gabon trouve ici ce qui reste des souvenirs de mon passage au sein du Palais de Justice.**

AVANT-PROPOS

Cet opuscule est principalement destiné aux justiciables, aux praticiens du droit, aux passionnés du droit qui veulent connaître les procédés des juges pour rendre la justice dans la maison commune qu'est le palais de justice.

Il présente la particularité de ne pas être un manuel, un traité, un cours mais la photographie d'une pièce de la théâtralité de l'être humain qui, depuis la nuit des temps, cherche à organiser une vie pacifique en concevant des règles de jeu qui ont du mal à devenir effectives.

Soucieux de partager une sensibilité qui est la nôtre après avoir enseigné le droit pendant 35 ans à la Faculté de Droit et Sciences Economiques à l'Université Omar Bongo de Libreville ; après m'être battu pendant 30 ans pour défendre les droits de la défense, les droits et le droit comme Avocat au Barreau du Gabon, je me devais de formaliser en quelques lignes une certaine expérience, une part de vérité.

Il s'agit d'une autre manière de continuer à plaider.

Ainsi, cet opuscule ne prétend pas avoir embrassé toutes les questions du droit nouveau en gestation au Gabon, ni tous les outils techniques familiers aux praticiens du droit.

Il vise surtout, à partir d'un cas, une hypothèse pratique de nature à permettre au justiciable, qui a soif de Justice, de naviguer dans ce monde complexe, de percevoir la relativité des règles, des solutions juridiques en raison des pratiques des professionnels, des justiciables, de la mauvaise organisation, de l'insuffisance des moyens.

Le procès, ses acteurs sont au cœur de nos préoccupations parce que comme beaucoup de nos compatriotes, nous rêvons les yeux ouverts de vivre dans une société pacifique, sans violence, sans méchanceté.

Le thème : ***libres propos sur l'Acte II d'une pièce de théâtre : le justiciable face à la justice au Gabon dans le tourbillon*** **de la mondialisation**[3] affiche l'ambition d'amener le lecteur à s'interroger sur des questions essentielles telles que :

- Pourquoi tant de dysfonctionnements dans la justice ?
- Qu'est- ce que juger ?

---

[3] Ce titre a été précédé par l'ouvrage : libres propos sur les réformes juridiques au Gabon dans le tourbillon de la mondialisation, paru en 2018 aux éditions l'Harmattan. C'est l'Acte I de la pièce du théâtre : le justiciable face à la justice ;

- Le droit à un procès équitable et d'être jugé dans un délai raisonnable, est-ce possible ?
- Susciter les curiosités du lecteur sur *« cette grande dame »* qu'est la Justice étatique ; ce service public pacificateur, régulateur.

Le concret aura été la scène où se joue la pièce de théâtre qu'est le procès : le justiciable étant acteur et spectateur.

Cette démarche est voulue par le fait que **le concret est le réel, le réel est plus fort que les textes de loi dont il sert d'illustration**.

Ensuite nous avons tenté d'expliquer le **comment** et le **pourquoi** du fonctionnement de la justice gabonaise dans sa globalité tout en le liant au concret parce que partie liée.

Parce que pour mieux comprendre le concret, le réel, il faut faire appel au général qui explique le mouvement de pensée et comment se conçoit le concret comme une totalité. Le concret étant contenu dans le général.

Question aussi d'extraire la pensée de l'objet.

Parce que encore, écrit Simone GOYARD, le juge au contact d'une réalité au sein de laquelle surgit un problème doit construire une solution que le droit en vigueur rend légitime.

« Jamais cette solution ne se dégage des faits. Les faits ne contiennent pas le droit. Elle n'est pas non plus déduite du droit existant, mais elle est construite comme un droit nouveau. Le juge a ici un pouvoir de choix, sa tâche ne consiste pas à appliquer aveuglement un mécanisme prévu par la loi, ni à poser arbitrairement une décision dépourvue de toute garantie d'authenticité, mais à élaborer, pour le problème qui s'est concrètement posé, et dans le cadre prévu par la législation actuelle, une solution adéquate qui soit à la fois nouvelle et régulière [4]».

Que les juristes positivistes, partisans de la théorie pure du droit comprennent qu'il nous a été très difficile de nous en tenir rien qu'à l'analyse des normes juridiques. Le recours aux autres sciences sociales en dehors du droit nous a permis d'avoir une vue large du phénomène étudié et de comprendre que le droit est en rapport lié, non antinomique avec l'économie politique, la sociologie politique, la philosophie,

---

[4] Simone GOYARD : *Essai de critique Phénomène Logique du Droit paru aux éditions* KLINCKSIECK Pau p.120 Paris 1972 ;

l'histoire. La mise en connexion de toutes ces sciences sociales aura été pour nous une source d'enrichissement[5].

[5] Le positivisme juridique et le positivisme sociologique qui, limitent le droit aux règles effectivement appliquées et respectées dans une société déterminée sont les plus grands courants de la pensée juridique prévalant en Afrique ;

SOMMAIRE

INTRODUCTION

De nos jours, nombreux sont les Gabonais qui découvrent la justice étatique nouveau modèle parce que confrontés au nouveau droit de propriété, d'échanges, du travail, du commerce, des successions, des libéralités, de nouvelles technologies de communication ; mais ils ne comprennent que difficilement ce qu'a voulu dire le juge dans un tel motif, tel dispositif qui les condamne alors qu'ils étaient plutôt convaincus du contraire, c'est-à-dire de leur bon droit. Ils découvrent un modèle d'ordre judiciaire cadré qui s'impose aux parties et au juge. Le juge saisi d'une affaire obéit à des règles prédéterminées qu'il n'a pas à modifier selon son bon vouloir.

Et, tout porte à croire lorsqu'on fait une lecture attentive des règles organisant le système judiciaire gabonais, que celui-ci apporte le maximum de garanties de protection au justiciable :

- Droit à un procès équitable dans les délais raisonnables fixés par la loi ;
- Droit de constituer un avocat dès le début de l'interrogatoire ;
- Respect du contradictoire par l'obligation faite aux parties de se communiquer les pièces devant être produites au procès ;
- Possibilité de récusation ou de prise à partie d'un juge, droit à la demande d'un dépaysement ou une délocalisation lorsque le justiciable a des doutes sur l'impartialité du juge.
- Relaxe ou acquittement et libération obligatoire de toute personne poursuivie lorsque les charges ne sont pas avérées.

Or, la présente étude montre aussi que l'accès à la justice semble très compromis eu égard à la complexité des règles établies parfois incompréhensibles, la perte de temps, d'argent, la corruption, les mauvais arrangements vouent le justiciable au découragement, voire au rejet de cette institution. Dans le même temps, le contentieux prend de l'importance. Le nombre d'affaires civiles, pénales, va en augmentant devant les tribunaux à Libreville comme à l'intérieur du pays. Les attentes des justiciables et les récriminations se font nombreuses.

Dans le présent opuscule que le lecteur aura le plaisir de parcourir ; Maître AKUMBU M'OLUŇA a voulu partir d'un cas d'école pathétique, celui d'un procès en abus de confiance jugé au Gabon, afin de cerner les éléments d'errements qui sont susceptibles d'influencer le juge dans son office et les difficultés d'accès à la justice, dans un pays où l'aspiration à la justice est de plus en plus forte.

Mieux, il sera question de savoir : de quelle justice s'agit-il ? De cette justice qui **concilie** ? De celle qui **"tranche sans parti pris"** ? Celle qui **"use d'un couteau tranchant"** pour régler les litiges ? Celle qui **"est instrumentalisée"** ? Ou bien le seul pouvoir **"garant du bon fonctionnement de la société"**, soucieux et **"prompt à raisonner la raison d'Etat"** ; **"gardienne des valeurs du bon vivre ensemble"** et **"grand régulateur qui par la grande teneur et la pertinence de ses décisions inspire confiance au justiciable"** ?

L'auteur ne manque pas d'étendre sa curiosité sur le nouveau Droit objet du procès au Gabon et sa réceptivité.

Nous verrons que les obstacles et difficultés peuvent surgir lorsqu'on est confronté à un problème de nature commerciale dans un procès pénal. Et que le justiciable dans sa quête d'une justice de qualité devrait en principe pouvoir surmonter toutes les difficultés d'accès à cette centrale de régulation eu égard aux nombreuses garanties offertes par la loi, et qu'ensuite la seule garantie formelle de l'accès à la justice ne suffit pas à rendre effective la réalisation du droit par voie contentieuse en raison de la réalité opaque d'éthique, disciplinaire, de certains Juges, certains Avocats, certains Greffiers et de certains justiciables.

Encore que l'objet du procès aujourd'hui est entre autre un droit foncier d'emprunt en crise, un droit du travail d'emprunt à garantie limitée ; un droit à l'indemnisation restreinte ou perdue, voulu par le Code CIMA en cas d'accident de la circulation routière ; une remise en cause du droit à la réparation intégrale du préjudice au nom du principe de rationnement pourtant propre à une économie de rareté ; un droit de la peine contesté qui s'adapte mal.

Enfin, que la justice étatique doit être et demeurée un service public à vocation maintenue : **garant de l'équilibre**, s'adaptant aux évolutions positives, progressives de transformation de la société humaine ; considérant le droit comme étant un guide pour créer une société d'harmonie et de paix : c'est l'attente des peuples parce que le droit **n'est pas seulement fait de l'énoncé des délais, des procédés, des formalités, des sanctions, des droits acquis ou virtuels, des prescriptions, des caducités, des forclusions, intérêts moratoires.**

C'est pourquoi, toutes les réflexions rassemblées dans cet opuscule auront pour appellation **"libres propos"** tenus **sans toute la rigueur académique** pour chercher à **favoriser le message** qui nous tient à cœur, message qui pourra être relayé par des plumes tout aussi intéressées que sensibles.

Le libre propos est aussi un mélange regroupant :

- Le droit pénal qui dans son rapport avec le droit commercial aura été la goutte d'eau qui a cru bon de donner naissance à tout un fleuve : Le droit civil, le droit social ; question de donner une autre lecture au Droit en vigueur au Gabon, à ses catégories juridiques à problèmes, et aux errements et pratiques des acteurs de la justice qui fâchent ; question d'en faire un bouillon de culture.

I. COMMENT PROCEDE LE JUGE DANS UNE AFFAIRE OÙ LES PARTIES VIENNENT DEMANDER RAISON ?

Le problème du rôle du juge, de son office, de sa manière de juger suscite la curiosité et de plus en plus la critique parfois infondée du justiciable.

La question qui vient à l'esprit à la suite d'une décision rendue est de savoir si le juge est libre de choisir entre les moyens allégués par chacune des parties sans tenir compte des preuves admissibles et rapportées par ces dernières dans les formes prévues par la loi ?

On se demande en outre, si le juge a le droit de suppléer dans tous les cas la défaillance des parties, de la loi, de l'argumentation et des moyens, et procéder de son propre chef à la recherche des preuves ? En d'autres termes, se détermine-t-il suivant sa conviction personnelle et en quoi celle-ci est-elle différente de l'intime conviction ?

Certes, la mission de juger est complexe mais il existe des techniques et garde-fous que le droit transposé nous lègue et qui doivent être considérés comme des constances du droit, par conséquent non transgressables au gré des saisons. Il en est ainsi du respect du régime de la preuve en matière commerciale, des exigences de la motivation, de l'exacte motivation, **défaut de motivation**, **défaut de motifs**, **motifs surabondants**, **insuffisance de motifs**, **contradiction des motifs**. L'article 20 du Code de procédure civile gabonais oblige le juge à ne trancher le litige que conformément aux règles de droit qui lui sont applicables et *« à restituer ou donner leur exacte qualification aux faits que les parties auraient proposés »*.

Il est aussi constant que le **juge** doit avoir pour tâche de rétablir l'égalité devant la justice dans toutes les manifestations de la vie juridique. Il ne doit pas se fixer sur la lettre de la loi et en déduire des conséquences abstraites et contraires au droit. Pas plus qu'il ne lui est autorisé comme l'a si remarquablement dit au cours de la rentrée judiciaire du 09 octobre 2009 le Président de la Cour d'Appel de **Tsugu-dja**[6] : *« à abandonner le terrain de la considération du droit et du bien commun, ignorer la loi, les principes, la doctrine et la jurisprudence applicables de manière objective »*. Car il arrive que *« telle décision comporte un exposé honnête des faits qui sont à l'origine du procès, des prétentions et moyens des parties, mais le juge n'aura pas expliqué, sinon suffisamment, les raisons de sa sentence »*.

« Que telle autre répond aux moyens et prétentions des parties, mais la révélation du litige sera bâclée ou escamotée, de sorte que la compréhension de la décision deviendra difficile, tout comme l'appréciation du bien-fondé de la décision retenue ».

« De même telle décision méconnaîtra intégralement les lois du genre, en ne contenant ni l'exposé du litige, ni la moindre motivation ».

« D'autres décisions s'apparenteront davantage à une admonestation émanant de ce juge charismatique cher au Professeur Jean CARBONNIER évoqué dans son ouvrage (Sociologie du droit), ayant le seul pouvoir d'ordonner et d'imposer sa décision ».

« L'obligation de bien juger est écartée par ces décisions habilement confectionnées, empruntant tant aux conclusions d'avocats sans en référer au droit, à l'impartialité, à la pertinence. Le résultat de toute cette pratique c'est la mise en place d'une conduite voulue et intéressée ».

Il doit se mettre au courant des réalités internationales et contingentes et ne pas sacrifier la justice à la logique partisane où à la partialité.

L'intérêt de ce qui va suivre est donc de voir à travers le cas d'école ci-dessous énoncé d'abus de confiance, comment un juge peut donner une fausse qualification aux faits à lui soumis pour arriver à coller à ceux-ci une fausse étiquette juridique. C'est alors que le procès met à l'épreuve le justiciable, et tous les acteurs de la vie du droit. Dès lors va se poser la question de savoir comment dépasser une certaine manière de juger qui éloigne de l'objectivité et de l'impartialité ?

---

[6] Un nom imaginaire in Lembama : langue gabonaise parlée dans la province du Haut – Ogooué qui se traduit en français par : **« il y a avènement des problèmes chaque jour qui passe »**.

Nous nous refusons de voir à priori quoi que ce soit de certain dans les motifs et le dispositif de toute décision de justice ; parce que ce qui est posé comme valable a besoin d'être vérifié, et connu au mieux, grâce à l'esprit de recherche de la vérité judiciaire.

Même s'il est de bons enseignements du philosophe allemand Hegel que *« la véritable science du droit est philosophique »*[7] ; mais rechercher à distinguer la vérité de l'erreur en partant d'un cas pratique est une manière de relier la connaissance à la pratique du cas concret en démêlant le vrai du faux.

Le concret ici est la donnée première qui conduit au procès dans ce qu'il est une mise en évidence de la difficulté de voir triompher la justice voulue par l'une des parties. Il peut être selon les cas le lieu où s'affrontent le droit et des pratiques nourries de présomptions de culpabilité. Nous pouvons arriver à une autre perception de ce phénomène tant décrié qu'est le lien entre le justiciable, la justice et le juge.

Aussi, l'office du juge au Gabon nous retiendra tout d'abord. Nous verrons que les obstacles et difficultés peuvent surgir lorsqu'on est confronté à un problème de nature commerciale dans un procès pénal. Et que le justiciable dans sa quête d'une justice de qualité devrait en principe pouvoir surmonter toutes les difficultés d'accès à cette centrale de régulation eu égard aux nombreuses garanties offertes par la loi, et qu'enfin, la seule garantie formelle de l'accès à la justice ne suffit pas à rendre effective la réalisation du droit par voie contentieuse en raison de la réalité opaque d'éthique disciplinaire des juges, avocats, greffiers et des justiciables.

---

[7] Hegel : Le droit, la morale et la Politique in : textes choisis par Marie-jeanne Königson Paris 1977 P.19

<u>CHAPITRE I</u> : LE PROCES : LA JUSTICE FACE A L'EPREUVE DES FAITS EXEMPLE « L'AFFAIRE NGAMAMI C/ MBAGUI NDJELI »

Voyons tout d'abord comment une Cour d'Appel peut percevoir les faits d'une cause à elle soumise avant de montrer les limites des procédures utilisées lors de la recherche de LA VERITE.

<u>SECTION I</u> : EXPOSE DES FAITS ET LA VERSION DE LA COUR D'APPEL

Courant mai 1993, la Cour d'Appel de **Mbia-a-Ntaris**[8] a jugé une affaire pathétique où elle dit ce que doit être le critère de loyauté, ce qu'il doit revêtir quand il y a administration de la preuve en matière commerciale et en matière pénale.

La Cour d'Appel de **Mbia-a-Ntari** relate les faits de l'espèce ainsi qu'il suit :

Sieur Ngamami[9] avait importé des marchandises d'alimentation de France et en avait, comme d'habitude, confié les formalités de dédouanement à Monsieur MBAGUI NDJELI[10].

« Attendu qu'en date du 30 avril 1994, l'Administration des Douanes, contestant la déclaration faite par le transitaire MBAGUI NDJELI, déposait plainte contre Ngamami, propriétaire des marchandises, pour fausses déclarations douanières ; que le 19 juin 1992, le Tribunal avait condamné auparavant Ngamami *à 15 jours d'emprisonnement avec mandat d'arrêt et au paiement de la somme de 52.000.000 Fcfa de dommages et intérêts ;*

Attendu que Ngamami a régulièrement interjeté appel de ladite décision ; par arrêt réputé contradictoire à l'égard de l'administration des douanes, il fut relaxé des fins de la poursuite faute de preuves suffisantes rapportées par la partie civile d'une part, et d'autre part sur

[8] Un nom imaginaire in Lembama : langue gabonaise parlée dans la province du Haut – Ogooué qui se traduit en français par : **« chasse aux serpents » ;**

[9] Un nom imaginaire in Lembama : langue gabonaise parlée dans la province du Haut – Ogooué qui se traduit en français par **« l'homme à problèmes » ;**

[10] Un nom imaginaire in Lembama : langue gabonaise parlée dans la province du Haut – Ogooué qui se traduit en français par « **celui qui a suivi les autres** » ;

la base du témoignage de OYERIGUEDJOGO[11]*, témoignage selon lequel Ngamami aurait remis 3.000.000 Fcfa à son transitaire et ne pouvait donc être à l'origine de fausses factures querellées ;*

Attendu qu'entre temps, Ngamami a pu obtenir la main levée de la saisie effectuée sur ses comptes bancaires et les marchandises litigieuses par ordonnance du 10 mai 1993 ;

Attendu que fort de ces éléments, Ngamami a dénoncé le transitaire MBAGUI NDJELI comme étant l'auteur des fausses factures et l'a poursuivi pour abus de confiance et escroquerie, faits prouvés d'une part par la remise d'une facture et d'une somme de 3.000.000 Fcfa représentant le montant réclamé.

Attendu que ce dernier, à son tour, a interjeté appel de cette décision en affirmant qu'il s'agit de faux témoignages et qu'il n'existe aucune preuve écrite conformément aux dispositions de l'article 1341 du Code civil ; il conclut au principal à sa mise hors cause, au subsidiaire à sa relaxe au bénéfice du doute et enfin, à l'allocation d'une somme de 3.000.000 Fcfa de dommages et intérêts pour procédure abusive ».

Et pour justifier sa décision le juge a énoncé les motifs suivants :

« Que la seule question demeurant litigieuse reste celle de savoir si Ngamami a perçu de l'argent de la part de MBAGUI NDJELI et si cet argent a été détourné par celui-ci » ;

« Qu'aux termes de l'article 1341 du code civil : il doit être passé acte écrit de toutes choses excédent la somme ou la valeur de 50 FF soit 2500 Fcfa, qu'il ressort de ce texte que tous les faits juridiques qui ont pour résultat immédiat et nécessaire soit de créer ou de transférer des obligations ou des droits doivent être rapportés par écrit »

« Que Ngamami ne produit aucun écrit pour justifier la prétendue créance dont il se prévaut »

« Qu'en l'absence de cette précaution élémentaire, Ngamami verse aux débats une sommation interpellative d'où il résulte du témoignage

---

[11] Un nom imaginaire in Lembama : langue gabonaise parlée dans la province du Haut – Ogooué qui se traduit en français par «**la malice ne permet pas de bomber le torse** » ;

NB : il est à remarquer que, même si les noms donnés dans l'histoire contée dans la partie qui nous sert d'illustration de la théâtralité vécue par le justiciable sont imaginaires ; il reste que les faits sont vrais, vécus au Gabon devant une juridiction dont il nous a été difficile d'évoquer l'appellation ; question d'ausculter le réel à partir de la fiction.

d'un certain OYERIGUIDJOGO que cette affaire aurait reçu une tentative d'arrangement amiable devant le Consul général du MO-OSSIBO ; »

« Que l'intimé de son côté a produit un acte rectificatif de ladite sommation interpellative, dans laquelle l'huissier fait état de ce que la déclaration ci-dessus n'est pas celle de MR SIR, Consul de Mbondo-a-Antaba au Gabon, mais plutôt celle de OYERIGUIDJOGO ; que ce dernier interrogé à l'audience a précisé que Ngamami est son fournisseur ;

Qu'un tel témoignage, empreint de partialité en raison des liens qui unissent deux personnes ne saurait être pris au sérieux par la Cour » ;

« Que s'il résulte de ces pièces des multiples démarches et tractations des uns et des autres, il n'en demeure pas moins vrai que cet état des faits semble dû à la résistance injustifiée de Ngamami qui, du reste, a été relaxé par un arrêt de cette chambre le 10 mai 1993 » ;

« Qu'à cet égard, il peut être fait remarquer que le procès-verbal de la Douane fait état d'une somme de 5.263.700 Fcfa que Ngamami devait verser à la Douane ; que l'on est en droit de se demander à quoi correspondent exactement les sommes de 3.000.000 Fcfa remises à MBAGUI NDJELI par Ngamami, et celle de 56.000.000 Fcfa réclamée au titre des dommages-intérêts par Ngamami et que le Tribunal lui aurait accordé après condamnation de MBAGUI NDJELI des chef d'abus de confiance et d'escroquerie (301 et 307 CP) » ;

« Que pour déclarer MBAGUI NDJELI coupable des délits ci-dessus, le jugement constate que : « il est prouvé que le prévenu a payé la somme de 321.382 Fcfa comme droits de douane pour faire sortir la marchandise du dépôt douanes ; qu'il peut continuer à nier d'avoir perçu de l'argent dès lors qu'une somme d'argent a été versée par ses soins à la douane ; et n'ayant d'ailleurs pas justifié la provenance de cette somme à l'audience, il y a lieu de déduire que ce dernier a perçu ainsi que l'affirme le témoin OYEREGUIDJOGO la somme de 3.000.000 Fcfa des mains du requérant » ; qu'en ce qui concerne l'escroquerie le prévenu ne peut s'obstiner à dire avoir reçu une fausse facture ; que même la facture à lui présentée était fausse ; que même s'il lui avait remis la facture fournisseur RCL au lieu de TOUPNOT, ce dernier devait se rendre compte que celle-ci ne comportait pas le poids de la marchandise d'une part, et qu'il y avait une erreur entre le montant en chiffres et celui présenté en lettres d'autre part ;

Que de telles observations auraient dû attirer la méfiance du prévenu ; que de telles contestations ne sauraient échapper au transitaire de bonne foi ; qu'il est seul responsable de ces omissions et inexactitudes ainsi que l'affirment les articles 115, 384 et 385 du Code des Douanes ; » ;

Et la Cour d'en déduire :

« Qu'en statuant ainsi le Tribunal a fait une inexacte application des dispositions légales susvisées ; qu'en effet Ngamami n'a jamais contesté le procès-verbal de constat dressé par la douane, qu'il a signé ; Que par ailleurs, les termes dubitatifs et interrogatifs ne peuvent constituer ni la preuve de la remise de la somme, ni la contestation de la manœuvre, ni le caractère déterminant, dès lors il échet de dire le prévenu en voie de relaxe ».

SECTION II : DU REFUS DE PRENDRE EN COMPTE LE DROIT APPLICABLE AU CAS D'ESPECE

Dans le cas d'espèce, il s'agit tout simplement de donner l'opportunité à sieur Ngamami, commerçant, de prouver par tous les moyens qu'il avait bien remis une somme de 3.000.000 Fcfa à sieur MBAGUI NDJELI son transitaire, aux fins de dédouanement de marchandises destinées à la vente commerciale.

Même si Ngamami n'a pas exigé un reçu ou un acte écrit constatant la remise de fonds, à cause de l'habitude née de la confiance tissée au fil de longues années de partenariat entre son transitaire et lui, il n'y a aucun doute que l'acte de remise de fonds dont la preuve incombe bien entendu à sieur Ngamami est bien un acte de commerce soumis au régime de preuve *« par tous moyens »* prescrit par l'article 109 du Code de Commerce.

Il apparait dès lors que c'est à tort et **par méconnaissance apparente des prescriptions de l'article 109 du code de commerce** que la Cour d'Appel s'est **accrochée à l'article 1341 du Code civil** pour infirmer la décision du Premier Juge, et en conséquence relaxer sieur Ngamami.

Mieux encore, même si plus tard Monsieur SIR consul du *MO-OSSIBO* avait déclaré à l'occasion de sa sommation interpellative effectuée par un huissier de justice le 02/10/1992 ce qui suit : *« nous ne pouvons pas témoigner compte tenu du fait qu'il s'agit d'un différend qui oppose deux sujets de M. il appartient au tribunal d'apprécier selon les règles de procédure ».*

Une telle déclaration de Sir Consul n'est pas du tout surprenante et ne vaut pas refus de témoigner comme il peut le penser ; on doit plutôt penser qu'en répondant ainsi à sa sommation interpellative, le Consul du *MO-OSSIBO* n'a pas nié avoir assisté le 1er/07/1992, dans les locaux de ses services, à la reconnaissance de la perception de la somme litigieuse de 3.000.000 de frs CFA des mains de Ngamami par sieur MBAGUI NDJELI aux fins de dédouanement des marchandises.

Il apparait ici que Monsieur SIR Consul du *MO-OSSIBO* a implicitement reconnu avoir été témoin.

Mais voici qu'à l'égard de tous ces éléments de preuve qui précèdent, versés aux débats par Ngamami et dont la pertinence est évidemment attrayante ; la Cour d'Appel motive ainsi qu'il suit :

« ... Ngamami ne produit aucun écrit pour justifier la prétendue créance dont il se prévaut, ...qu'en l'absence de cette précaution élémentaire, Ngamami verse aux débats une sommation interpellative d'où il résulte du témoignage d'un certain SIR. Que cette affaire aurait reçu une tentative d'arrangement à l'amiable devant le consul général du MO-OSSIBO » et que *« l'intimé de son côté a produit un acte rectificatif de ladite sommation interpellative dans lequel l'huissier fait cas de ce que la déclaration ci-dessus n'est pas celle de SIR consul de MO-OSSIBO au Gabon, mais plutôt celle de sieur OYERIGUIDJOGO ».*

Ainsi, on peut aisément voir la Cour d'Appel s'accrocher vainement au rectificatif apporté par l'Huissier, à la deuxième réponse figurant sur l'acte de sommation de sieur SIR, lequel rectificatif, bien compris, n'entame pas au fond l'intérêt et la portée des déclarations successives de Sieur SIR.

Par contre, curieusement, à l'égard du témoignage de sieur *OYERIGUIDJOGO* se disant personnellement témoin de la reconnaissance de la perception des fonds litigieux exprimée par sieur MBAGUI NDJELI devant le consul et ses proches collaborateurs, la Cour d'Appel a tout simplement déclaré qu'il est *« ...empreint de partialité (...) et ne saurait être pris au sérieux par la Cour... »* en raison, selon cette Cour, des liens qui unissent sieur *OYERIGUIDJOGO* à sieur *Ngamami* son fournisseur en faveur de qui il a témoigné.

Il y a lieu de faire remarquer qu'une telle disqualification du témoignage faite par sieur OYERIGUIDJOGO n'a aucun fondement juridique en ce qu'il n'existe aucun texte de loi interdisant à un client de témoigner dans un procès où son fournisseur est partie prenante et que dans la pratique un client ne peut être regardé comme un allié de son fournisseur.

Bien plus, la Cour d'Appel n'a pas établi *« ...la partialité... »* qu'elle affirme relever dans le témoignage de sieur OYEREGUIDJOGO. ; cette Cour n'est donc pas convaincante ; et l'arrêt critiqué sera **loin de faire jurisprudence**.

Par ailleurs, cette Cour d'Appel pouvait mieux se déterminer si seulement elle s'était un peu préoccupée du contenu et de la portée de la déclaration du sieur SIR Consul, consignée par l'huissier sous forme de sommation interpellative.

Dès lors, la Cour pouvait se rendre à l'évidence que la question de la preuve de la remise des fonds était déjà tranchée en ce que le consul n'avait pas nié avoir personnellement été témoin de la reconnaissance de perception exprimée le 1er Juillet 1992 par sieur MBAGUI NDJELI dans les locaux même du consulat.

Mais, dans sa farouche détermination à *« voler au secours »* de sieur MBAGUI NDJELI, la Cour d'Appel a persisté dans des errements en déclarant « ...que s'il résulte de ces pièces de multiples démarches et tractations des uns et des autres, il n'en demeure pas moins que cet état de fait semble être dû à la résistance injustifiée de Ngamami qui, du reste, a été relaxé par arrêt de cette chambre le 10 mai 1993 ».

Il y a donc lieu de rappeler ici que l'arrêt du 10 mai 1993 dont fait cas la Cour d'Appel a été rendu dans le cadre d'une première manche de procès correctionnel intenté contre sieur Ngamami par l'administration des Douanes sur la base de la prévention de « fausses déclarations de valeurs imposables » ; et que préalablement déclaré coupable et condamné à quinze jours d'emprisonnement par jugement du 19 juin 1992, sieur Ngamami a été par la suite déclaré non coupable et relaxé par l'arrêt du 10 mai 1993 dont s'agit.

Ainsi, ce cas d'espèce se situe dans le cadre d'une deuxième manche de procès intenté à sieur MBAGUI NDJELI par sieur Ngamami sur la base des préventions d'abus de confiance et d'escroquerie.

Il se révèle que la Cour d'Appel, en évoquant l'arrêt du 10 mai 1993 dans l'hypothèse où elle l'a fait, se découvre évasive et incohérente car aucun élément dans cette affaire n'autorisait la remise en cause des prétentions de sieur Ngamami. Bien au contraire, sieur Ngamami avait eu gain de cause dans cette première manche de procès dont l'arrêt du

10 mai 1993 était à tort évoqué par la Cour d'Appel dans le cas de l'espèce.

C'est ainsi qu'une personne demandant le remboursement d'un prêt à la veuve d'un commerçant décédé, celle-ci n'étant pas au courant, refusa tout payement alléguant qu'aucun écrit n'avait été rédigé.

Aussi, pour convaincre, le demandeur offrait de faire la preuve par la **comptabilité et par témoin**, ce qui était facile, disait-il, pour l'achat d'un appareil nécessaire à son commerce.

Le Tribunal et la Cour d'Appel le déboutèrent au motif qu'il n'avait pas produit un écrit, car l'existence d'un prêt civil ne peut être établie que par écrit.

La Cour de Cassation annula ces décisions en décidant : *« Bien que le prétendu droit du demandeur, ne résulte pas d'un acte de commerce, l'article **109 du code du commerce**, qui permet dans les affaires commerciales de faire la preuve par tous les moyens, est ici applicable puisque le débiteur commerçant avait agi dans l'intérêt de son commerce ».*

Au vu de tous ces éléments, on peut affirmer qu'il y a bien eu détournement des fonds confiés au sieur MBAGUI NDJELI, en qualité de transitaire, par sieur Ngamami, avec mandat d'effectuer un dédouanement de marchandises, moyennant rémunération. Et toutes les manœuvres frauduleuses caractéristiques des circonstances, faits et documents de la cause sont imputables à sieur MBAGUI NDJELI.

C'est dire, comme l'a déjà constaté et prononcé le Premier juge, que les délits d'abus de confiance et d'escroquerie sont bien établis contre sieur MBAGUI NDJELI. Par conséquent, en refusant les préventions d'abus de confiance et d'escroquerie, comme l'a fait avec beaucoup de légèreté la Cour d'Appel dans le cas d'espèce, cette Cour a violé délibérément les articles 301 et 307 du code pénal de même qu'elle n'a pu asseoir sa décision sur une base légale.

Et pourtant, la doctrine est éclairante sur la question de savoir que faire lorsqu'on trouve **dans un procès pénal un problème de nature commerciale ?**

Entre commerçants nous dit Yves Guyon[12], *« la preuve des actes de commerce se fonde sur la rapidité et le caractère répétitif des opérations commerciales qui sont conclues suivant les mêmes conditions et entre les mêmes personnes, c'est pourquoi elle est libre.*

---

[12] YVES Guyon : Droit des affaires 12e Edition Paris 2003, Dalloz, p.23 ;

Elle peut se faire par tous les moyens, y compris les témoignages et les présomptions ».

Il y a le fait que les commerçants sont assujettis à une comptabilité rigoureuse qui facilite tout contrôle quant aux dettes et créances de l'entreprise. De ce fait, les livres comptables ont un rôle de preuve certain puisque l'article 16 alinéa 2 du code du commerce français qui s'appliquait au GABON dispose qu'ils doivent être conservés pendant 10 ans. L'article 19 du traité OHADA abonde dans le même sens.

Concrètement, dans une poursuite pour abus de confiance, il y a lieu à première vue de prouver l'existence du contrat invoqué, problème de droit civil en principe, donc preuve du droit : un écrit est nécessaire au-dessus de 50 FF (article 1341 C. civ.). La règle étant parfois bien rude pour la victime, il faut donc tenir compte des exceptions, qui permettront de recevoir, notamment, la preuve par les témoignages.

A cet égard, l'article 109 du code de commerce est assez explicite sur ce qu'à l'égard des commerçants, les actes de commerce peuvent se prouver par tous les moyens, à moins qu'il n'en soit autrement disposé par la loi.

Alors, la question que l'on est en droit de se poser est celle de savoir si le contrat dont la preuve de l'existence incombe au demandeur est ou non un acte de commerce ?

On répondra en faisant remarquer que la relation juridique qui lie le commerçant Ngamami à son transitaire sieur MBAGUI NDJELI s'analyse en un mandat conventionnel, le mandataire ici prenant le nom du commissionnaire, s'agissant d'un mandataire qui agit comme commissionnaire agrée en douanes.

Il convient pour mieux comprendre une telle analyse, de se référer à la définition du *« mandat »* donné dans l'article 1984 du code civil : *« le mandat ou procuration est un acte par lequel une personne donne à une autre le pouvoir de faire quelque chose pour le mandant en son nom »*. A l'alinéa 2, il est précisé que : *« ... le contrat ne se forme que par l'acceptation du mandataire »*).

Ensuite, la forme et les modes du mandat sont prévus expressément dans l'article 1985 du code civil en ce que *« le mandat peut être donné par acte authentique ou sous seing privé, même par lettre »*.

Au regard de tout ce qui précède, il appert que la Cour d'Appel a mal choisi son cheval de bataille en se fondant sur les dispositions de l'article 1341 du code civil ; dès lors, la Cour n'a pu éviter de violer l'article 109 du code de commerce qui dispose qu'*« à l'égard des commerçants, les actes de commerce peuvent se prouver par tous moyens... ».*

De même, le dogmatisme et l'obstination de la Cour d'Appel l'ont naturellement conduit à banaliser et à écarter à tort les éléments de preuve apportés aux débats par sieur Ngamami.

Il s'ensuit en définitive que la Cour d'Appel n'a fait aucune diligence dans le sens de la manifestation de la vérité, qu'elle a plutôt étouffée d'office. Pour cela elle a manifestement failli quant au discernement requis pour son choix et une application judicieuse **de la loi de la preuve des actes de commerce**.

CHAPITRE II : DEFAUT DE MOTIF ET CONFUSION VOLONTAIRE : VIOLATION DES ARTICLES 301, 307 DU CODE PENAL

Le délit d'abus de confiance est prévu et puni par l'article 307 du code pénal gabonais en ce qu'il est : *« un détournement ou dissipation frauduleuse d'effets ou valeurs volontairement et provisoirement confiés par leurs propriétaires possesseurs ou détenteurs, à toute personne en vertu d'un contrat de louage, de dépôt, de mandat, de nantissement, de prêt à usage ou pour un travail salarié ou non, à la charge de les rendre ou représenter ou d'en faire usage ou un emploi déterminé »*[13].

De même, le délit d'escroquerie est prévu par l'article 301 du Code pénal en ce qu'il dispose que :*« quiconque, soit en faisant usage de faux noms ou de fausses qualités, soit en employant des manœuvres frauduleuses pour persuader de l'existence de fausses entreprises d'un succès, d'un accident ou de tout autre évènement chimérique, se sera fait remettre ou délivrer, ou des obligations, des dispositions billets, promesse, quittances ou décharges et aura, par un de ces moyens escroqué ou tenté d'escroquer les biens d'autrui sera puni (...) »*.

Curieusement dans le cas d'espèce, pour écarter les préventions d'abus de confiance et escroquerie, la Cour d'Appel a tout simplement argué de ce que « Ngamami *n'a jamais contesté le procès-verbal de constat établi par la Douane, qu'il a signé »*.

SECTION I : IMPERTINENCE DE L'ANALYSE ET DE LA MOTIVATION

Une telle argumentation de la Cour s'avère gratuite et erronée en ce qu'en réalité sieur Ngamami avait plutôt refusé de signer le procès-verbal dont il s'agit, raison pour laquelle ce procès-verbal portait la mention *« a refusé de signer »* à la place prévue pour la signature.

L'abus de confiance étant un agissement de mauvaise foi, *« les juges n'ont pas besoin de constater expressément dans leurs décisions*

[13] Art. 307 du code gabonais loi n°21/63 du 31 mai 1963 (mise à jour en novembre 1994) Edition Direction des publications officielles.

l'intention coupable. Il suffit qu'on puisse déduire celle-ci de la contestation même des faits ou des circonstances[14] *».*

Jean LARGUIER ajoutera à cette position acquise que *« le commerçant est délictueux en raison des moyens employés ».*

S'agissant de la preuve par témoin, ce texte nous renvoie à l'article 1341 du code civil, dont l'alinéa 2 renvoie *« ... aux lois relatives au commerce, s'il y a matière commerciale »* (art.109 C. Com).

A cet égard, **le principe de la liberté de la preuve en matière commerciale est consacré par la jurisprudence**.

Selon ce principe, « les règles de preuves du droit civil ne s'appliquent pas dès lors que le défendeur est commerçant et a procédé aux opérations litigieuses dans l'intérêt de son commerce »[15].

Alors on est amené à se demander si dans la commission agréée en douane le transitaire est commerçant ou non ?

La réponse ne peut être qu'affirmative eu égard à l'article 632 du code de commerce qui dispose que : *« la loi répute acte de commerce : (...) toute entreprise... de commission... »* (Alinéa 5).

Ainsi donc, le transitaire ou commissionnaire agréé en douane étant réputé commerçant a pu poser un acte de commerce en acceptant le mandat à lui confié d'effectuer le dédouanement de marchandises pour le compte de son client ; étant entendu qu'aux termes de l'alinéa 2 de l'article 1985 du code civil *« l'acceptation du mandat peut être tacite et résulte de l'exécution qui lui a été donnée par le mandataire ».*

En l'espèce il n'y a pas discussion sur l'acceptation du mandat qui d'ailleurs a été exécuté. Mais le litige portant sur la remise de la somme de 3.000.000 de frs CFA par le client du transitaire, en vue de l'exécution de la commission (mandat), la preuve d'une telle remise de somme (quoique supérieure à 50 FF) peut se faire *« ...par tous moyens... ».*

En tout état de cause, la Cour d'Appel de Mbia-a-Ntaris qui n'était pas satisfaite d'une telle présomption, aurait pu, si elle cherchait vraiment la vérité, de sa propre initiative ordonner une vérification des écritures comptables passées par sieur Ngamami pour constater la

---

[14] Jean LARGUIER : Droit Pénal des Aff. Op. Cit. p.155.

[15] J. LARGUIER : Droit Pénal des Aff Op. Cité.p.155.

remise de la somme de 3.000.000 de frs CFA, dans ses livres de commerce.

Il parait dès lors que le procédé par lequel la Cour d'Appel a réfuté cette présomption dans le cas d'espèce est trop négatif et doit être blâmé.

Il en va de même, lorsque la Cour couvre délibérément les manœuvres frauduleuses de sieur MBAGUI NDJELI qui, désespérément, a soutenu avoir reçu la fausse facture fournisseur RCL des mains de sieur Ngamami son client, au lieu de la bonne facture fournisseur TOUPNOT, alors que pratiquement aucun transitaire accompli et sérieux ne peut en *« tant qu'homme de l'art »* faire une formalité de dédouanement de bout en bout sans découvrir et corriger les inexactitudes relevées sur le dossier de dédouanement dans le cas de l'espèce.

La Cour avait pourtant à sa portée les moyens de voir que, par ces allégations, sieur MBAGUI NDJELI ne visait qu'à se soustraire du coup de la prévention des fausses déclarations de valeurs imposables ;

Malgré tout, seul sieur MBAGUI NDJELI, le transitaire, peut être tenu pour responsable des omissions et inexactitudes constatées dans le dossier de dédouanement ainsi introduit et suivi par lui jusqu'au bout, conformément aux dispositions des articles 115, 384 et 385 du code des Douanes.

La Cour aurait pu de ce fait, comprendre que c'est justement pour cette dernière raison que sieur Ngamami avait, à juste titre, refusé de signer le procès-verbal de constat de l'information de fausses déclarations douanières car un procès-verbal devait être plutôt soumis à la signature de sieur MBAGUI NDJELI en sa qualité de transitaire, *« homme de l'art »*, auteur des formalités incriminées.

Il est d'emblée curieux de constater que la Cour d'Appel se demande en l'espèce, *« (...) à quoi correspondent exactement la somme de 3.000.000 Fcfa remise à MBAGUI NDJELI par Ngamami et celle de 56.000.000 Fcfa réclamée au titre de dommages-intérêts par Ngamami et que le tribunal lui aurait accordée après la condamnation de MBAGUI NDJELI des chefs d'abus de confiance et d'escroquerie par rapport au procès-verbal de la Douane qui...fait état d'une somme de 5.263.700 frs CFA que Ngamami devait verser à la Douane »*.

On peut voir non seulement que de telles interrogations portent les marques d'une confusion délibérément entretenue par la Cour d'Appel qui ne s'y retrouve d'ailleurs pas ; mais encore, qu'une telle confusion ne saurait au demeurant ébranler toute conviction en ce qu'il apparait clairement que de tels errements ne portent aucune certitude en eux-mêmes car, il est évident qu'il n'existe aucun lien entre les sommes de 3.000.000 Fcfa et 56.000.000 Fcfa dont il s'agit et la somme de 5.263. 700 Fcfa.

<u>SECTION II :</u> DU POUVOIR D'APPRECIATION DU JUGE ET DE L'OBLIGATION A LUI IMPOSEE DE FAIRE UNE APPLICATION CORRECTE DU DROIT AUX FAITS POUR EVITER TOUT GLISSEMENT VERS L'ARBITRAIRE

L'on est édifié lorsqu'on compare la matière civile à la procédure pénale. Il y a lieu à avoir ici un esprit dépouillé de toute obsession civiliste. Et la présente affaire pose en des termes non équivoques le problème de la croissance de crédit qui doit être accordé aux preuves débattues devant le juge.

En effet, l'adoption de façon dogmatique de la règle selon laquelle *« il doit être passé acte de toutes choses excédant une somme ou une valeur fixée par décret (5000 FF) »* amène à conclure que le juge du fond s'est efforcé de donner l'impression qu'il a rendu une décision à tous points de vue conforme au droit de la preuve.

Ce faisant, il pose plus d'un problème eu égard à son noble rôle ; lui qui a pour mission de constater que les faits qualifiés par la loi pénale sont établis dans le chef de la personne.

Certes ce sont les règles civiles qui s'appliquent à la recherche des preuves lorsqu'une juridiction répressive doit trancher une question extra pénale.

C'est par exemple cette solution qui prévaudrait dans la poursuite de l'infraction d'abus de confiance, dans la mesure où celle-ci suppose l'existence préalable d'un contrat défini par la loi. Dans ce cas, la preuve de ce contrat doit être rapportée selon les règles civiles.

Mais, la situation doit être appréciée autrement lorsque **le fait civil et le délit se confondent.** C'est ainsi que dans le cas d'espèce du délit d'escroquerie, la remise des fonds ne constitue pas un élément préexistant. C'est elle qui est un moyen frauduleux constitutif du délit.

On sait qu'en principe les choses remises à titre de mandat doivent être dotées d'une affectation spéciale qui interdit au mandataire d'en disposer autrement. Par ailleurs, l'acte de dissipation ou détournement doit avoir été frauduleux.

Mais, l'intention frauduleuse uniquement dans la connaissance de la part de l'auteur, qu'il possédait les fonds ou les objets à titre précaire pour le compte d'autrui et qu'il avait l'obligation de restituer ou de faire l'usage déterminé par le contrat ne suffit pas. Il suit de là que pour la jurisprudence, la preuve de l'intention frauduleuse se révèle soit par actes d'appropriation extérieurs, soit par le caractère clandestin des agissements de l'auteur. Quiconque aura employé des manœuvres frauduleuses pour persuader de l'existence de fausses entreprises est qualifié d'escroc et puni de ce fait.

Le juge d'appel ne pouvait donc pas, comme dans le cas d'espèce, méconnaitre le fait que pour l'escroc, le comportement humain que l'on qualifie juridiquement d'escroquerie n'est qu'une *« affaire »* qu'il n'a pas réussie pour reprendre une expression chère à Jean. LARGUIER[16].

On aimerait donc savoir comment a-t-il été possible de passer outre les principes ci-dessus énoncés ? De quoi a-t-on tiré cette conviction pour rendre le droit ?

Dans tous les cas, le principe de l'intime conviction du juge a des limites qui ont été fixées par le droit français qui inspire le droit gabonais lorsque le Code de procédure pénale a estimé, dans un chapitre relatif à la Cour d'Assises (de Michèle Laure RASSAT[17]) que *« la loi ne demande pas compte aux juges des moyens par lesquels ils se sont convaincus. Elle ne leur prescrit pas les règles desquelles ils doivent faire particulièrement dépendre la plénitude et la suffisance d'une preuve ».*

Elle leur prescrit de s'interroger eux-mêmes dans le silence et le recueillement et de chercher, dans la conscience quelle impression ont fait sur leur raison les preuves apportées contre l'accusé et les moyens de sa défense. La loi ne leur dicte que cette seule question qui renferme toute la mesure de leur devoir : avez-vous **une intime conviction** ?

Et l'article 11 du Statut des Magistrats, (Loi n°12/94 du 16 septembre 1994) oblige le Magistrat avant sa prise de fonction à jurer « **de remplir consciencieusement sa fonction, de respecter scrupuleusement le secret des délibérations et de se conduire en tout comme un digne et loyal Magistrat ».**

---

[16] Jean LARGUIER, droit pénal des Affaires collections U ; 1980 ;

[17] Michèle Laure RASSAT : Cour polycopie : Droit pénal criminel 1982, PP. 286-287 Ed ;

Et c'est pour éviter que le principe de l'intime conviction du juge ne se transforme en règne de l'arbitraire que **l'obligation a été faite au juge d'énumérer les preuves qui lui ont paru convaincantes**.

C'est pour la même raison que **les juridictions de fond doivent, dans leurs décisions, faire bonne place à la motivation**.

Aussi, la liberté dont le juge dispose a-t-elle pour limite **l'existence de motifs suffisants** qui ne doivent pas être entachés de contradictions.

La jurisprudence querellée ici est contraire à la conception du droit et au rôle du juge tel que conçoit l'ordre social et juridique en vigueur.

En effet, selon l'optique de cet ordre juridique, les institutions et les règles juridiques une fois posées doivent être d'une application stricte. Leur sens est à dégager par des opérations intellectuelles sans aucune référence à des facteurs subjectifs.

Dans cette logique, l'œuvre du juge consiste certes en des opérations intellectuelles qui visent à dégager la solution judiciaire d'un litige à partir des règles mais aussi à se référer à des principes, car lorsqu'il applique la loi, il n'adhère pas au seul code culturel du législateur seul détenteur de légitimité.

C'est pourquoi ; ces principes juridiques imposent aussi au juge un assouplissement en commerciale et pénal car ici, la preuve se fait par tous les moyens.

Certes, le procès pénal se présente comme un débat sur la preuve. Et le demandeur s'adresse généralement au juge pour obtenir reconnaissance et protection d'un droit ; le juge ne pourra accorder cette protection que si la réalité de ce droit est prouvée. Et l'on sait qu'un droit qui ne peut pas être prouvé a presque aussi peu de valeur qu'un droit inexistant des lors qu'il est contesté.

L'on sait aussi qu'en matière pénale, pour rapporter cette preuve, pour faire éclater la vérité, tout moyen de preuve, même illicite, doit être reçu par le juge et **il appartient d'en apprécier la valeur probante,** la Cour de Cassation Française dans un arrêt de la Chambre commerciale en date du 15 juin 1993.

Le même principe de la liberté de la preuve est bien ordonne par le Code de procédure pénale gabonais que dispose à cet effet que « *Les procès – verbaux et rapport des officiers et agents de police judiciaire sont foi jusqu'à preuve contraire fournie par écrit soit par témoins* » [18]

[18] Article 326 C.PP. gabonais

Et pourtant ce n'est pas cette voie qu'a suivi **la Cour d'Appel de Mbia –a- Ntaris**[19]**.**

Tout laisse apparaitre qu'elle a cherché à faire prouver l'existence du contrat qui est source d'abus de confiance et que de ce fait, on pourrait dire qu'elle fait une juste application de la loi aux faits à elle exposés.

La vérité est que même si l'on admettait que l'article 1315 du Code Civile ancien, tout en disposant que celui qui réclame l'exécution d'une obligation doit la preuve, cette disposition oblige par ailleurs quiconque se prétend libérer de justifier le paiement ou le fait qui a produit l'extinction de son obligation.

Et devant le jeu répressif, le particularisme de cette branche du droit déroge à la règle comme sur la question de la preuve. Dans ce cas, la partie civile voit la charge de la preuve allégée dans la mesure où elle peut profiter des moyens d'investigation du jeu répressif et jouit de la liberté de la preuve.

Elle bénéficie des facilités du point de vue fardeau de la preuve et du point de vue de l'administration de celle- ci. Le juge n'est donc pas arbitre, et ne joue pas un rôle passif. C'est ainsi qu'il importe de prendre l'initiative dans la recherche des faits. Il instruit l'affaire.

C'est dire qu'en principe, la jurisprudence doit apporter toute l'attention au principe ainsi décrit, car cette règle voudrait que les juges ne puissent former leur intime conviction que sur tout élément qui leur est soumis au cours de la procédure. L'on ne peut donc s'abriter derrière le fondement de cette règle qui porte sur l'objet de la preuve des actes et faits juridiques pour énoncer une position non pertinente en droit.

Ainsi qu'on vient de le voir, le système de l'intime conviction concède certes au juge cette possibilité d'apprécier librement la valeur des preuves, d'exiger tel moyen de preuve selon les exigences de la loi toutefois, celui- ci est tenu d'admettre en certaines circonstances que les preuves exigées de par le particularisme de certaines branches du droit en vigueur dans la société ,ce faisant, il respecte le principe de la séparation des pouvoirs et de la légalité qui font de lui le garant du respect de la loi.

C'est l'**essentielle préoccupation du justiciable** qui voudrait que tout jugement soit motivé et ne repose pas seulement sur un avis

[19] Nom imaginaire

personnel du juge. Car, le motif valable n'est pas une déduction mécanique, tirée des circonstances de l'affaire et des textes, en vue de communiquer aux justiciables **la certitude** de la décision.

La justice a pour but, écrit avec forte conviction un magistrat juge d'instruction français d'apaiser les tensions et résolvant, par des déductions ayant force exécutoires, les conflits, grâce à la loi. **Sa fonction essentielle est donc l'apaisement, son outil, la loi sa force d'être acceptée[20].C'est dire que le rôle du magistrat ne saurait se résumer à l'application de la loi en conscience sans se préoccuper des retombées de la décision qu'il a rendue. Car, une décision n'a de valeur que si elle est exécutée et l'exécution a pour effet, sinon de remettre les choses en l'état, du moins d'apporter dans les esprits un apaisement qui permet à la société de fonctionner plus ou moins normalement.**

Malheureusement, à la lecture de nombres de décisions rendues ici et là, on arrive à des situations curieuses ; certains juges appliquent la manière subjective, ce qui rend les justiciables mécontents des décisions injustes. D'autres se contentent des formules de style qui sont loin de convaincre la partie perdante.

Ce faisant, ces décisions méconnaissent la ligne directrice qui gouverne, à savoir que **la justice n'a d'autorité que si les juridictions ont la justesse de régler les conflits en se fondant sur le corps des règles édictées à fin d'une vie pacifique**. C'est l'essentiel de la mission du juge. On notera que même s'il juge selon *« son âme et conscience »,* c'est dans tous les cas par référence à un système de normes juridiques et morales admis comme tel par et dans la société où il exerce son office. C'est pourquoi, **il doit veiller à ce que sa tâche ne se déprécie pas** ; à défaut, il y aurait abdication à l'objectivité et aliénation de l'indépendance.

On pourra faire remarquer **que la tâche du juge est essentiellement d'interpréter la loi**, et que les parties qui n'ont pu s'accorder sur un problème de droit **s'adressent à la justice dans l'espoir de voir le juge leur dire avec exactitude et objectivité droit de la cause. C'est** cela sa mission d'interprétation.

---

[20] Ce magistrat avait préféré garder l'anonymat, toutefois, son propos est contenu dans la revue projet 65/1972 p.114 rue d'Assas Paris 6e ;

En effet, en matière, lorsqu'il s'agit des actes juridiques, la loi a déterminé les modes de preuve qu'elle désigne, ne laissant au juge aucun pouvoir d'appréciation. Le juge ne doit tenir compte que des preuves légales produites, indépendamment de son intime conviction.

Par contre, lorsqu'il s'agit des faits juridiques, la preuve est libre.

De manière plus précise en matière civile, le système de preuve est mixte, le législateur admet la preuve légale lorsqu'il s'agit de prouver des actes juridiques. Ici, il est de principe que la preuve doit être préconstituée conformément à l'article 1341 C.Civ.

Mais si tels sont **les principes que notre cas d'espèces nuance,** il n'a pas été question de prouver des faits juridiques comme c'est souvent le cas en matière pénale, mais un acte juridique émanant d'un contrat particulier : le mandat. Dans ce cas, la partie civile a fourni tous les moyens de preuve exigés par les textes et la jurisprudence existante sur la question afin d'aider le juge **à qualifier correctement les faits et à établir la responsabilité du prévenu** qui, de toute évidence, a abusé de la confiance de son mandant.

S'en tenant aux apparences, le juge s'est trompé en énonçant qu'un contrat ayant donné lieu à abus de confiance se prouve conformément aux règles civiles parce qu'il s'agit d'un acte juridique.

La Cour s'est limitée ainsi à l'application de cette règle en se fiant à une première impression, elle a de ce fait manqué de profondeur d'analyse. Elle a sous- estimé le fait que dans ce procès, l'ordre public et la sécurité de tous les autres commerçants en rapport avec le transitaire MBAGUI NJELI étaient en jeu et que la matière commerciale déroge également aux règles de preuve relatives aux actes juridiques. C'est alors que cette décision pose problème de la certitude de la conviction du juge et du risque d'arbitraire.

En effet, les habitués de prétoire savent que lors d'un procès pénal, le juge a le dernier mot. C'est à lui, que revient cette mission de tirer en son « âme et conscience » les conclusions définitives qu'imposent les faits, les preuves, bref, tous les éléments de la cause soumis à son appréciation. Il est donc la clé de la solution au conflit que les parties n'ont pu résoudre à l'amiable.

Malheureusement, **cette haute conscience manque à certaines magistratures**. Nombre d'entre elles ne sont pas pénétrées de l'idée qu'il n'est pas dans leur **pouvoir de créer des restrictions que le législateur n'a pas souhaitées.**

Bien plus, on pourrait ajouter que le juge qui refuse de juger sous prétexte du silence, d'obscurité ou d'insuffisance de la loi, pourra être poursuivi comme coupable de déni de justice[21].

Il sera aisé de rétorquer que la loi n'est qu'un ensemble de directives. Et que dans le cadre de la loi, le magistrat doit statuer en tenant compte de l'occasion de chaque espèce, des données généralement admises, de la morale, de la sécurité des hommes et des biens, des besoins sociaux, économiques et politiques de la société.

Ainsi qu'on vient de le voir, la décision de la Cour d'Appel de **Mbia-a-Ntaris** qui a pris cause et effet pour une formule de style, est d'un glissement vers l'arbitraire et l'injustice car elle veut imposer comme droit une interprétation subjective du principe selon lequel *« le doute profite au prévenu »*.

Si tel arrêt était suivi et non blâmé, il y aurait là comme un renoncement à la mission de progrès dévolue à la jurisprudence, qui a pour tâche de protéger, par les moyens que l'Etat de droit met à sa disposition, la sécurité des citoyens, des biens et la bonne régularisation de l'ordre social.

Autant dire que la grandeur de la justice souffrirait de **la subjectivité, du laisser-aller, à l'inclinaison à certaines sensibilités**.

Le contrôle de la haute juridiction en matière de preuve et de la présomption d'innocence doit être constant. Et la Cour de Cassation a toujours accordé une attention particulière à une juste qualification des faits et à une correcte motivation de la décision rendue.

C'est dire que lorsqu'un arrêt se borne à affirmer que le doute profite à l'accusé, donnant ainsi l'apparence de veiller au bon respect du principe de la présomption d'innocence, sans préciser explicitement les preuves qui fondent ce doute, sans dire en quoi ce doute est insurmontable, il encourt cassation car il ne permet pas à la Haute Cour de contrôler la qualification retenue. La Cour a toujours cherché par ce biais, à amener les juridictions de fond à se soumettre au droit et à définir de manière circonstanciée et précise les faits de la cause. De sorte que lorsque le juge du fond apprécie souverainement les faits qui lui sont soumis, la décision à intervenir doit être suffisamment motivée, donc empreinte d'une rigueur certaine.

---

[21]Art. 4 du Code civil Français et gabonais, art. 5 al. 3

Aussi ne pourrait qu'être cassé, tout arrêt qui ne s'est pas soucié de la valeur probante des éléments constitutifs de l'infraction fournis par la partie civile. On ne saurait écarter ces éléments sous prétexte que *« Ngamami ne produit aucun écrit pour justifier la prétendue créance dont il se prévaut »*. Ce faisant, il refuse par là même, délibérément, de prendre en considération les seules données fiables du procès qui auraient pu permettre de voir triompher la vérité, au motif que le juge est convaincu de ce que le doute est favorable à l'accusé.

La décision doit être cohérente en mettant suffisamment en exergue les éléments de l'incertitude de la culpabilité. L'exigence de la motivation doit sa raison d'être au souci bien compris de bien situer la sentence. Or, bien souvent, nombre de décisions se contentent de reprendre les termes même de la loi, sans dire à partir de quels faits et quelles circonstances elles estiment que le doute profite à l'accusé.

La motivation consiste à rendre compte de la démarche du juge. Elle doit faire état, tant des appréciations ou des vérifications effectuées et du raisonnement suivi pour justifier la solution, que des raisons ayant conduit au rejet de tels moyens ou prétentions. Toute méconnaissance de ces règles donne toujours lieu à cassation, soit pour défaut ou insuffisance de motifs, soit pour manque de base légale.

Le juge ne saurait donc, sans courir le risque de cassation de sa décision, se dispenser d'analyser les documents fournis par le demandeur, la partie civile. Le pouvoir souverain dont dispose le juge de fond pour apprécier la valeur des preuves, interpréter les faits, porter un jugement de valeur dépendant d'une opinion subjective ou fondée sur des circonstances propres à l'espèce, exige que le juge motive sa décision, c'est-à-dire la justifie par la constatation des faits qui lui servent de base, conformément aux exigences techniques. Du point de vue de son étendue, la motivation doit donc porter sur chacune des prétentions et chacun des moyens exposés dans les conclusions des parties.

Selon une jurisprudence bien établie de la Cour de Cassation, le défaut de réponse à conclusions constitue un défaut de motifs.

Il apparaît dès lors acquis que la Cour de Cassation a désormais tous les éléments de droit pour censurer une décision qui, volontairement, refuse de sanctionner une faute et de statuer sur les intérêts civils en se contentant d'une formule de style insuffisamment motivée. En le faisant, le juge d'appel viole les textes sur lesquels il se fonde pour rendre le droit.

Il faut dire aussi que les arrêts de cette nature qui sont rendus consciemment ou inconsciemment mettent la haute juridiction dans l'impossibilité d'exercer son contrôle sur la légalité des décisions des premiers juges.

Il y a là un problème dans la vie du droit que toute Cour de Cassation ne peut que surveiller et contrôler la qualification, la dénaturation des faits, l'insuffisance de motifs, l'absence de motivation, les motivations laconiques ; **c'est de cette manière qu'elle veille à la vitalité de la justice**.

Au regard de tout ce qui précède, force est de constater que l'arrêt querellé de la Cour d'Appel de **Mbia - a- Ntaris** n'a pas traité le problème de la preuve en matière pénale, civile et commerciale dans tous ses contours.

Tout porte à croire et à espérer que si un tel cas de figure était soumis à la censure de la Haute Cour elle aurait la vigilance nécessaire pour stopper là cet errement, de sorte que désormais les juges du fond assimilent comme une leçon bien comprise le fait que **le principe de la conviction n'est pas une tarte à la crème,** ce, afin d'éviter toute équivoque préjudiciable à la bonne administration des hommes et des choses, et à l'issue pacifique des différends entre justiciables.

II. L'ACCES A LA JUSTICE : UN BESOIN ET UN DROIT

L'analyse du rapport individu-justice constitue le point central de l'équilibre, de l'harmonie et de la régulation de toutes sociétés, qu'elles soient africaines, européenne, américain, ou asiatique. Elle renvoie à la connaissance des questions juridiques tout aussi complexes que délicates et sensibles à aborder.

Les difficultés sont d'abord liées à la définition des termes du sujet. On se limitera donc dans cette partie de l'étude à l'examen du rapport que le justiciable va avoir avec la justice étatique, en passant sous silence ou rapidement des questions telles entre autres que les modes non judiciaires de règlement des conflits.

Précisément, nous entendons aborder la question de savoir si la justice dont il s'agit n'est pas un lieu mystérieux ou pour le moins, difficilement accessible eu égard au cas de figure évoqué plus haut ?

Car, dire que le justiciable accède à la justice, nous amène à penser que celle-ci est rendue par **une institution très attentive** à ses sollicitations et que le droit et ses décisions sont peu contestés et font autorité.

Or, si a priori cette question ne pose aucun problème aux habitués ou professionnels des palais de justice, il en va différemment pour le simple citoyen qui veut obtenir dans le **concret, dans la pratique, la justice** ; c'est-à-dire un procès équitable et qui se demande : **quels sont les chemins à suivre et les garanties pour y accéder ?** Dès lors, on aimait savoir si l'accès à cette enceinte est ouvert à tout le monde ?

A la réflexion, ce thème rend compte d'une situation de contraste réel existant entre les attentes des populations et la justice telle qu'elle est conçue et instituée par l'Etat de droit.

Aussi, est-il possible de proposer au lecteur, une promenade, *« en le faisant pénétrer dans ce lieu difficile, à la recherche de ce quelque chose qui ne se laisse point facilement saisir, ni situer et dont la quête est encore plus hasardeuse que la recherche de ses sources »*. Selon les expressions de Loïc CADIET, *« afin d'y découvrir les quelques difficultés et obstacles qui sont les casse-têtes de quiconque veut justice, car ainsi que l'affirme Georges BERNADOS (1888-1948), il demeure qu'aujourd'hui comme il y a vingt siècles, il s'agit de savoir qui l'emportera de la justice selon l'ordre ou de l'ordre selon la justice[22] »*.

Assurément, le justiciable est de plus en plus convaincu que la justice nouveau modèle est cette maison à plusieurs pièces et étages où il ne peut entrer et s'y retrouver qu'avec l'aide d'un guide. Il se sent exclu dès lors que cette justice est rendue par les détenteurs d'une science, la science juridique dans un langage hermétique qui n'est pas à sa portée, à telle enseigne que André Jean Arnaud a pu dire *« quand on va à la justice, on ne sait jamais ce qui va se passer[23] »*.

Or, si nous nous accordons aisément avec André J. Arnaud pour affirmer que *« ce qui est inconnu fait peur[24] »*, on comprend qu'il puisse se développer toute une vision pessimiste de cette justice au point de dire et d'admettre qu'un mauvais arrangement vaut mieux qu'un bon

---

[22] In Encyclopédie des citations de P. Dupré Editions de Trévisse, Paris 1959 p.4103-4-123.

[23] André Jean Arnaud : Clefs pour la justice in Collection CLEFS SEGHERS-PARIS 1977 p.9.

[24] Maurice KAMTO : Une justice entre tradition et modernité, in La justice en Afrique, Documentation Française-Paris 1990.

procès ou encore comme l'indique André J. Arnaud « *bon droit a besoin d'aide*[25] » ou que « *que gagne assez qui sort du procès*[26] ».

[25] Idem que le 20.
[26] Idem que le 21.

CHAPITRE I : COMMENT LE BESOIN DE JUSTICE DOIT-IL ETRE SATISFAIT SELON LES TERMES DE LA LOI ?

Pourtant le besoin de justice s'est de tout temps exprimé dans toutes les formes de sociétés et de civilisations, de sorte que dans la plupart des constitutions et lois des Etats contemporains sont élaborées des règles de droit aptes à permettre à chaque citoyen de rechercher à satisfaire ce besoin.

SECTION I : QUID DE L'ENGAGEMENT DE L'ETAT A SATISFAIRE LE BESOIN DE JUSTICE ?

Aux dires du professeur Maurice KAMTO, nous assistons presque partout à un engagement de tous les Etats à *« organiser une justice moderne répondant par sa structure et ses règles de fonctionnement aux exigences du modèle universel de l'Etat-Nation, dans sa version libérale née avec la révolution de 1789 »*, ce pour tenir compte de ce que selon le même auteur :

« Tout homme a droit à un procès régulier [27] ».

Dans sa constitution, pacte républicain, la République gabonaise s'engage à ce que :

Article 1er

1°/Nul ne peut être humilié, maltraité ou torturé, même lorsqu'il est en état d'arrestation ou d'emprisonnement »

4°/ « Les droits de la défense, dans le cadre d'un procès, sont garantis à tous ; la détention préventive ne doit pas excéder le temps prévu par la loi ».

23°/ « Nul ne peut être arbitrairement détenu.

Nul ne peut être gardé à vue ou placé sous mandat de dépôt s'il présente des garanties suffisantes de représentation sous réserve des nécessités de sécurité et de procédure.

Tout prévenu est présumé innocent jusqu'à l'établissement de sa culpabilité à la suite d'un procès régulier offrant des garanties indispensables à sa défense.

Le pouvoir judiciaire, gardien de la liberté individuelle, assure le respect de ces principes, dans les délais fixés par la loi. »

Cette vocation de l'Etat doit se réaliser grâce à l'action d'une institution relativement indépendante appelée « pouvoir » ou « autorité judiciaire »

Toutefois, comme l'écrit Maurice KAMTO *: « dans l'ordre social, la justice est à la fois un concept et une institution : entendu comme principale donnée[28] ».* Loïc CADIET précise que : *« au sens courant, pratique, la justice évoque l'institution judiciaire c'est-à-dire l'ensemble des juridictions dont les justiciables attendent qu'elles rendent la justice en prononçant des jugements,*

---

[27] Idem que le 22.

[28] Loïc CADIET O.P cité p.

des ordonnances, des arrêts, en disant le droit par application des lois » et que *« la justice procède alors de la conscience et des comportements de l'homme*[29] *».*

D'après tout ce qui précède la notion de justice paraît subjective, car on est amené à apprécier le juste.

Toutefois, le modèle juridique ambiant, en considérant le justiciable comme étant « celui qui relève de juges ou de juridictions[30] », place celui-ci dans un rapport particulier avec cette institution dont **la vocation est la satisfaction des besoins de justice. Il imprime à la société un passage plus ou moins obligé pour quiconque voudrait voir régler un litige,** alors que par le passé le recours à la justice obéissait à d'autres voies et n'était pas systématique.

L'institution adoptée qui a fait le tour du monde s'ingénie à promouvoir un modèle qui est prisé en raison de ses techniques de résolution des conflits. Sa rationalité est un modèle garantissant de toutes les apparences la sécurité du citoyen vis-à-vis du juge et de son contradicteur peut-être, encore faudra-t-il toutefois que ce modèle puisse fonctionner correctement pour répondre aux nombreuses attentes des justiciables[31].

Au regard de ce qui précède, il importe de savoir quelles sont :

- ❖ Les normes juridiques et principes clés du droit judiciaire qui autorisent l'accès à la justice étatique[32].
- ❖ Puis nous verrons que la seule garantie formelle de l'accès à la justice ne suffit pas au niveau pratique à rendre effective la réalisation du droit par la voie contentieuse[33], car dans la réalité, les dysfonctionnements de la justice sont dus à des causes plus profondes qui rendent celle-ci inaccessible et que naît et se développe une défiance en son encontre.

En attendant, il nous paraît judicieux de faire l'économie des solutions alternatives au profit de la proposition d'une lecture des règles du jeu qui participent à la régulation des rapports sociaux proposés par

---

[29] Maurice KAMTO : une justice entre tradition et modernité in La justice en Afrique Documentation Française-Paris 1990 p.57.

[30] Loïc CADIET op. CIT2 p.13.

[31] Le justiciable et la redécouverte d'une voie négociée des conflits, Etienne LEROY in : La justice en Afrique parue sous la Direction de J. de GAUDUSSON et Gérard CONAC numéro spécial Afrique contemporaine 1990.

[32] Idem.

[33] Au Gabon l'effort d'unification des droits a donné lieu à la suppression des tribunaux coutumiers.

le législateur au justiciable afin de faciliter son accès à cette grande dame qu'est la justice étatique, et qui *« comme la femme inconnue de Verlaine, n'est ni tout à fait la même, ni tout à fait une autre*[34] ».

SECTION II : NORMES ET PRINCIPES JURIDIQUES CLES AUTORISANT L'ACCES A LA JUSTICE ET ASSURANT UN CERTAIN SENTIMENT DE SECURITE AU JUSTICIABLE AU GABON

L'accès à la justice au Gabon se fait suivant des règles contenues dans les codes de procédure civile, pénale et dans les codes des juridictions administratives, constitutionnelles, communautaires. Nous ne traiterons ici que les matières civiles, pénales et commerciales et laisserons de côté la matière sociale et communautaire pour coller au cas concret qui sert de cas pratique et nous renvoie à la norme voulue par le législateur qui fait office de guide pour l'action aussi bien au justiciable qu'au juge dans son office.

- Ces normes seront donc exposées, décrites dans leurs grandes lignes à seule fin d'en favoriser la lecture et la connaissance. Cette partie de l'étude sera de ce fait descriptive et en partie analytique.

1°- Des normes favorisant l'accès à la justice

Les normes juridiques dont il sera question ici sont des *« normes établies »* qui subordonnent et conditionnent l'accès à la justice à des principes et concepts abstraits, lesquels rationalisent l'activité juridique et déterminent la solution aux litiges. Ces normes (règles) constituent dans le même temps des remparts contre l'arbitraire, ainsi que nous le verrons.

Toutefois, l'idée qui réduit la justice à un certain nombre de tracasseries (convocations, arrestations, interrogatoires, gardes à vue, détentions préventives, renvois de l'affaire, attentes interminables dans les salles d'audience ou dans les couloirs d'un juge d'instruction ou d'un juge de référé, angoisses dans la salle des pas perdus si elle atteste que la justice est en dysfonctionnement, elle occulte toutefois le fait tout aussi vrai que la justice assure une certaine protection du justiciable

---

[34] Cité par Loïc CADIET o.p. cité p.8

puisque tout procès obéit à une procédure qui comporte des règles écrites que *' 'nul n'est censé ignorer' '*.

C'est pourquoi *« l'accès à la justice »* appelle d'emblée *« l'action en justice »* définie dans l'article 2 du code de procédure civile gabonais comme étant *« le droit pour l'auteur d'une prétention d'être entendu sur le fond de celle-ci, afin que le juge la dise bien ou mal fondée*[35] *». « Pour l'adversaire, l'action est le droit de discuter le bienfondé de cette prétention ».*

Ces dispositions sont applicables devant toutes les juridictions, même si l'action est différente devant les juridictions civiles, commerciales, administratives qui sont saisies.

L'action en justice commence par l'introduction d'une requête au greffe de la juridiction compétente. L'action pénale quant à elle commence généralement par le dépôt d'une citation directe devant le tribunal ou le dépôt d'une plainte, soit dans un poste ou commissariat de police, ou dans une brigade de gendarmerie, par une plainte adressée au procureur de la République, dans un cabinet d'instruction ou encore par une plainte avec constitution de partie civile adressée au juge d'instruction.

La saisine de la juridiction du travail intervient après non-conciliation devant l'inspecteur du travail ou par saisine directe. L'inspection du travail transmet au tribunal du travail une copie du procès-verbal de non-conciliation. Sur demande du **requérant,** l'inspecteur du travail doit transmettre sans délai au tribunal du travail tout dossier afférent au litige qui lui a été soumis aux fins de conciliation. Passé ce délai, si l'inspecteur du travail n'a pas transmis le dossier au tribunal, le requérant saisit directement la juridiction de jugement.

Il est fait inscription de la **déclaration introduite** sur un registre tenu spécialement à cet effet au greffe du tribunal du travail : un récépissé de cette déclaration est délivré à la partie qui introduit l'action. La date de la requête interrompt la prescription.

L'action en justice est introduite par déclaration orale ou écrite faite au Greffe du tribunal par le demandeur.

Dans les deux jours francs à dater de la réception de la demande, le président fait citer les parties à comparaitre dans un délai qui ne peut

---

[35] Article 2 du code de procédure civile gabonais.

excéder une semaine et qui est majoré, s'il y a lieu, des délais de distances fixés par le code de procédure civile.

L'action en justice doit respecter en sus les délais que la loi prescrit d'une prescription de six mois, cinq ans, etc., suivant la matière judiciaire.

Les délais pour comparaître sont de quinze (15) jours au moins à compter de l'assignation, augmentée en raison des distances : 1 mois pour les personnes domiciliées hors du siège de la juridiction et 2 mois dans les autres cas.

Les citations à prévenu, à partie civilement responsable, sont délivrées à peine de nullité, trois jours francs avant la date de l'audience.

Aussi, l'exercice des voies de recours devra-t-il se faire dans les délais dont les principaux sont à compter de la notification (décision par défaut ou réputée contradictoire), à compter du prononcé (décision contradictoire).

Il en est ainsi en matière de :

		Matières				
		Correctionnelle	**Commerciale**	**Civile**	**Sociale**	**Criminelle**
Voies de recours	Opposition	05 jours	15 jours	15 jours	15 jours	Non admis
	Appel	10 jours	1 mois	1 mois	15 jours	Non admis
	Révision	2 mois à compter de la connaissance de la cause invoquée				Non admis
	Pourvoi en cassation	10 jours	2 mois	2 mois	2 mois	05 jours

C'est dire que l'initiateur de l'action en justice devra-t-il pour appeler son contradicteur au procès, y procéder par des actes tels que : les assignations, la citation à comparaitre, lesquels lui imposent de recourir à un ministère d'huissier de justice, afin d'éviter des heurts entre justiciables antagonistes, et de se doter d'un moyen de preuve (exploit d'huissier) qui atteste que l'autre partie au procès a été effectivement appelée.

Toutefois, s'il est de principe que l'action en justice ainsi comprise procède du droit fondamental de l'homme à la justice, il demeure néanmoins que l'exercice abusif de celle-ci est proscrit et même sanctionné selon les cas, par une décision de rejet, déclarative d'irrecevabilité, de condamnation à dommages-intérêts ou à amendes, prononcée à la charge du justiciable qui a commis l'abus, soit qu'il y a eu défaut de qualité, d'intérêt légitime ou de droit d'agir en justice, soit que l'action en justice est prescrite[36], soit que l'action s'avère malicieuse, vexatoire, dilatoire ou n'est pas fondée sur des moyens sérieux[37].

Par ailleurs, et comme pour contenir les comportements excessifs des justiciables qui cherchent à compromettre l'indépendance des juridictions, des mesures ont été prises par le législateur pour l'assurer en incriminant l'atteinte à l'autorité de la justice par outrage, discrédit sur une décision de justice (cf. art. 160, 161, 181, 182). De même les juges ne sont pas tenus de déférer aux demandes et conclusions de la partie poursuivie ou de la victime.

2°-La liberté de l'action en justice et l'organisation judiciaire perçues comme un rempart contre l'arbitraire et l'injustice

L'action en justice s'analyse comme un rempart contre l'arbitraire et l'injustice en ce sens que tous les justiciables ont droit à la même justice et donc le droit d'agir devant les mêmes juridictions, sous réserve des compétences propres aux juridictions tenant à la matière (ratione materiae) ou au lieu (ratione loci).

En effet, depuis la Révolution française de 1789 et à la suite de la Déclaration des droits de l'homme et du citoyen, toutes les constitutions ont pris l'option de l'abolition des privilèges de juridiction, étant donné qu'aux termes de cette déclaration, désormais tous les justiciables, sans distinction, plaideront en la même forme et devant les mêmes juges, dans les mêmes cas : tous les hommes étant égaux, tous les justiciables ont une égale vocation à être jugés par les mêmes juridictions et ils doivent l'être sans discrimination.

Toutefois, pour plus d'efficacité dans l'action et en raison de la nature du litige, le législateur a prévu des juridictions d'exception qui composent le modèle de l'organisation judiciaire en vigueur. Ici la compétence repose exclusivement sur la qualité du justiciable. Il reste que ces juridictions obéissent à des règles différentes.

---

[36] Article 3 et 4 du code de procédure civile gabonais.
[37] Article 5 et 6 du code de procédure civile.

Aux dires de Gérard CORNU, les tribunaux judiciaires n'ont pas le monopole de la fonction juridictionnelle. Ils ne l'ont, par exception, que dans les cas spécifiés où la loi exige l'intervention de la juridiction étatique, soit pour trancher un litige, soit pour exercer un contrôle sur un acte de volonté privé en matière gracieuse[38].

Dans les autres cas, les parties peuvent s'entendre ou transiger même en cours de procès, ou confier la mission de trancher leur litige à un particulier choisi d'un commun accord (un arbitre) dont la décision est une décision juridictionnelle dotée par elle-même de l'autorité de la chose jugée relativement à la contestation qu'elle tranche.

Il demeure néanmoins que l'égalité des règles procédurales est le principe dans le procès civil surtout contrairement au procès pénal ou administratif où le Ministère Public et les nécessités de l'ordre public autorisent une telle inégalité.

Par ailleurs, le justiciable est libre d'agir en justice ou de ne pas le faire.

En effet, dans le système judiciaire qui nous régit, nul n'a l'obligation de saisir le juge ; l'action en justice est une simple faculté pour la partie qui est en droit de se plaindre.

Mieux encore, en matière civile, le défendeur est libre de discuter ou non le bien-fondé de la prétention du demandeur d'agir en justice ou de ne pas le faire.

De même, le demandeur peut renoncer à son action en se désistant.

En revanche, en matière pénale, ce choix n'existe pas pour le prévenu (auteur d'infraction) qui n'a pas la liberté de disposer de l'action publique exercée par le Ministère Public, au nom de la société, à son encontre, en qualité de partie principale au procès pénal.

S'agissant de l'obligation de la preuve, notons qu'aux termes de l'article 16 du code de procédure civile gabonais *« il incombe à chaque partie de prouver, conformément à la loi, les faits nécessaires au succès de sa prétention »*.

En effet, de telles dispositions traduisent le légitime souci du législateur de préserver tout justiciable contre les allégations ou accusations mensongères et gratuites que, par mauvaise foi ou intention de nuire, son contradicteur peut évoquer à sa charge, lesquelles pourraient lui coûter une condamnation injuste ou arbitraire si le juge

[38] Gérard CORNU : Introduction au Droit civil. Université nouvelle édition Montchrestien, Paris 1980 p.43

n'y prend garde pour en exiger les preuves a priori dont l'administration pèse sur la partie qui les évoque.

S'agissant de l'obligation de conformité du juge à la loi, elle résulte de l'article 20 du code de procédure civile qui oblige à ce que : *« le juge soit tenu de trancher le litige conformément aux règles de droit qui sont applicables en l'espèce. Il doit donner ou restituer leur exacte qualification aux faits et actes litigieux, nonobstant la dénomination que les parties en auraient proposée*

3°- De la gratuité de la justice et l'aide ou assistance judiciaire comme moyens d'accès à la justice.

Les principes du libre accès à la justice et de l'égalité des citoyens devant la justice sont corroborés par l'institutionnalisation d'un système permettant au justiciable de jouir de la gratuité de la justice, puisque tous les pays se sont engagés à rendre gratuitement celle-ci.

Bien plus, la société prête son concours aux justiciables pauvres ou *« indigents »* de par l'institutionnalisation et la mise en application de l'aide judiciaire pour ainsi faciliter à tous l'accès à la justice. La loi gabonaise du 22 juillet 1982 et le décret du 8 septembre 1982 instituent auprès des juridictions de l'ordre judiciaire une aide d'assistance judiciaire.

Selon les articles 50 et 51du Code de procédure civile gabonais : « ***L'assistance judiciaire peut être accordée en tout état de cause à tout plaideur, lorsqu'en raison de l'insuffisance de ses ressources, il se trouve dans l'impossibilité d'exercer ses droits en justice, soit en demandant, soit en défendant. Elle est applicable à tous les litiges et à tous actes de juridiction-gracieuse ».***

Article 51 du même Code dispose que ***« L'assisté est dispensé de consigner les frais et droits qui sont avancés par le trésor et ordonnancés sur les fonds de justice criminelle ; il bénéficie du concours gratuit d'huissier et de l'assistance gratuite d'un avocat. L'assistance s'étend de plein droit aux actes de procédures d'exécution*** ».

Toutefois, pour être admis au bénéfice de l'assistance, le justiciable demandeur doit être dans le besoin et fournir :

- Une demande écrite ou verbale adressée au Procureur de la République du ressort, si le requérant est illettré, procès-verbal de la demande est dressé par le Procureur de la République ;

- Un certificat de non-opposition et à défaut, une déclaration faite devant le Maire ou devant le chef de l'unité administrative de la résidence, attestant que, en raison de l'insuffisance de ses ressources, le demandeur est dans l'impossibilité d'exercer des droits ;
- En termes de facilités la loi accorde au justiciable créancier une action en référé provisoire dans le cas où l'existence de l'obligation n'est pas sérieusement contestable cf. article 438 al 3 du Code de procédure civile gabonais.
- Il ne suffit pas d'avoir accès à la justice, encore faudra-t-il que le justiciable puisse jouir de la plénitude de son droit à un procès juste et équitable.

Le justiciable bénéficie d'autres mesures toutes aussi sécuritaires telles que :

- Les principes de la publicité et de contradiction des débats, de droits de la défense (article 26 du code de procédure civile) ;
- Le principe de la légalité des délits et des peines (article5 du code pénal) ;
- La présomption d'innocence (article 7 alinéa 1 de la charte africaine des droits de l'homme et des peuples) ;
- La récusation du juge et la suspicion légitime (article 330 du code de procédure civile) ;
- La prise à partie du juge (article 338 du code de procédure civile) ;
- Les moyens de défense (article 108 et 109 du code de procédure civile) ;
- Les voies de recours (article 474 et 475 du code de procédure civile).

De même, par la prise à partie du juge[39], le législateur a doté le justiciable d'un moyen contre les juges du siège, des membres du Ministère public et des officiers de police judiciaire, par lequel il peut demander et obtenir leur dessaisissement, pour voir son affaire confiée à d'autres, en cas de dol, concussion, faute lourde professionnelle et déni de justice, commis, soit au cours de l'instruction, soit lors du jugement de son affaire.

En effet, les cas de déni de justice sont les plus fréquents *« lorsque les juges refusent de répondre aux requêtes ou négligent de juger les*

[39] Sur la prise à partie du juge voire les articles 338 et 345 du code de procédure civile gabonais

affaires en état d'être jugées[40] » occasionnant des situations déplorables telles que :

- Les affaires perdues de vue en raison des renvois manifestement injustifiés ;
- La très longue série de prorogations de délibéré dans la même affaire, jusqu'à ce que dans certains cas, on arrive à ce qu'en définitive, le dossier de l'affaire devient introuvable dans les greffes, et qu'il faut commencer par reconstituer le dossier en vue de redémarrer, pendant que les années passent, à la grande stupéfaction des justiciables.

Des moyens de défense[41] ont été mis à la disposition du justiciable tels que :

- D'une part, les défenses au fond ;
- D'autre part, les exceptions de procédure telles que les exceptions d'incompétence, les exceptions de litispendance et de connexité, les exceptions dilatoires et les exceptions de nullité. Ce sont des moyens qui permettent de soulever soit l'incompétence de la juridiction saisie, soit d'éviter que la même cause ne se retrouve en procès devant deux (2) juridictions à la fois.

En effet, la loi a prévu des normes et principes juridiques aptes à garantir au mieux au justiciable un procès juste et équitable, donc non arbitraire.

4° Des normes qui organisent un procès équitable et juste

a°) Sur l'obligation de la preuve

Aux termes de l'article 16 du code de procédure civile : *« il incombe à chaque partie de prouver, conformément à la loi, les faits nécessaires au succès de sa prétention*[42] ».

En effet, de telles dispositions traduisent le légitime souci du législateur de préserver tout justiciable contre les allégations ou accusations mensongères et gratuites que, par mauvaise foi ou intention de nuire, son contradicteur peut évoquer à sa charge, lesquelles pourraient lui coûter une condamnation injuste ou arbitraire si le juge n'y prend garde pour en exiger les preuves a priori dont l'administration pèse sur la partie qui les évoque.

---

[40] Sur le déni de justice voire les articles 340 et suivants du code de procédure civile gabonais.

[41] Sur les moyens : articles 108 et 137 du code de procédure civil gabonais.

[42] Cf. Article 20 du code de procédure civile gabonais.

b°) Sur l'obligation de conformité du juge à la loi.

L'article 20 du code de procédure civile oblige le juge à trancher le litige *« conformément aux règles de droit qui lui sont applicables. Il doit donner ou restituer leur exacte qualification aux faits et actes litigieux, nonobstant la dénomination que les parties auraient proposée...*[43] ».

De telles dispositions de la loi visent à empêcher tout juge de rendre des décisions, selon son bon vouloir, ses *« coups de cœur »*, au risque de prononcer des décisions ou condamnations injustes, arbitraires ou hors la loi.

c°) Sur les principes de la publicité du respect du contradictoire et des droits de la défense

Le législateur a pris soin de prescrire, par souci d'une bonne administration de la justice, que *« nulle partie ne peut être jugée sans avoir été entendue ou appelée*[44] » et que *« les parties choisissent librement leur défenseur, soit pour se faire représenter, soit pour se faire assister...Elles peuvent aussi se défendre elles-mêmes*[45] ». Et, étant donc toutes devant la juridiction compétente *« les parties doivent se faire connaître mutuellement en temps utile, les éléments de preuve qu'elles produisent et les moyens de droit qu'elles évoquent afin que chacune soit à même d'organiser sa défense*[46] ».

Cependant, *« les débats* (qui) *sont publics*[47]*...* ». Et au cours de ces débats *« en toutes circonstances le juge doit faire respecter le principe de la contradiction. Il ne peut fonder sa décision sur les moyens de droit qu'il a relevé d'office ou sur les explications complémentaires qu'il a demandées, sans avoir au préalable invité les parties à présenter leurs observations*[48] ».

En effet, la combinaison de toutes ces dispositions vise à garantir le justiciable contre toute inclinaison, tout penchant du juge cherchant à occulter la vérité, le contradictoire qui pourrait être diligenté à son insu voire en catimini, et lui permettre de pouvoir prendre une part active et

---

[43] Cf. Article 20 du code de procédure civile gabonais.

[44] Article 22 du code de procédure civile gabonais.

[45] Article 25 du code de procédure civile gabonais.

[46] Article 23 du code de procédure civile gabonais.

[47] Article 26 du code de procédure civile gabonais (sauf les cas où la loi exige ou permet qu'ils aient lieu en chambre de conseil).

[48] Article 24 du code de procédure civile gabonais.

organiser efficacement sa défense en connaissance de cause et d'effets avant toute décision du juge.

d°) Sur le principe de la légalité des délits et des peines

L'article 5 du code pénal gabonais prescrit que *« nul crime, nul délit, nulle contravention ne peuvent être punis de peines qui n'étaient pas prononcées avant la loi ou le règlement avant leur commission[49] »*.

De telles dispositions de la loi gabonaise que l'on retrouve dans d'autres codes nationaux, traduisent une politique pénale qui se fonde sur le principe intangible de la légalité des délits et des peines.

Ainsi donc, le justiciable est sécurisé contre l'arbitraire en ce qu'il ne peut être arrêté, détenu et condamné que pour un comportement préalablement prévu, défini et caractérisé par la loi comme étant une contravention, un délit ou un crime, tout comme sa sanction quant à sa nature et son quantum (peine d'amende, peine correctionnelle, peine criminelle, peine privative de liberté…).

Ce principe est cependant mis à mal par l'imprécision ou la vacuité de certaines prescriptions de la loi pénale.

e°) Sur la présomption d'innocence

Selon l'article 7 alinéa 1-b de la charte africaine des droits de l'homme et des peuples : *« toute personne a le droit à la présomption d'innocence, jusqu'à ce que sa culpabilité soit établie par une juridiction compétente[50] »*.

Ce principe est réaffirmé dans l'article 1er alinéa 23 de la constitution de la République Gabonaise selon lequel *« tout prévenu est présumé innocent jusqu'à l'établissement de sa culpabilité à la suite d'un procès régulier, offrant des garanties indispensables à sa défense[51] »*.

Il s'agit là des dispositions qui visent à garantir le justiciable contre les condamnations et exécutions sommaires dans des circonstances où sa culpabilité n'est pas établie conformément à la loi.

f°) Sur la récusation ou suspicion légitime du juge

On notera par ailleurs, qu'il est rare qu'une instance se réduise au schéma simple décrit plus haut ; Il arrive en effet que surviennent des

---

[49] Article 5 du code pénal gabonais.

[50] Charte Africaine des droits de l'homme et des peuples.

[51] Constitution de la République gabonaise.

incidents ou complications nombreux et variés que le législateur a bien voulu régler de la manière suivante :

L'article 329 du Code de procédure civile dote le justiciable du moyen de la récusation du juge en tant qu'il définit et prévoit que : *« la récusation est la faculté accordée aux parties de demander qu'un juge dont elles mettent en cause l'impartialité, ne connaisse pas du procès qui lui est régulièrement déféré*[52] *... ».*

L'intérêt d'une telle faculté de récusation du juge ouverte au justiciable se perçoit aisément au travers des circonstances précises aptes à induire l'impartialité du juge, lesquelles sont énumérées dans l'article 330 du même code. Le requérant peut s'opposer à un tel juge dans les cas suivants :

1. Si lui-même ou son conjoint ou l'un de ses proches a un intérêt personnel à la contestation ;
2. Si lui-même ou son conjoint ou l'un de ses proches est créancier, débiteur, héritier présomptif ou donataire de l'une des parties ;
3. Si lui-même ou son conjoint est parent ou allié de l'une des parties ou de son conjoint jusqu'au degré du cousin issu de germain exclusivement ;
4. S'il y a lieu ou s'il y a procès entre lui ou son conjoint et l'une des parties ou son conjoint ;
5. S'il a précédemment connu de l'affaire comme arbitre, ou s'il a conseillé l'une des parties sur le différend ;
6. Si lui-même ou son conjoint est chargé d'administrer les biens de l'une des parties ;
7. S'il existe des liens de subordination entre lui-même ou son conjoint et l'une des parties et son conjoint ;
8. S'il y a amitié ou inimitié notoire entre lui-même et l'une des parties.

De tels mécanismes visent à préserver le justiciable contre toute décision partiale qu'un juge pourrait être amené à prendre à ses dépens, fort des raisons familiales, de subordination apte à émousser, voire à anéantir en lui la vertu d'impartialité dont il doit se vêtir à l'occasion de tout procès soumis à sa compétence juridictionnelle.

En effet, il suffira au justiciable de bonne foi d'adresser une demande de récusation motivée et justifiée au greffe de la juridiction, conforme

[52] Article 329 du code de procédure civile gabonais.

aux exigences de l'article 330 du code de procédure civile, pour mettre en mouvement la procédure qui aboutira, soit à la récusation du juge suivant les articles 332 à 335 du même code, soit même au renvoi de l'affaire à une autre juridiction, pour cause de suspicion légitime telle que prévue par l'article 336 du même code : si la récusation vise un magistrat siégeant à juge unique ou plusieurs juges et que la juridiction ne puisse plus se constituer…lequel renvoi se fera suivant la procédure de l'article 337 du code de procédure civile gabonais.

g°) Sur la prise à partie du juge

L'article 337 du code de procédure civile prévoit que *« les juges, les membres du Ministère public et les Officiers de Police Judiciaire peuvent être pris à partie dans les cas suivants :*

1. *S'il y a dol, concussion ou faute lourde professionnelle qu'on prétend avoir été commis, soit dans le cours de l'instruction, soit lors du jugement ;*

2. *Si la prise à partie est expressément prononcée par la loi ;*

3. *Si la loi déclare les juges responsables à peine de dommages-intérêts ;*

4. *S'il y a déni de justice ».*

Bien plus, le législateur a prévu des sanctions à l'encontre de tout magistrat qui procèderait à des actes et comportements tendant à refuser illégalement d'accomplir un acte inhérent à sa fonction.

C'est ainsi qu'aux termes de l'article 340 du code de procédure civile, *« il y a déni de justice, lorsque les juges refusent de répondre aux requêtes ou négligent de juger les affaires en état d'être jugées ».*

C'est précisément souvent le cas lorsque :

- Soit les affaires subissent une série de renvois manifestement injustifiés ;
- Soit on assiste à de très longs renvois sur un (1) ou deux (2) mois alors même qu'il s'agit d'une instance en référé ;
- Soit on assiste à une très longue série de prorogations de délibéré dans la même affaire, jusqu'à ce que dans certains cas, on en arrive à ce qu'en définitive le dossier de l'affaire se fait introuvable dans les greffes et qu'il faut commencer par reconstituer le dossier en vue de redémarrer pendant que les années passent à la grande stupéfaction des justiciables.

Et, l'article 342 du code de procédure civile d'indiquer que : *«la prise à partie est portée devant la Cour d'Appel. Il est présenté à cet effet, une requête signée de la partie ou d'un mandataire désigné par procuration spéciale, laquelle est annexée à la requête, ainsi que les pièces justificatives à peine de nullité »*. C'est alors que le justiciable met en mouvement la procédure qui aboutira au dessaisissement du juge en question qui déjà, *« pendant la durée de la procédure...s'abstient de la connaissance du différend*[53]*... »*.

Ainsi, la loi offre au justiciable la possibilité d'obtenir le dessaisissement d'un juge négligent, peu diligent ou peu soucieux du justiciable, pour voir son affaire confiée à un autre juge.

h°) Les moyens de défense

Le législateur a pris soin de mettre à la disposition du justiciable des moyens de défense divers dont :

- les défenses au fond ;
- les exceptions de procédures ;
- les fins de non-recevoir.

Car il ne servira à rien d'avoir accès à la justice si l'on n'est pas doté de moyens pour se défendre conformément à la loi.

La loi reconnait à tout justiciable le droit qui lui permet, au cours d'un procès où il est partie, de trouver ou élever à l'attention du juge et de la partie adverse, *« ...tout moyen qui tend à faire rejeter comme non justifiée la prétention de l'adversaire... »*. On dit alors qu'il se défend au fond.

Aussi, le justiciable dispose-t-il d'une autre forme de moyens de défense qualifiée par le législateur d'*« exception de procédure »* définie et comprise comme étant « tout moyen qui tend à faire déclarer la procédure irrégulière ou à en suspendre le cours », il s'agit :

- des exceptions d'incompétence ;
- des exceptions de litispendance et de connexité ;
- des exceptions dilatoires ;
- des exceptions de nullité qui sont des moyens permettant de soulever, soit l'incompétence de la juridiction saisie, soit d'éviter que la même cause ne se retrouve en procès devant deux (2) juridictions à la fois.

Tout justiciable partie au procès, qui estime qu'en raison de la matière ou du lieu, la juridiction saisie par le requérant est incompétente

[53] Article 344 du code de procédure civile gabonais.

pour connaitre du litige dont il s'agit, est en droit de **le faire savoir par un déclinatoire** de compétence, tout en prenant soin d'indiquer devant quelle juridiction l'affaire devrait être portée[54].

Tout justiciable, peut soulever les exceptions de litispendance et de connexité pour éviter que la même cause se retrouve en procès devant deux (2) juridictions au moins à la fois. Ce moyen permet que la juridiction saisie en second lieu s'en dessaisisse au profit de celle de degré le plus élevé[55].

L'exception dilatoire est un moyen par lequel le justiciable peut obtenir du juge la suspension de l'instance dès lors que la partie qui la soulève bénéficie, soit d'un délai pour faire inventaire et délibérer, soit d'un bénéfice de discussion ou de division, soit de quelque autre délai d'attente en vertu de la loi[56].

De même, pour protéger le justiciable, le législateur a prévu que les actes de procédure ne puissent être déclarés nuls pour vice de forme que si la nullité est expressément prévue par la loi, sauf en cas d'inobservation d'une formalité substantielle ou d'ordre public telles que la signature de l'huissier, la désignation du requérant et du destinataire, la date de l'acte, les énonciations relatives à la personne qui a reçu signification[57].

Aussi, la partie qui invoque la nullité d'un acte de procédure ne peut l'obtenir qu'à charge pour elle de prouver que l'irrégularité dont il s'agit lui a causé un préjudice.

Le législateur offre au justiciable une toute autre forme de moyen de défense qualifiée de *« fin de non-recevoir »* comme étant *« ...tout moyen qui tend à faire décaler l'adversaire irrecevable en sa demande, sans examen au fond, pour défaut du droit d'agir tel que le défaut de qualité, le défaut d'intérêts, la prescription, l'expiration d'un délai préfixe, la chose jugée[58] ».*

Ainsi donc, par le jeu des fins de non-recevoir, tout justiciable peut, conformément à la loi, aisément éviter d'être traîné inopportunément devant la justice par n'importe quelle personne qui le voudrait.

---

[54] Sur les exceptions d'incompétence article 113 à 116 du code de procédure civile gabonais.

[55] Sur les exceptions de litispendance et de connexité articles 117 à 122 du CPC gabonais.

[56] Sur les exceptions dilatoires articles 123 à 124 du CPC gabonais.

[57] Sur la nullité des actes de procédure article 127 du CPC gabonais.

[58] Article 128 du code de procédure civile.

i°) Sur les voies de recours

D'une manière générale, le justiciable qui vient d'avoir accès à la justice, soit en position de requérant, plaignant ou demandeur, soit en position de défendeur ou de prévenu pour y avoir été appelé, voit sa cause examinée et jugée par la juridiction du premier degré du Tribunal[59].

Toutefois, s'il arrive que le premier juge épuisant sa saisine, rende une décision qui n'apporte pas au justiciable la satisfaction espérée, et si celui-ci estime que la cause a été mal jugée, il peut demander et obtenir, sous réserve de respecter des délais légaux, que la cause soit à nouveau examinée et jugée, en exerçant tout simplement les voies de recours ordinaires et extraordinaires que le législateur a prévues et organisées par souci de garantir au justiciable une bonne administration de la justice.

i.1- Sur les voies de recours ordinaires

Le législateur en a prévu deux : l'opposition et l'appel.

i.1.1- L'opposition

Tout justiciable qui fait l'objet d'un jugement (décision de la juridiction du premier degré au Tribunal), sans avoir été appelé à la première instance du procès, a la faculté d'exercer, sous délai de quinze (15) jours à compter de la signification du jugement ou de la date où il en a eu connaissance, le recours appelé *« opposition[60] »* défini par le législateur comme celui qui *« ...tend à faire rétracter le jugement par défaut[61] »*.

Ainsi, le justiciable est sécurisé, en ce que par un tel recours, il peut obtenir que (même) le juge du premier degré, réexamine la cause, en sa présence active aux débats et tranche à nouveau.

i.1.2- L'appel

Le recours *« en appel »* ouvert au justiciable, *« (...) tend à faire réformer ou annuler par la Cour d'Appel les décisions rendues en premier ressort par la juridiction de première instance »*. Il traduit parfaitement le légitime souci du législateur d'assurer au justiciable une

---

[59] Sur les voies de recours articles 465 à 572 du code de procédure civile.

[60] Article 465 du code de procédure civile.

[61] Article 474 du code de procédure civile.

garantie suffisante d'une bonne administration de la justice par le biais de l'institution du double degré de juridiction.

En effet, dans le cadre d'une telle institution, le justiciable insatisfait par la décision (jugement, ordonnance) de la juridiction du premier degré (**tribunal et juge de référé**), a la faculté de soumettre une seconde fois la même cause à une juridiction du second degré (d'un rang supérieur) dont la décision, si elle n'est confirmative, s'impose à celle du premier juge.

i.2-Sur la tierce opposition

Le recours appelé *« tierce opposition »* est défini par la loi comme étant celui qui *« (...) tend à faire rétracter un jugement qui préjudicie aux droits d'une personne qui n'y a point été partie. Elle est ouverte à tous les tiers, lorsque ni eux, ni leurs auteurs ou ceux qu'ils représentent n'ont pas été appelés au procès*[62] *»*.

Ainsi, tout justiciable a la faculté de demander et obtenir que soit reprise, en sa présence active, la première instance d'un procès auquel il n'a pas été partie mais dont curieusement, la décision ou jugement a porté atteinte à ses droits.

En effet, il s'agit ici encore d'un moyen qui garantit suffisamment tout justiciable contre l'injustice et l'arbitraire.

i.2.2- Sur le recours en révision

Le *« recours en révision »* est apte à garantir une bien plus grande protection au justiciable en ce qu'il *« (...) tend à faire rétracter une décision à nouveau statuée en fait et en droit »*, lorsque le justiciable est lésé ou injustement condamné par toute décision de quelque juridiction que ce soit (tribunal, cour d'appel, cour de cassation), dans les cas où il se révèle, même après que la décision est devenue exécutoire, soit que la conviction du juge qui l'a rendue a été déterminée par une fraude, des fausses pièces et attestations, des faux témoignages et serments judiciaires, soit qu'il y a des dispositions contraires dans la même décision, soit qu'il y a contrariété de jugement entre les mêmes parties[63].

---

[62] Art. 518, C. proc. Civ. Gabonais.

[63] Article 529 du code de procédure civile.

Sur la tierce opposition articles 518 à 526 du CPC.

Article 545 du code de procédure civile.

i.2.3- voie de recours extraordinaire : le pourvoi en cassation[64]

La Cour de Cassation, juridiction suprême, unique dans l'ordre judiciaire national en matière civile, pénale, sociale et commerciale, a pour noble et sécurisante mission de censurer les erreurs de droit que les juges du fond pourraient avoir commis dans l'application du droit aux cas qui leur avaient été soumis en première instance ou en appel.

A- La spécificité du pourvoi

- **En matière civile :**

L'article 545 du code de procédure civile gabonais consacré au pourvoi dispose que : *« le pourvoi en cassation tend à faire annuler pour non-conformité à la loi, les décisions juridictionnelles définitives en dernier ressort, rendues par les cours et tribunaux en matière civile, commerciale et sociale ».* **C'est dire sa spécificité**.

A la lecture des arrêts de toutes les Cours de Cassation nationale et de la CCJA, il apparaît constant que les arrêts rendus par ces hautes juridictions doivent contenir :

- L'indication qu'il est rendu par la Cour ;
- La date du prononcé ;
- Les noms des juges qui ont pris part aux débats ainsi que celui du greffier ;
- L'indication des parties ;
- Les noms des avocats des parties ;
- Les conclusions des parties ;
- L'exposé sommaire des faits ;
- Les motifs ;
- Le dispositif (article 39 du règlement de la procédure).

La Cour de Cassation n'est en principe pas un troisième degré de juridiction. Elle ne juge pas l'affaire dans son ensemble : elle vérifie si la décision qui lui a été déférée est régulière ; si les parties critiquent ou défendent cette décision.

Le pourvoi sera rejeté si la décision à lui soumise est régulière. Par contre, la Cour cassera la décision irrégulière et enverra le litige devant une autre juridiction du fond pour être jugé à nouveau.

---

[64] En matière civile, sociale et pénale : la Cour de Cassation nationale
En matière commerciale, la compétence est dévolue à la CCJA

Il existe des hypothèses où la Cour de Cassation peut casser sans renvoyer : *« la Cour de Cassation peut casser sans renvoyer lorsque la cassation n'exige pas qu'il soit à nouveau statué sur le fond.*

Elle peut aussi, en cassant sans renvoi, mettre fin au litige lorsque les faits, tels qu'ils ont été souverainement constatés et appréciés par les juges du fond, lui permettent d'appliquer la règle de droit appropriée » (art. 569 du C. proc. Civ.).

Lorsque la Cour de Cassation procède ainsi, elle prive alors les juridictions de renvoi de la possibilité de résister à la doctrine exprimée dans son arrêt.

« Lorsque l'annulation est prononcée, la Cour renvoie l'affaire devant une juridiction de même degré que celle qui avait prononcé la décision annulée ou devant la même juridiction, mais autrement composée.

La juridiction de renvoi devra se conformer pour le point de droit à la solution adoptée par la juridiction de cassation. Elle est saisie de l'affaire dans l'état où elle se trouvait devant la juridiction dont la décision a été cassée [65]».

« Lorsque la décision est cassée sur pourvoi dans l'intérêt de la loi, la cassation a lieu sans renvoi [66]».

« La cour peut seulement annuler une partie de la décision attaquée, lorsque la nullité n'affecte qu'une ou plusieurs de ses dispositions [67]».

« Tous les arrêts prononcés par la Chambre judiciaire qu'ils soient de rejet ou de cassation doivent être portés à la connaissance des juridictions qui ont rendu les décisions contre lesquelles le pourvoi a été formé[68]».

Quant à la Cour Commune de Justice et d'Arbitrage qui est une juridiction de cassation en matière du droit des affaires dans la zone OHADA, elle rend quatre types d'arrêt à savoir : les arrêts d'irrecevabilité, les arrêts d'incompétence, les arrêts de rejet et les arrêts de cassation.

1-/ Pour ce qui est des **arrêts** dits **d'irrecevabilité**, ladite Cour rendra pareil arrêt lorsqu'elle a été saisie en dehors du délai légal ou quand la demande qui lui est soumise ne remplit pas les conditions de forme ou de fond qui sont exigées légalement. Dans ce cas, la Cour n'a

---

[65] Cf. art. 568 du code de procédure civile gabonais.
[66] Cf. art. 569 du code de procédure civile gabonais.
[67] Cf. art. 570 du code de procédure civile gabonais.
[68] Cf. art. 572 du code de procédure civile gabonais.

pas à analyser le fond du dossier et devra se contenter de rendre un arrêt d'irrecevabilité. Cela étant, l'article 28.6 du règlement ne prévoit pas une irrecevabilité du recours de plein droit étant donné qu'il dispose que *« Si le recours n'est pas conforme aux conditions fixées au présent article, le juge rapporteur fixe au requérant un délai aux fins de régularisation du recours ou de production des pièces mentionnées ci-dessus. A défaut de cette régularisation ou de cette production dans un délai imparti, la Cour se prononce sur la recevabilité du recours ».*

2-/ Elle rend un **arrêt d'incompétence** lorsqu'il y a un défaut d'aptitude de la juridiction saisie de connaître de la demande qui lui est soumise. L'incompétence de la CCJA peut être relative, absolue ou d'ordre public.

Lorsque la loi détermine la compétence de la juridiction, il s'agit alors d'une incompétence dite absolue. Le juge peut dans ce cas, la soulever d'office. Tandis que lorsque l'incompétence est relative, il revient à la partie en faveur de qui elle a été prévue de la soulever. Face à une incompétence d'ordre public, la juridiction soulève d'office son incompétence.

3-/ Elle peut être par ailleurs, amenée à rendre un **arrêt de rejet** après examen au fond, c'est-à-dire qu'elle considère que la demande n'est pas fondée.

4-/ Il arrive à contrario que la CCJA considère que la décision déférée procède d'une mauvaise appréciation ou application de la règle de droit uniforme et rende un arrêt de cassation. Dans cette hypothèse, la Cour rend **une décision d'annulation de la décision attaquée**.

L'arrêt est rendu après l'audience des débats. Il est de rejet ou de cassation. Le rejet met un terme définitif au litige. La cassation, s'accompagne normalement d'un renvoi de la cause devant une juridiction du même rang que celle qui a rendu la décision cassée qui rejugera l'affaire dans les limites de la cassation intervenue. La cassation peut n'être que partielle et laisser subsister certaines dispositions de la décision, soit que le demandeur au pourvoi ne les ait pas attaquées, soit qu'il ait vu les moyens les concernant rejetés.

Aux termes de l'article 567 du code de procédure civile gabonais : *« en cas de rejet, le demandeur qui a succombé dans son pourvoi est condamné à une amande de 10.000 Fcfa à 50.000 Fcfa ».*

Les parties n'ont pas à produire de nouvelles pièces ; la haute Cour juge l'arrêt en l'état des éléments soumis au juge du fond.

- **En matière pénale :**

Selon l'article 448 du livre IV titre I, loi n°043/2019 du 05 Juillet 2019, ce sont les arrêts de la Chambre d'Accusation, les arrêts et jugements rendus en dernier ressort en matière criminelle, correctionnelle et de simple police qui sont susceptibles de recours devant la Cour de Cassation et être annulés en cas de violation de la loi.

Elle ne prononce pas de condamnation. Elle juge seulement la décision.

Les articles 471 et 472 de la loi 043/2019 du 05 Juillet 2019 portant code de procédure pénale indiquent les cas d'ouverture à cassation en disposant respectivement que :

« Sont déclarés nulles les décisions :

- *Qui ne sont pas rendues par le nombre de juges fixé par la loi ;*
- *Qui ont été rendues par des juges qui n'ont pas assisté à toutes les audiences de la Cour ;*
- *Qui ont été rendues sans que le Ministère Public ait été entendu ;*
- *Qui n'ont pas été rendues ou les débats n'ont pas eu lieu »* ;

« Les arrêts de la Chambre d'Accusation ainsi que les arrêts et jugements rendus en dernier ressort sont annulés lorsque :

- *Ils ne contiennent pas de motifs ;*
- *Leurs motifs sont insuffisants ;*
- *Il y a contrariété entre les motifs et le dispositif ;*
- *Il a été omis ou refusé de se prononcer soit sur une ou plusieurs demandes des parties soit sur une ou plusieurs réquisitions du Ministère Public ;*
- *Ils ne permettent pas à la Cour de Cassation d'exercer son contrôle et de vérifier si la loi a été respectée dans le dispositif ».*

Notons cependant que la loi nouvelle va à l'encontre des droits de la défense lorsque par certaines de ses dispositions comme l'article 476 est admis que : « en matière correctionnelle, le prévenu n'est pas recevable à présenter comme moyen de cassation les nullités commises en première instance, s'il ne les a pas opposés devant la Cour d'Appel, à l'exception de la nullité pour cause d'incompétence, lorsqu'il y eu appel du Ministère public.

- **En matière du droit des affaires :**

Le traité OHADA attribue à la CCJA des fonctions judiciaires.

❖ **Fonctions judiciaires**

Dans le cadre de ses attributions judiciaires, la CCJA est une juridiction supranationale unique ayant pour objet, d'une part, d'éviter les risques d'interprétations divergentes des Actes Uniformes par les juridictions des différents Etats membres et d'autre part, d'aboutir à une interprétation unique des termes du Traité, de ses règlements d'application et des Actes Uniformes.

Par sa fonction consultative, cette haute juridiction exerce un contrôle a posteriori de l'application des Actes Uniformes et des règlements et décision pris en application du Traité OHADA.

❖ **Etendue de la compétence de la CCJA**

Aux termes des dispositions de l'article 14 du Traité OHADA, la CCJA est compétente pour connaître de tous les contentieux relatifs aux divers domaines du droit des affaires dans lesquels existe une législation uniforme (à l'exception des décisions appliquant des sanctions pénales, pour lesquelles les juridictions nationales restent seules compétentes).

Dans cette fonction contentieuse, elle exerce un contrôle a posteriori de l'interprétation et de l'application des Actes Uniformes. Seule compétente pour connaître du contentieux des Actes Uniformes et des règlements avec la possibilité d'évoquer et de statuer sur le fond du litige, **elle est un troisième degré de juridiction et une Cour de Cassation supranationale dans les matières relevant du droit OHADA**.

❖ **Exception d'incompétence**

L'incompétence de la CCJA peut être soulevée *in limine litis* d'office ou par toute partie au litige (articles 17 du Traité OHADA et 32 du règlement de la CCJA). La CCJA dispose alors de trente jours suivant la date de réception des observations de la partie adverse ou celle d'expiration du délai imparti pour la présentation desdites observations pour se prononcer sur l'exception d'incompétence.

❖ **Compétence exclusive limitée en dernier ressort en matière d'application et d'interprétation du droit OHADA**

La compétence exclusive de la CCJA ne **s'exerce qu'en dernier ressort,** et ce, afin d'assurer une cohérence dans l'application des Actes Uniformes. En conséquence, et conformément à l'article 13 du Traité, **le contentieux relatif à l'application des Actes Uniformes est réglé en première instance et en appel par les juridictions des Etats membres**. La CCJA est ainsi uniquement compétente pour connaître des recours intentés contre les arrêts des cours d'appel des Etats membres ou contre des décisions non susceptibles d'appel issues de juridictions inferieures. Par conséquent, si l'une des parties à un contentieux forme un pourvoi devant la juridiction suprême nationale dans un domaine qui relève de la compétence de la CCJA, la juridiction nationale saisie devra se déclarer incompétente et renvoyer l'affaire devant la CCJA, même si le défendeur au pourvoi ne conteste pas la compétence de la juridiction nationale. Il convient de noter qu'en cas de cassation d'une décision d'une juridiction nationale, **la CCJA, contrairement à la Cour de Cassation française, peut évoquer et statuer sur le fond en dernier ressort sans renvoyer l'affaire devant une juridiction d'appel. Cet important abandon de souveraineté a pour effet mécanique, tout d'abord, de faire échapper des pans entiers du contentieux des affaires aux cours suprêmes nationales et, corrélativement, de mettre les cours d'appel nationales sous le contrôle direct de la CCJA.**

❖ **La procédure devant la CCJA**

La CCJA peut être saisie dans trois cas distincts. Les deux premiers cas permettent une saisine par une partie au procès soit pour soulever l'incompétence d'une juridiction nationale, soit pour un recours en dernière instance. Le troisième cas de saisine est celui opéré par une juridiction nationale afin de se voir déclarer incompétente.

❖ **Saisine par une partie en dernier recours**

La CCJA peut être saisie directement par une partie souhaitant se pourvoir en cassation à l'encontre d'un arrêt d'une cour d'appel statuant sur le fond dans une affaire relative à l'application d'un Acte Uniforme (art.14 du Traité). Le recours en cassation doit être présenté au greffe de la CCJA dans les deux mois de la signification de la décision attaquée (art. 28 du règlement de procédure de la CCJA). En cas de cassation, la CCJA évoquera et statuera sur le fond (art. 14 du traité).

❖ **Saisine par une partie pour incompétence**

La CCJA peut être saisie sur renvoie d'une juridiction nationale statuant en cassation et s'estimant incompétente pour connaître de l'affaire lorsque celle-ci soulève des questions relatives à l'application des Actes Uniformes (art.15 du Traité). Dans cette hypothèse, la procédure de cassation en cours devant la juridiction nationale est suspendue de plein droit. Cette règle n'empêche cependant pas l'exécution de la décision antérieure. La procédure en cours devant la juridiction nationale reprendra si la CCJA se déclare incompétente pour connaître de l'affaire (art.16 du Traité).

❖ **Saisine par une juridiction nationale sur renvoi**

La CCJA peut être saisie sur renvoi d'une juridiction nationale statuant en cassation et s'estimant incompétente pour connaître de l'affaire lorsque celle-ci soulève des questions relatives à l'application d'un Acte Uniforme (art. 15 du Traité OHADA). Dans cette hypothèse, la procédure de cassation en cours devant la juridiction nationale est suspendue de plein droit. Cette règle n'empêche cependant pas l'exécution de la décision antérieure. La procédure en cours devant la juridiction nationale reprendra si la CCJA se déclare incompétente pour connaître de l'affaire (art. 16 du Traité OHADA).

❖ **Exécution des arrêts**

Selon les dispositions de l'article 20 du Traité OHADA, les arrêts de la CCJA ont l'autorité de la chose jugée. Ils reçoivent sur le territoire de chacun des Etats parties une exécution forcée dans les mêmes conditions que les décisions des juridictions nationales. Cette autorité est supranationale, aucune procédure nationale n'étant nécessaire pour qu'un arrêt de la CCJA s'impose avec l'autorité de la chose jugée sur le territoire de chacun des Etats membres.

Selon toujours la même disposition, lesdits arrêts ont aussi force exécutoire, conformément aux règles de la procédure civile en vigueur dans l'Etat membre sur le territoire duquel elle a lieu.

Bien que cette exécution forcée soit subordonnée à l'apposition sur l'arrêt de la formule exécutoire par l'autorité nationale compétente, cette apposition s'effectue sans autre contrôle que celui de la vérification de l'authenticité du titre (art. 46 du règlement de procédure de la CCJA).

B- SUR LA MISSION DE CONTRÔLE DES DECISIONS RENDUES PAR LES JUGES DU FOND PAR LA COUR DE CASSATION

Ce qui fait la pertinence, la grandeur du modèle du système d'emprunt d'organisation judiciaire est incontestablement le double degré de juridiction qui permet au justiciable de voir le litige qui a été jugé en première instance être de nouveau jugé en appel.

Le second type de recours qui lui est permis est d'aller devant la juridiction la plus élevée, la Cour de Cassation. Le contrôle est l'une des missions majeures :

- Contrôle de la légalité ;
- Contrôle du raisonnement des juges du fond ;
- Contrôle de la motivation ;
- Contrôle de la régularité des preuves ;
- Contrôle des moyens ;
- Contrôle de la réponse donnée aux conclusions des parties ;

Le grand apport et le mérite de cette organisation c'est d'obliger le juge à rechercher la solution la plus conforme aux exigences de la légalité objective, tenu qu'il est à respecter le principe dispositif.

C'est pourquoi, l'article 565 du code de procédure civile gabonais dispose que : *« il ne peut être produit de moyens nouveaux devant la juridiction de cassation qui statue seulement sur les éléments soumis aux juges du fond. Les parties peuvent, néanmoins invoquer à l'appui de leurs moyens des arguments nouveaux à condition qu'ils aient un caractère purement juridique, c'est-à-dire, qu'il ne s'y mêle aucun élément de fait que la Cour serait la première à apprécier ».*

Étant entendu que selon l'article 566 du code susvisé : *« le contrôle de la chambre judiciaire sur les décisions soumises à sa censure ne s'exerce qu'au point de vue de l'application de la règle de droit, à l'exclusion des questions de fait à moins qu'il n'y ait eu dénaturation par les juges du fond. Ce contrôle peut également porter sur la qualification juridique donnée par les juges du fond aux faits et aux actes en se fondant sur les constatations et les énonciations qu'ils ont faites ».*

Tels sont les principes directeurs d'une forme juridique qui, par sa technologie, se pose, selon toutes les apparences, comme une garantie de la liberté d'accès à la justice, de la sécurité des droits du justiciable et d'un procès équitable.

Nul doute que le législateur a été animé d'une profonde conviction et a fait œuvre **utile en édictant des normes** propres à une bonne administration de la justice, grâce auxquelles tous les citoyens sont mis à égalité devant la justice.

Certes, théoriquement avec un tel cadre, la sécurité du justiciable parait acquise contre l'arbitraire et l'injustice. Il s'avère toutefois que la réalité vécue au quotidien révèle que bien souvent, les parties au procès sont insatisfaites de leur justice.

En effet, des considérations de tous genres telles, entre autres que : l'inégalité des règles de procédure, l'ignorance des droits et certaines pratiques sociales, se dressent au point qu'en définitive entre la justice et le justiciable, il y a comme un divorce.

CHAPITRE II : L'INAPTITUDE DE LA SEULE GARANTIE FORMELLE A RENDRE EFFECTIVE LA REALISATION DU DROIT PAR VOIE CONTENTIEUSE

A travers les développements précédents, nous avons relevé que le modèle judiciaire qui nous organise à ce jour, se présente comme un ensemble cohérent de techniques. Il affiche l'ambition du législateur de garantir et veiller au respect de la légalité, la clarté et la stabilité de la structure juridique ambiante, tout en permettant au justiciable de se délimiter dans la société par rapport aux autres individus et à l'Etat, d'assurer la cohésion sociale en définitive.

Toutefois, le simple accès à la justice par la procédure d'entrée, (l'action en justice), ne suffit pas au justiciable pour être rassuré d'un certain sentiment de sécurité.

C'est bien dès que le justiciable pose ses tous premiers pas dans l'enceinte du Palais de justice, qu'il commence par se rendre compte qu'il s'agit d'un véritable complexe de choses entourées d'obstacles, de difficultés, lesquels, s'il n'y prend garde, peuvent le pousser à la déception, à la dérive, voire à l'abandon.

Les problèmes que le justiciable découvre sont de divers ordres ; tels que :

- Le langage judiciaire hermétique et le protocole d'audience ;
- Le dysfonctionnement, le manque d'organisation, les dérives dans l'administration de la justice ;
- Le coût des frais de justice et d'honoraires des Avocats, Huissiers, Notaires, Experts ;
- Les pratiques dilatoires des Avocats et des justiciables ;
- La désaffection et les dérives du justiciable ;
- Un droit objet du procès difficilement réceptif.

SECTION I : DES OBSTACLES ET DIFFICULTES REDOUTABLES A L'ACCES A LA JUSTICE

Parmi les grandes difficultés auxquelles le justiciable Gabonais est confronté, il y a comme exemples :

- Le protocole d'audience ;
- Le langage judiciaire ;
- L'exigence des délais.

- L'irrespect des grands principes directeurs du procès que sont : le droit à un procès équitable, le principe du dispositif, le principe du contradictoire.

PARAGRAPHE 1 : DU PROTOCOLE D'AUDIENCE ET DU LANGAGE JUDICIAIRE HERMETIQUE

Le justiciable qui n'est pas habitué au Palais de justice, voit le tribunal ou la Cour, introduit par un greffier audiencier, dans une salle d'audience dont le décor et l'accoutrement des acteurs (Juges, Procureurs, Avocats) lui font quelque peu peur, pendant que l'assistance est tenue debout pour saluer l'entrée de la Cour ou du Tribunal ; le parquet occupé par un Procureur, le Greffier audiencier occupe son bureau et le Juge-président invite l'assistance à s'asseoir.

Le justiciable est influencé par tous ces acteurs qui sont là pour rendre la justice, au point que les réquisitions du Ministère Public (Procureur) le déstabilisent toujours dès lors qu'elles vont à l'encontre de sa propre stratégie de défense. Il ressortira de l'audience, abattu et convaincu de sa condamnation, alors que l'affaire n'est que mise en délibéré.

En réalité, le vrai problème du justiciable c'est qu'il n'a pas compris grand-chose à ce qui vient de se passer dans un langage qui ne lui est pas familier.

En effet, si l'on est en droit de s'interroger sur le rôle joué par la langue dans les rendus de justice, c'est parce que celle-ci est non seulement un instrument par lequel s'instaure la communication entre les justiciables et la justice mais encore, parce qu'elle est un outil opérationnel au moyen duquel le spécialiste du droit donne lecture de la loi, l'actualise et recherche son adaptation aux faits de la cause et encore, parce que la langue est un instrument de communication entre la justice et les parties au procès d'une part, et d'autre part le public à l'égard duquel elle véhicule une pédagogie sociale adaptée aux personnes et aux circonstances en cause.

Or ici, la communication n'est plus possible car il est des langages ésotériques qui sont totalement inconnus dans la langue du justiciable qui, de ce fait, ne peut les comprendre parce qu'ils ne lui ont jamais été expliqués.

Notons par exemple :

- interpeller, amender, discrétionnaire, citation, assignation, décerner, infirmer, reformer, notification, signification, etc.
- aller voir dans le **plumitif ordinaire !**
- votre affaire n'est pas **enrôlée !**
- le parquet a fait un **soit-transmis !**
- l'affaire est renvoyée au **rôle général !**
- renvoi pour production de **l'avis de poursuites répressives !**
- le tribunal ordonne **la jonction de procédures !**
- l'affaire est renvoyée **sine die !**
- l'affaire est renvoyée pour **extraction** des prévenus !
- les abréviations (ADD, CDH, CBV, DP)
- l'affaire est renvoyée pour réquisitoire **complétif !**
- délibéré prorogé
- l'affaire est fixée à plaider ou renvoyée à fixer !
- renvoi **ferme** avec **injonction ou exceptionnel !**
- exceptions soulevées **in limine litis !**
- **l'exécution provisoire sur minute et avant enregistrement, nonobstant toute voie de recours !**
- **condamner aux entiers dépens !**
- **adjuger de plus fort au concluant, le bénéfice de ses précédentes et présentes écritures !**
- **évoquant, statuant, à nouveau, reformant pour le surplus !**
- **sans préjudicier au fond !**
- **les frais irrépétibles ! etc.**

Des avocats français Éric DUPOND-MORETTI et Stéphane DURAND[69], chroniqueurs judiciaires au Journal le Figaro nous aident à accéder à ce langage familier aux habitués du prétoire et à la famille judiciaire. Ils expliquent dans leur glossaire ce que sont les subtilités de certains termes du langage judiciaire que nous reproduisons ici dans l'intégralité, afin de faciliter la familiarisation, en raison de l'utilité pratique. Leur connaissance au détail permettra de mieux se guider dans l'action, dans les palais de justice.

Question de faire comprendre aux simples gens et aux non juristes, aux différents acteurs *« le savoir nommé »,* les choses, les personnes en mouvement qui jouent la pièce d'une espèce de théâtre, au film triste ; tantôt désolant ; rarement convenant à la mesure des attentes des

[69] E. DUPOND-MORETTI et Stéphane DURAND, in Directs du Droit éd. Michel Lafon, Paris 2017, pages 27-30.

justiciables et de la société. On a l'impression d'être en face d'un message codé pour échapper à la compréhension du justiciable.

Ainsi, à ce jour, au Gabon comme dans tous les pays francophones, l'accusé est une personne qui répond d'un crime devant une Cour d'Assises (en matière de délit, on parle de *« prévenu »* et de tribunal correctionnel). L'accusé comparaît le plus souvent détenu pour avoir été placé sous écrou lors de l'instruction, mais il arrive qu'il vienne libre à son procès s'il a bénéficié d'une mise en liberté ou, tout simplement, s'il n'a pas été écroué. Si tel est le cas, lors du délibéré, il doit rester dans l'enceinte du palais de justice, sous bonne garde, en attendant le verdict. Historiquement, cette mesure a été adoptée après que quelques accusés libres aient profité du délibéré pour prendre la fuite, craignant un verdict défavorable. »

L'Acquittement. Il y a acquittement, quand la cour et les jurés ont l'intime conviction que l'accusé ne peut être déclaré coupable, ils prononcent un acquittement (en correctionnelle, on parle de *« relaxe »*)[70] »

L'Avocat professionnel du droit qualifié hier encore d'*« auxiliaire de justice »,* cet homme de Loi et choisi par un accusé pour le défendre devant la Cour d'Assises. Un client peut changer à tout moment de conseil au cours de la procédure, ou en désigner plusieurs à la fois. S'il est démuni, un avocat lui est commis d'office.

Avocat général. L'Avocat général est un magistrat du parquet, qui soutient l'accusation devant la cour d'assises. Il rend compte à sa hiérarchie (le procureur général). Il peut, au vu d'éléments nouveaux apparus à l'audience, abandonner l'accusation et requérir l'acquittement. Plus largement, l'avocat général n'est pas tenu de suivre l'avis du parquet tel que touché par écrit dans le *« réquisitoire définitif »*, selon l'adage fameux qui rappelle que *« la plume est serve mais la parole est libre ».*

Cote. Les pièces qui constituent les dossiers judiciaires sont classées sous forme de « cotes », par ordre chronologique. Celles qui concernent le fond du dossier sont cotées « D », de la première (D1) à la dernière-non-lieu ou renvoi. Certaines procédures contiennent des dizaines de milliers de cotes : il y a celles qui concernent la personnalité de l'accusé »[71].

---

[70] Idem. Pages 27-33.

[71] Idem.

Cour d'assises. Juridiction chargée de juger les infractions pénales les plus graves ; les crimes (homicides, viols, attaques à main armée, trafics de drogue à très grande échelle…). La cour proprement dite est composée de trois magistrats du siège, le président (magistrat cour d'appel) et ses assesseurs (choisis parmi les magistrats du ressort de la cour d'appel). A leurs côtés, des jurés participent au jugement. Certains crimes, terrorisme, criminalité en bande organisée relèvent de la *« Cour d'Assisse spécialement composée »*, souvent appelée *« spéciale »* par commodité, dans laquelle ne siège aucun juré.

Délibéré. *« Phase ultime du procès durant laquelle la cour et les jurés se retirent pour décider à bulletins secrets du sort de l'accusé. Le secret qui entoure leurs discussions est total, permanent, et ne peut en aucun cas être violé, même après le prononcé du verdict. Une fois celui-ci établi, les bulletins sont détruits-brûlés, ils passent désormais à la ''broyeuse'' »*[72].

Déferrement. A l'issue d'une garde à vue, le suspect peut être présenté à un magistrat en vue de son inculpation : on dit qu'il est « déféré ».

Enquête préliminaire. Phase d'enquête entièrement supervisée par le procureur de la République, chef du parquet dans chacune des juridictions. En matière criminelle, l'ouverture d'une information judiciaire est obligatoire, après l'enquête de flagrance menée par le parquet lors de la découverte des faits.

Escorte. Les policiers ou gendarmes qui accompagnent l'accusé dans ses déplacements, depuis sa cellule jusqu'au box, s'il est détenu. En fonction de la dangerosité supposée de l'intéressé, l'escorte est plus ou moins nombreuse et composée, au besoin, de gendarmes ou policiers d'élite.

Extraction forcée. *« Tout accusé doit obligatoirement assister à son procès. En cas de refus par l'un d'eux de quitter la cellule, le président ordonne qu'il soit « extrait de force » et conduit, manu militari, dans le box. Si pour une raison donnée, le comportement de l'accusé est incompatible avec la dignité des débats, le président peut le faire expulser. Il revient alors au greffe de se rendre auprès de lui, en*

---

[72] E. DUPOND-MORETTI et Stéphane DURAND, in Directs du Droit éd. Michel Lafon, Paris 2017, pages 27-30.

détention, chaque soir, pour lui faire un compte rendu des débats de la journée »[73].

Homicide. *« On commet un homicide en donnant volontairement la mort à quelqu'un. Si le geste est prémédité, on l'appelle communément homicide volontaire ou« assassinat » et il est passible de la réclusion criminelle à perpétuité. Le cas échéant, on parle de « meurtre », crime réprimé par trente ans de réclusion mais des circonstances aggravantes (victime mineure ou conjoint de l'auteur, par exemple) peuvent entraîner un rehaussement du quantum encouru jusqu'à la prison à vie »*[74].

Huis clos. Certaines affaires, particulièrement sordides, sont jugées à huit clos, en l'absence de tout public. Toutefois, le verdict est toujours rendu publiquement.

Incident. Au cours d'un procès, il arrive qu'une partie formule une demande précise. En cas de refus de la cour d'y faire droit, la partie intéressée, la défense, le plus souvent doit alors déposer des écritures pour réclamer la mesure (transport sur les lieux, donner acte d'une déclaration, audition d'un témoin…) de manière solennelle : c'est ce qu'on appelle un *« incident »*. La cour, sans les jurés, est alors tenue de rendre un arrêt distinct et motivé en droit.

Instruction. Phase d'enquête, également appelée *« information judiciaire »*, confiée à un **juge indépendant**(ou un collège de juges), qui désigne tel ou tel service (police, gendarmerie) et lui lègue ses pouvoirs par le biais de *« commissions rogatoires ».* Elles sont obligatoires en matière criminelle.

Intime conviction. Elle est l'aboutissement ultime du délibéré qui conduit la cour et les jurés à prononcer une condamnation, fût-elle symbolique (un an de prison avec sursis, par exemple), ou un acquittement. A noter que les *« circonstances atténuantes »* n'existent plus en tant que telles dans les textes en vigueur. Quand les débats sont clos le Président propose à l'accusé de prendre la parole en dernier.

Jurés. Ce sont des citoyens tirés au sort sur listes électorales à l'échelle départementale pour une durée d'une session d'assises. Pendant une session, qui dure généralement une quinzaine de jours, une ou plusieurs affaires sont susceptibles d'être examinées : avant chacune d'elles, le président tire ceux des jurés qui devront se prononcer. La

---

[73] Idem.

[74] Idem.

défense et l'accusation peuvent récuser un certain nombre de jurés lors du tirage au sort : les avocats et avocats généraux disposent d'une liste mentionnant leurs âges, leurs professions et leurs lieux de naissance. Lors du délibéré, quand chacun vote à bulletin secret, la voix d'un juré vaut autant que celle d'un des trois magistrats professionnels.

Le Ministère Public. Est un autre terme pour désigner l'accusation. L'avocat général est le représentant du ministère public.

Motivation. Les verdicts doivent être motivés. Une fois le délibéré terminé, le président résume les raisons pour lesquelles la cour et les jurés ont pris telle ou telle décision. Ce bref écrit, signé par le président et le premier juré (celui ou celle qui a été tiré au sort en premier) est souvent décevant, se contentant de reprendre en les résumant, selon les cas, les arguments les plus forts du réquisitoire, ou ceux de la défense. En tout cas, il permet rarement d'échafauder une stratégie en cas d'appel : chaque procès est unique, et les jurés de deuxième instance n'auront pas forcément le même point de vue que ceux de la première audience.

Ordonnance de mise en accusation (OMA). Autrefois appelé *« arrêt de renvoi »*, ce document signé par le juge d'instruction, entraîne le renvoi d'un criminel supposé devant la cour d'assises. Il propose un résumé précis des faits issus de la procédure, et doit, théoriquement, retenir aussi les éléments à décharge. En réalité, les OMA sont très accusatrices, d'autant qu'il n'est pas rare qu'elles soient la copie pure et simple d'un autre document écrit, émis par le parquet : le *« réquisitoire définitif »*. Lequel, comme son nom l'indique, n'a pas vocation à exonérer la personne mise en cause. Il était naguère d'usage de faire lire par le greffier, à l'ouverture du procès, l'intégralité de l'arrêt de renvoi. Le président est désormais tenu de présenter une synthèse de l'ordonnance de mise en accusation. Or, bien souvent, il se contente de paraphraser le document.

Parquet. Ensemble des magistrats placés sous l'autorité du Procureur de la République dans chacun des ressorts des tribunaux de Première instance, et du procureur général au niveau des cours d'appel. Le parquet est hiérarchisé et soumis à l'autorité supérieure du Ministre de la Justice. Le parquet décide de l'opportunité des poursuites et de la forme qu'il convient de leur donner, sauf en matière de crime. Dans ce cas l'ouverture d'une information judiciaire confiée à un juge indépendant s'impose. Le parquet travaille en collaboration avec les magistrats du siège (les juges d'instruction, par exemple). Il est représenté au procès par l'un de ses membres qui questionne le prévenu et, dans son réquisitoire, présente la position finale de l'accusation : condamnation ou relaxe. S'il hésite, il peut « s'en rapporter » à la décision du tribunal, et ne requiert alors pas la peine.

Le parquet est qualifié de *« magistrat debout »* car ses représentants se lèvent pour intervenir dans les débats publics.

Partie civile. La victime, si elle le souhaite, ou ses proches, notamment en cas d'homicide, sont autorisés par la loi à demander réparation du préjudice subi par le biais de dommages et intérêts, fixés par la cour, sans les jurés, lors de l'*« audience civile »* qui suit les condamnations prononcées à l'issue du procès pénal. En principe, la partie civile ne soutient pas l'accusation et ne réclame pas une peine précise, charges qui incombent à l'avocat général.

Président. Le président est un magistrat du siège, indépendant. Aux assises, il est le seul juge à avoir connaissance de la procédure écrite : ni ses assesseurs ni les jurés ne l'ont lue. Le président fixe le calendrier des débats, décidant notamment de l'ordre des passages des témoins et experts. Le président dispose d'un pouvoir discrétionnaire. Il décide d'examiner d'abord la personnalité de l'accusé, ou bien les faits qui lui sont reprochés. On l'appelle, monsieur ou madame le Président.

Procureur général. Haut magistrat qui dirige le parquet de la Cour d'Appel. A ce titre, il est aussi le supérieur hiérarchique des procureurs de la République de son ressort. Par exemple, le procureur général de Libreville supervise les parquets de Libreville, Lambaréné ; celui de Franceville supervise les parquets de Koulamoutou, Franceville ; celui d'Oyem supervise ceux d'Oyem et Makokou. C'est au procureur général qu'échoit la décision d'interjeter ou non appel d'un verdict d'assises.

Procureur de la République. Chef du parquet au niveau d'un tribunal de Première Instance (TGI). Les tribunaux de Première Instance sont dirigés par deux chefs de juridiction : le procureur pour le parquet, le président pour le siège.

QPC (question prioritaire de constitutionalité). Un justiciable qui estime que la loi en vertu de laquelle il est renvoyé devant une juridiction de jugement n'est pas conforme à la constitution peut saisir, par le biais d'une QPC, la Cour Constitutionnelle, seule autorité qui peut abroger une disposition législative. La QPC peut être posée à tout moment de la procédure tant en première instance qu'en appel ou en cassation. En matière criminelle, la question ne peut être posée que durant la phase d'instruction. Trois conditions :

1. La disposition législative en cause doit être applicable au litige ou à la procédure, ou constituer le fondement des poursuites ;

2. La disposition législative en cause ne doit pas avoir déjà été déclarée conforme à la Constitution par la Cour Constitutionnelle ;

3. La QPC ne doit pas être dépourvue de caractère sérieux.

Réquisitoire définitif. Lorsqu'un juge a terminé son instruction, il demande au parquet de lui consigner ses recommandations par écrit. Dans ce document, appelé *« réquisitoire définitif »*, rédigé par le procureur ou l'un de ses collaborateurs, le parquet se prononce pour le renvoi ou le non-lieu. Le juge n'est pas tenu de suivre cet avis.

Scellés. L'ensemble des pièces saisies lors de l'enquête criminelle sont placées sous scellés. Cela peut être un téléphone portable à une camionnette, en passant par des écoutes téléphoniques ou un canapé convertible. L'arme du crime, si elle a été découverte, est également placée sous scellés. Lors du procès, les parties peuvent demander à ce qu'un scellé soit ouvert et son contenu étudié. Une fois cet examen accompli, le scellé est publiquement reconstitué par l'*« huissier audiencier »*, qui est présent pendant tous les débats.

Siège. Ensemble des magistrats statutairement indépendants qui rendent des décisions de justice : juge aux affaires civiles, sociales, commerciales, juge d'instruction, etc. Aux assises, le président et ses assesseurs sont des magistrats du siège, contrairement à leur collègue avocat général, qui représente le parquet. On parle aussi du siège comme de la *« magistrature assise »*, car tout le monde se lève pour s'adresser à ses représentants lors des audiences, alors que ceux-ci restent assis pour intervenir dans les débats publics.

Tribunal Correctionnel. Juridiction chargée de juger les auteurs présumés de délits, c'est-à-dire les infractions non criminelles répertoriées par le code pénal : vols, violences non mortelles, escroqueries, abus de biens, etc.

Verdict. Nom usuel des arrêts criminels rendus par la Cour d'assises. Si la culpabilité n'est pas retenue, la Cour prononce un acquittement. La peine maximale est la réclusion criminelle à perpétuité assortie ou non d'une période de sûreté incompréhensible. Lorsque le président annonce, publiquement, la teneur du verdict à l'issue du délibéré, il ne précise jamais si la cour et les jurés se sont prononcés à l'unanimité. En cas de condamnation, et le cas échéant si la peine maximale a été retenue, il précise seulement que la sentence a été votée *« à la majorité de six voix au moins »*.

On pourrait être tenté de croire que le langage juridique est rendu ardu du fait de la nature scientifique du droit, or il y a là confusion sur le fait que le justiciable veut des textes juridiques compréhensibles, sans aucun contresens, produits selon une technique par des gens du droit qui possèdent la technique et disposent du vocabulaire car même si le langage juridique doit conserver tous ses termes techniques, il n'y a aucune raison juridique qu'il soit plombé par des locutions archaïques et hermétiques au point de ne rendre la décision compréhensive que pour les seules personnes initiées. N'est-il pas vrai que rendre la justice, c'est aussi convaincre le justiciable de la justesse du verdict ? Et pour ce faire, la décision doit être rendue dans un langage clair, compréhensible et accessible à tout justiciable.

L'action en justice obéit aussi à une exigence de délai au-delà duquel elle ne peut être exercée. On dit alors qu'elle est prescrite (sauf en cas d'action publique en matière de crime contre l'humanité).

PARAGRAPHE 2- L'EXIGENCE DES DELAIS

Selon les matières et les cas, les délais de prescription de l'action en justice, c'est-à-dire au-delà desquels on ne peut assigner, citer ou porter plainte, varient selon les matières : prescription de six mois, prescription annale, biennale, triennale, quinquennale, décennale, trentenaire et même en jours. C'est dire que la prescription est un mode d'acquisition ou de perte d'un droit par l'écoulement d'un certain délai prévu par la loi.

- **En matière commerciale**

Le droit OHADA n'a pas fait mieux ; les actes de commerce sont assujettis à des délais de prescription plus courts que ceux qui sont généralement fixés en matière civile.

La prescription en matière commerciale est prévue par l'acte Uniforme relatif au droit commercial général :

- sauf si elles sont soumises à des prescriptions plus courtes, les obligations commerciales ou mixtes se prescrivent par cinq ans. Le délai de prescription court à compter du jour où le titulaire du droit d'agir a connu ou aurait dû connaître les faits qui lui permettent d'exercer l'action en justice interruptive (article 16 AUDCG).

La prescription se compte par jour et non par heure. Elle est acquise lorsque le dernier jour du terme est accompli (article 18 AUDCG)

La prescription peut être abrégée ou allongée par un commun accord entre les parties. Elle ne peut toutefois être réduite à moins d'un an ni étendue à plus de 10 ans (article 29 AUDCG).

La prescription en matière de droit de sociétés commerciales est prévue par l'acte uniforme relatif aux sociétés commerciales et GIE :

- Ainsi, l'action aux fins de régularisation des statuts se prescrit par trois ans à compter de l'immatriculation de la société ou de publication de l'acte modifiant les statuts (article 76 de l'AUSCGIE) ;
- L'action en responsabilité contre le commissaire aux comptes se prescrit par trois ans à compter de la date du fait dommageable ou s'il a été dissimulé, de sa révélation ;
- Pour le fait dommageable qualifié de crime, l'action se prescrit par 10 ans ;
- Pour la vente commerciale, le délai de prescription des actions visées à l'article 275 (actions résultant d'un manquement au contrat, actions fondées sur un dol avant conclusion du contrat de vente ou au moment de la conclusion du contrat, action fondée sur un défaut de conformité de la chose vendue) commence à courir à partir de la date d'expiration de la garantie contractuelle.

Comme on peut le voir, le droit OHADA aménage des prescriptions divergentes entre actes uniformes, ce qui donne lieu à une certaine insécurité juridique.

- **En matière pénale** :

Aux termes de la nouvelle loi n°043/2018 du 05 Juillet 2019 portant code de procédure pénale :

« Article 593 : Les peine prononcées par un arrêt rendu en matière criminelle se prescrivent par vingt années révolues, à compter de la date où cet arrêt est devenu définitif. Cependant le condamné reste soumis de plein droit à l'interdiction de séjour dans le lieu où résidait soit celui sur lequel ou contre la propriété duquel le crime a et commis, soit ses héritiers directs. Les dispositions relatives à l'interdiction de séjour sont applicables à la prescription indiquée à l'alinéa 1er ci-dessus.

Article 594 : Les peines prononcées par un arrêt ou un jugement en matière correctionnelle se prescrivent par cinq années révolues à compter de la date où cet arrêt ou jugement est devenu définitif.

Article 595 : Les peines prononcées par un arrêt ou un jugement en matière de simple police se prescrivent par deux années révolues à compter de la date où cet arrêt ou jugement est devenu définitif.

Toutefois, les peines prononcées pour une contravention connexe à un délit se prescrivent conformément à l'article 594 ci-dessus.

Article 596 : Les condamnés par défaut dont la peine est prescrite ne peuvent être présentés pour purger une peine prononcée.

Article 591 : Les condamnations civiles prononcées par les arrêts ou les jugements rendus en matière criminelle, correctionnelle ou de simple police, devenues irrévocables se prescrivent d'après les règles établies par le code civil ».

En France la prescription de la peine est basée sur le principe selon lequel toute peine, lorsque celle-ci n'a été mise à exécuter dans un délai fixé par la loi à 20 ans pour les crimes, 5 ans pour les délits, et 3 ans pour les contraventions, le délai commence à courir le jour où la condamnation devient définitive.

Au Bénin, la prescription de la peine est prévue par les articles 486, 847 et 848 du code de procédure pénale. Pour les crimes et délits, les dispositions sont similaires à celles de la France mais en matière de contravention la prescription est de deux années à compter de la date où la condamnation est devenue définitive.

Au Cameroun la prescription des peines est prévue par l'article 67 de la loi n°67/LF/1 du 12 Juin 1967 portant code pénal, la prescription pour les crimes est de cinq ans pour les délits et deux années pour les contraventions à la date où la condamnation est devenue définitive.

- **<u>En matière civile</u>** :

La prescription civile est de 5 ans pour les actions tant réelles que personnelles, par exemple, les créances y compris celles nées d'une condamnation (article 2224 du code civil français).

Au Gabon l'action civile se prescrit par trente ans lorsqu'il a été statué définitivement sur l'action publique (article 11 code de procédure pénale gabonais).

En matière de biens meubles la prescription est instantanée en application de la maxime : « en fait de meubles la possession vaut titre » (article 2276 du code civil ancien).

- **<u>En matière sociale :</u>**

En droit social gabonais la prescription est de cinq années à compter de la date d'exigibilité des droits (article 164 du Code de travail gabonais).

En matière de protection sociale l'action civile en recouvrement des cotisations et pénalités ou majorations dues, exercée indépendamment ou après extinction de l'action publique se prescrit après cinq ans à compter de la date de la dernière mise en demeure (article 134 du code de protection sociale gabonais).

- **En matière du droit administratif :**

Dans le contentieux de la responsabilité de la puissance publique, l'aide que le juge cherche à apporter au requérant ne l'empêche pas d'exciper d'une irrecevabilité tirée de la règle de prescription quadriennale, selon laquelle le créancier d'une personne publique ne dispose que d'un délai de quatre ans à compter du 1er Janvier suivant la naissance de sa créance, pour en réclamer le paiement à la personne publique débitrice.

- **En matière de droit foncier :**

La question de la prescription acquisitive sur certains espaces a été en temps abordée par le législateur gabonais qui avait déjà prévu à l'article 2 du Décret N° 77/PR/MF du 06 février 1967 réglementant l'octroi des concessions et locations des terres domaniales, abrogé par le Décret N° 275/PR/MECIT du 19 juin 2012, que pour une période transitoire de deux ans, ***« tout citoyen gabonais occupant un terrain depuis au moins cinq ans, pourra sur sa demande, obtenir la propriété définitive de ce terrain s'il apporte la preuve que cette occupation était paisible, continue, publique et non équivoque»*** et qu'il y a effectué un ou des investissements constitutifs d'une mise en valeur.

La non notification des avis d'audience et des décisions rendues par les juridictions qui comportent des délais d'appel ou de pourvoi en cassation livre le justiciable à des pertes de procès ou des pertes de droits au grand bonheur de la partie qui pensait sa cause perdue.

Le justiciable est confronté à un semblable désagrément lorsqu' une affaire est mise délibéré sans date précise et vidée avec la qualification de décision contradictoire. Parce que la décision de mise en délibéré est prise en audience, celle du rabat, prorogation de ce délibéré doit être prise en audience également les parties au procès devant recevoir pour se faire des avis d'audience.

Au Gabon, quiconque voudrait demander que justice soit rendue, doit saisir la juridiction pour se faire, l'Etat de droit a mis en place un droit au procès par **l'ordonnance n°77/PR du 22 février 1977.**[75]

Ce droit au procès s'organise autour des principes directeurs parmi lesquels, il y a : **le droit au procès équitable, le principe du dispositif,**

[75] Cf. C.Proc.Civ.Gab Livre 1er, Dispositions liminaires

le principe du contradictoire, considérés comme **les garanties, les gardes fous** d'une bonne administration de la justice.

L'irrespect de ces grands principes est à l'origine d'autres difficultés d'accès à cette grande dame la justice pour tous, ce qui entraine des conséquences déroutantes dans le cours de l'instance judiciaire.

SECTION II : L'IRRESPECT DES GRANDS PRINCIPES DIRECTEURS DU PROCES QUE SONT : LE DROIT AU PROCES EQUITABLE, LE PRINCIPE DU DISPOSITIF, LE PRINCIPE DU CONTRADICTOIRE

Si l'action en justice au Gabon n'est ouverte qu'à tous ceux qui ont un intérêt légitime au succès, ou au rejet d'une prétention. Tout justiciable doit pouvoir avoir accès à **un juge impartial**, **indépendant,** statuant en respectant **une procédure contradictoire, un délai raisonnable**, dans **le respect de l'égalité, la légalité des armes et des droits de la défense consacrés** par la constitution gabonaise **loi n°046/2020 du 11 janvier 2021 qui exige un procès équitable**.

PARAGRAPHE I : QUID DESDITS GRANDS PRINCIPES DIRECTEURS QUE SONT : LE DROIT A UN PROCES EQUITABLE, LE PRINCIPE DISPOSITIF ET LE PRINCIPE DU CONTRADICTOIRE

Pour qu'il y ait un procès, il faut qu'il y ait litige, référence à la règle de droit et à la juridiction appelée à statuer.

Pour accomplir cette mission, l'Etat de droit a assigné au juge deux missions :

D'une part, celle **d'ordonner** et de **commander**, d'autre part, celle de **trancher** les litiges **en disant le droit**. Toutefois, le juge ne peut dire le droit au cours d'un procès qu'en **respectant des formes définies par la loi, les procédures qui garantissent le bon déroulement du procès.**

Ces règles sont pour rassurer le justiciable par la rationalité et la neutralité de ses automatismes.

Pour que nul n'en n'ignore, le droit à un procès équitable est une garantie pour éviter des procès iniques, des dénis de justices, l'arbitraire dans des décisions rendues à l'emporte-pièce, l'escroquerie à jugement, les décisions non motivées ou motivées de façon lapidaire, éviter que les procès ne tirent en longueur, empêcher le dilatoire, les jeux de corruption.

Au nom du principe du dispositif seul les titulaires des droits subjectifs sont à mesure de les faire valoir en justice. Elles sont libres d'y mettre fin avant le prononcé du jugement ce qui veut dire que les parties disposant de leurs droits soumettent au juge les seuls éléments de faits ou de droits sur lesquels elles sont en litige et que le juge ne peut d'office mettre en question, ni les faits sur lesquels les parties s'accordent, ni les éléments qui n'apparaissent pas litigieux.

Les parties doivent se faire connaître mutuellement en temps utile, les moyens de fait sur lesquels elles fondent leurs prétentions, les éléments de preuve qu'elles produisent et les moyens de droit qu'elles invoquent afin que chacune soit à même d'organiser sa défense.

Le juge veille au bon déroulement de l'instance, il a le pouvoir d'impartir aux parties des délais, et d'organiser des recours nécessaires.

Il peut inviter les parties à fournir les explications de droit qu'il estime nécessaires à la solution du litige, mais « *en toute circonstance, le juge doit faire observer, et observer lui-même le principe de la contradiction. Il ne peut fonder sa décision sur des moyens de droit qu'il a relevé d'office ou sur les explications complémentaires qu'il a demandées sans avoir au préalable inviter les parties à présenter leurs observations* ».[76]

Le principe du contradictoire est exigé durant le cours du procès pour assurer l'obligation faites aux parties de respecter le débat contradictoire.

Aussi, sont-elles en droit de contredire les allégations, les demandes, les exceptions formulées par les parties adverses.

Le principe du contradictoire permet d'assurer **la loyauté** et **l'égalité** entre les parties dans le cadre d'un procès **qui doit-être équitable**.

Bien plus, l'exigence de la tenue d'un procès équitable, est une garantie pour tout justiciable d'avoir un procès public, un droit au respect de l'égalité des armes et des droits de la défense, le droit d'avoir recours à un juge, impartial, statuant dans un délai raisonnable. Ce principe occupe une place de choix en tête du code de procédure civile et dans la constitution gabonaise.

---

[76] Art 24 C.Proc.Civ.Gab o.p. Cité page 8

Ainsi que l'on a vu plus haut, le juge prendra sa décision en application du droit, en la motivant, en **s'interdisant des motifs contradictoires, dubitatifs, hypothétiques, en justifiant la réponse qu'il apporte aux moyens** et **prétentions des parties**.

C'est en raison de l'importance des mentions qui doivent être portées sur la décision et du contenu de la décision que le législateur a inséré dans l'**article 372 du code de procédure civil gabonais** [77]les indications suivantes :

« Tout arrêt, jugement, ordonnance comporte obligatoirement

1° l'indication de la juridiction dont il émane ;

2° Les noms du juge ou des juges qui ont délibéré ;

3° Les noms du représentant du ministère public s'il y a lieu ;

4° Le nom du greffier ;

5° Les noms, profession et demeure des parties, et la mention de leur comparution ou de leur défaut, avec en ce cas la constatation qu'elles ont été régulièrement convoquées ;

6°Le cas échéant, les noms d'avocats ou de toute personne ayant représentées ou assistées les parties

7°L'objet de la demande et l'analyse sommaire des moyens produits

8° Les motifs retenus à l'appui de la décision avec référence à la règle juridique dont il est fait application ;

9°Le dispositif contenant la décision ;

10°L'indication que la décision a été rendue en audience publique sous réserve des dispositions particulières à certaines matières ;

11°La date du prononcé et la signature du président et du greffier.

En cas d'empêchement du président, mention est faite sur la minute, qui est signée par l'un des juges qui ont délibérés. »

La motivation a l'avantage d'obliger le juge à exposer son raisonnement juridique, c'est-à-dire à livrer **la bonne manière** qu'il a utilisé pour confronter le droit aux faits :

- Elle permet au justiciable d'être rassuré que ses prétentions et moyens ont été pris en compte lors de l'examen de son affaire
- Elle met de ce fait le juge à l'abri de toutes critiques contre l'arbitraire et l'impartialité et ne prive pas la cour de cassation d'exercer son droit de contrôle.

---

[77] C.Pro.Civ.gabonais loi n°1/77/PR du 22 février 1977 P51

<u>PARAGRAPHE II :</u> QUELS SONT LES DANGERS DU NON-RESPECT DES GRANDS PRINCIPES DU PROCES EQUITABLE, PRINCIPE DU CONTRADICTOIRE ET DU PRINCIPE DU DISPOSITIF

La prévalence de l'affichage du rôle des affaires ou toute information relative au procès en cours **sur la notification des avis audiences** est une autre question posée à résoudre.

C'est ainsi qu'il est devenu chose courante qu'une série d'affaires soit renvoyées à la 5ème audience des vacations, renvoyée à la 7ème audience de la rentrée judiciaire, à la 8ème audience du 2ème trimestre dont le jour de ladite audience n'est rendu public que l'après-midi de la veille du jour sans avis notifié aux parties ; lesquelles parties seront privées d'une information aux lourdes conséquences.

Cette façon de faire nuisible à la bonne marche de la justice ; n'est-ce pas qu'il est de bonne administration que le juge doit s'assurer que toutes les parties ont été convoquées, informées dans les délais de la date, de l'heure et du lieu de l'audience ?

Tout aussi courant est le fait de voir un délibéré être vidé à votre insu, si vous n'avez pas suivi, personne ne vous informera jusqu'à ce que la forclusion vous rattrape.

En cela, **la notification de l'avis de l'audience n'est pas un fait banal ni une simple formalité en option**. Le principe du contradictoire a l'avantage d'assurer la protection des droits de chaque partie. Son irrespect donnera au juge la possibilité d'écarter des débats, les pièces, conclusions versées tardivement ou communiquées tardivement.

La violation de ces grands principes aura pour conséquences : la multiplication des appels, des recours en cassation, l'ineffectivité des décisions rendues, la recherche des solutions telles que rendre justice soi-même, la désaffection.

On comprend dès lors que **l'art.6 du code de procédure civile gabonais** considère « *l'action malicieuse, vexatoire, dilatoire ou qui n'est pas fondée sur des moyens sérieux, constitue une faute ouvrant droit à réparation. Il en est de même la résistance abusive à une action bien fondée.* »

Au reste, il y a lieu de noter comme une leçon universelle de bonne jurisprudence le rendu de la cour de justice de la CDEAO intervenu dans un contexte semblable, hors siège à ACRA au Ghana le 25 mars et 2 avril 2022 qui inspire condamnant l'Etat Béninois à payer à une enseignante la somme de 10.000.000 FCFA en raison de **la violation du principe directeur du procès équitable parce que la justice de ce pays a manqué à son obligation de vider sa saisine dans un délai raisonnable** ; le procès ayant trainé pendant plus de 10 ans sans que la décision n'intervienne.

III : QUID DU DROIT OBJET DU PROCES ?

De nombreuses recherches prouvent à suffisance aujourd'hui, qu'au stade de développement avant la pénétration coloniale, les droits africains ne concevaient pas la survie du groupe autour de l'individu, la terre n'appartenant qu'au groupe. **L'individu ne dispose que du droit de la mise en valeur**. Il suit de là qu'en aucun cas, **la terre ne fait l'objet d'appropriation** ou **d'aliénation**. Le chef n'a que l'administration des terres sans disposer d'un droit privatif[78].

Nul doute que l'absence d'économie marchande développée, impliquant la valorisation du sol et l'apparition de la vente foncière a été la difficulté majeure rencontrée par le droit d'emprunt lors de la pénétration coloniale.

Que dire de ce nouveau droit en promotion au Gabon au XXIe siècle ?

Les temps présents sont les temps de droits à la vie, au travail, à la santé, au logement, à l'école, à la connaissance, à la culture, à la paix, à la coexistence pacifique entre les peuples, au repos, au droit à la liberté d'aller et venir, à la liberté de pensée, au droit d'aimer et être aimé, au droit à la sécurité sociale, au droit à un procès équitable, au droit à une juridiction de proximité et à un juge impartial, à l'amitié des autres peuples et réciproquement ; au droit à l'honneur, à la dignité humaine.

Or de nos jours, **la réalisation de ces droits** est sur **une longue liste d'attente**. C'est ainsi, que le droit foncier, le droit social, le droit à une juste réparation en cas d'accident automobile vouent le justiciable à des difficultés de toutes sortes, parfois à des pertes, au refus des droits par une institution comme la *Justice* rendue sur le fondement des lois et règlements et au nom du peuple gabonais.

Parce que qui dit tel droit dit telle justice, il y a lieu de cerner certains de ces droits et de scruter leurs contours tout en se demandant comment ils sont vécus par les populations et quelle peut être leur réceptivité ?

CHAPITRE I : DE CERTAINS DROITS DONT LA REALISATION EST INCERTANE

Le Droit en vigueur au Gabon qui est au cœur du procès met en jeu :

- Un droit de propriété foncière en crise ;
- Un droit de travail à garantie critiquée ;
- Un nouveau droit à l'indemnisation des victimes des accidents de la circulation routière in le code CIMA : promoteur des droits restreints et des droits perdus ;
- Un nouveau droit de la femme qui fait le renouveau de l'Egalité et des valeurs du respect de la dignité de celle-ci.

SECTION I : UN DROIT DE LA PROPRIETE FONCIERE EN CRISE

L'Etat colonial s'est voulu propriétaire de toutes les terres au Gabon. Avec le temps, « *les Terres deviennent des marchandises susceptibles d'aliénation à partir du moment où l'idée de propriété individuelle succède à la notion de terre collective et patrimoine commun. Le législateur et les Tribunaux interviennent pour reconnaître la validité et faciliter la conclusion des contrats de vente*[79] ».

Se présentant dès le départ comme promoteur de la propriété en Afrique, cette propriété garantie par l'immatriculation des terres, l'Etat colonial va faciliter l'appropriation privée de celle-ci, en violation du droit des populations qu'il faut faire entrer dans le cadre de la progression générale vers l'autonomie de la volonté ; faire progresser la conception de possession collective vers l'idée d'appropriation individuelle ; anéantir la conception de la tenure collective et précaire au bénéfice de la propriété privée ; forcer la population à constituer un patrimoine et à devenir titulaire des droits ; ce qui aurait comme implication que les autochtones s'engagent personnellement dans des obligations à rechercher la responsabilité de leurs actes.

---

[79]Cf : la nature du droit coutumier africain T. OLAWALE Elias Présents Africains Paris 1967 p. 183-190/ René RARIJOANA : Le concept de propriété en droit Foncier à Madagascar, Ed. Cujus Paris 1967/
Guy Adjete KOUASSIGAN : L'homme et la terre Droits Fonciers coutumiers et Droits de propriété en Afrique occidentale Ed.Berger LEVRAULT Paris 1966.

Les terres immatriculées, objet d'un droit de propriété au sens du droit en vigueur, ne sont pas nombreuses.

Le sol a acquis une valeur commerciale, il devient une source de profit.

C'est avec l'établissement sur des bases nouvelles de la propriété foncière que l'on va chercher à faciliter le transfert avec sécurité ; les instruments de crédit avec intérêt.

Les règles métropolitaines de la loi du 23 mars 1855 vont être introduites dans les colonies de l'AEF pour la propriété des citoyens.

Ce régime consiste à donner à chaque immeuble une sorte d'état civil. Il s'applique aux fonds bâtis et non bâtis en inscrivant sur un registre tenu par un fonctionnaire, toutes les opérations juridiques affectant sa situation : **on a créé un titre inattaquable**.

C'est un droit qui crée une exclusivité, c'est-à-dire le droit d'exclure autrui de la propriété.

Dans la gestion libérale de ce droit, les constituants laissent entrevoir que c'est *« **l'autorité politique qui a le droit et le devoir de régler, en fonction du bien commun, l'exercice légitime de ce droit**. »*

La constitution de la République gabonaise (loi n°3/91 du 26 mars 1991), en son article premier (Titre préliminaire) considère la propriété comme étant un des droits fondamentaux :

« 1- Toute personne, aussi bien seule qu'en collectivité, a droit à la propriété. Nul ne peut être privé de sa propriété, si ce n'est lorsque la nécessité publique, légalement constatée, l'exige et sous la condition d'une juste et préalable indemnisation ; toutefois, les expropriations immobilières engagées pour cause d'utilité publique, pour insuffisance ou absence de mise en valeur et visant les propriétés immatriculées sont régies par la loi ».

Elle consacre ainsi le droit de propriété défini par le Code civil français (article 544) comme étant *« **Le droit de jouir et disposer des choses de la manière la plus absolue pourvu qu'on n'en fasse pas un usage prohibé par la loi** ».*

Cette proclamation solennelle est une reprise et poursuite de mission de l'œuvre coloniale qui a toujours voulu mettre un terme à l'idée de jouissance immédiate des fruits du sol en facilitant l'accès à la propriété privée du sol parce que relevant d'un droit sécuritaire et du seul progrès possible de l'humanité : faire renoncer à la conception de la tenure collective en faisant adhérer à une autonomisation de la société africaine tournée vers l'individualisme.

Cette adhésion suscitée est véhiculée à travers ce discours du constituant dans le but d'arrimer les peuples à un mode d'organisation ; ce discours exprime un autre type de rapport aux biens, à la propriété foncière.

A bien y penser, on est curieux de savoir : est-ce que la raison d'Etat est en droit fondée à défaire de la sorte la bonne manière d'être des peuples africains comme pour dire : **« épousez les concepts et valeurs qui ont triomphé en 1789 ; elles doivent devenir vos modes de pensée et de vie, car cette manière d'être est la fin du parcours des civilisations des peuples ».**

Pourtant, *« le droit coutumier est axé sur l'idée d'harmonie et de conciliation. En cherchant à réaliser ce règne du droit entendu comme étant la garantie des droits subjectifs en voyant dans la loi ou les précédents des règles à suivre strictement, non un point de départ pour un règlement à l'amiable des conflits, on a répudié ce qui était l'essence même du droit coutumier.* [80]*».*

De même, depuis bien des siècles, l'Occident vit et traverse des crises à éternels recommencements quand bien même, ses maîtres penseurs continuent de faire croire à l'humanité qu'en dehors de là, il n'y a point d'autres saluts.

Les sages africains apprennent à leurs enfants que :

« Quand on n'a pas les repères de sa destination, il faut au moins pouvoir se souvenir de ses origines ».

La question se pose : pourquoi le droit foncier en vigueur au Gabon est-il en crise ? Existe-il une solution à ce problème lancinant pour les politiques ?

On pourrait être hâtivement tenté de déduire que le problème du foncier au Gabon, aujourd'hui, est une simple question d'accès à la propriété que l'on pourrait résoudre par la promesse de la construction de 1.000.000 de logements accessibles au prix de 20 millions, 30.000.000, 40.000.000, 80.000.000 selon la qualité du bâtiment.

Ou bien qu'il suffirait « **que l'Etat joue un rôle premier qui est celui de la production des terrains à bâtir afin de mettre à la disposition de la population des parcelles viabilisées ».**

---

[80] René DAVID : Les Grands systèmes de droit contemporains Dalloz p.585-586 Paris 1974.

A ce qui semble, c'est en raison de cet état de chose que les populations tentent d'occuper les terrains par tous les moyens donnant l'impression qu'on vit dans un monde où règne la loi du plus rusé, du plus fort, du plus agressif ou du plus fortuné[81].

Telle qu'elle est conçue, la réglementation portant sur la propriété foncière en vigueur au Gabon est sur les sentiers battus du droit colonial et tend à consolider celui-ci ainsi qu'il suit :

L'article 2 de la loi n°14/63 du 8 mai 1963 fixant la composition du domaine de l'Etat et les règles qui en déterminent les modes de gestion et d'aliénation, après avoir défini les biens dépendant du domaine public national dans son premier alinéa, dispose, en son alinéa 2 que : ***« les autres biens constituent le domaine privé. Ils comprennent notamment les terres qui ne sont pas appropriées selon le régime de l'immatriculation ou qui n'ont pas été concédées à titre définitif ».***

Cet article détermine aussi les principes qui guident le régime de la propriété foncière au Gabon.

Que dire des conditions pour accéder à la nouvelle propriété foncière au Gabon ?

Depuis les années 1960, la législation domaniale et foncière considère qu'au Gabon :

- la terre pouvant faire l'objet d'une appropriation à titre privatif est à l'origine du domaine de l'Etat ;
- la prescription acquisitive n'est pas admise ;
- la possession n'est pas un mode d'accès à la propriété foncière au Gabon[82] ;

Le régime de la propriété foncière est conçu par les textes suivants :

- la loi n°15/63 du 08 Mai 1963 : l'article 19 de la loi susvisée confère un titre définitif, inattaquable ;
- la loi n°14/63 du 8 mai 1963 fixant la composition du domaine de l'Etat ainsi que les règles qui en déterminent les modes de gestion et d'aliénation ;
- le décret n°77/PR du 06 février 1967 réglementant l'octroi des concessions et location des terres domaniales ;

---

[81] Christian Aimé NKOGHE, Magistrat chargé de la publicité foncière à la conservation de la propriété foncière.

[82] Christian Aimé NKOGHE, Magistrat de la publicité foncière à la conservation de la propriété foncière in la Revue Hebdo journal hebdomadaire d'informations et d'annonces légales : « L'accès à la propriété foncière », n°637 du 31 Octobre, 15 Novembre 2015.

Pour réformer l'ordonnance n°5/2012 du 13 février 2012 qui fixe le régime de la propriété foncière crée par le décret N°1500/PR/MHUEDD du 29 décembre 2011 un nouvel organe : l'Agence Nationale de l'Urbanisme des Travaux Topographiques et du Cadastre (ANUTTC), qui a pouvoir de borner :

Il prend une décision d'attribution du terrain si le requérant est de nationalité gabonaise ou de nationalité étrangère s'il est détenteur d'un bail emphytéotique.

« Et pour devenir propriétaire loti ou non loti, urbain ou rural, il faut, dans un premier temps, se présenter à l'Agence Nationale de l'Urbanisme et des Travaux Topographiques et du Cadastre pour en demander soit la régularisation foncière, soit l'attribution. L'agence procède à l'instruction de la demande du requérant. Si elle est favorable, elle délivre une décision d'attribution de terrain. Cette décision est un acte administratif qui est opposable à l'Etat parce qu'il peut faire l'objet d'un recours devant le juge administratif »[83].

« Dans un deuxième temps, muni du titre délivré par l'Agence, du plan, et du procès-verbal de bornage, le requérant se présente à la Conservation foncière pour engager la procédure d'immatriculation afin que le juge judiciaire garant de la propriété privée reconnaisse, établisse et confirme le droit de propriété en ordonnant son inscription au livre foncier. C'est à l'issue de cette procédure d'immatriculation que le conservateur, sur ***l'ordre*** *et* ***l'autorisation du juge judiciaire, crée un titre foncier correspondant*** *à la parcelle que l'Etat avait au préalable attribuée. Ce titre que l'Agence avait délivré, devient un titre foncier définitif, irrévocable, imprescriptible, inattaquable et indiscutable. C'est seulement et uniquement après avoir obtenu le titre foncier qu'une personne physique ou morale peut se considérer propriétaire foncier au Gabon*[84]. »

---

[83] Christian Aimé NKOGHE, Magistrat de la publicité foncière à la conservation de la propriété foncière in la Revue Hebdo-information, journal hebdomadaire d'informations et d'annonces légales : « L'accès à la propriété foncière n°637 du 31 Octobre, 15 Novembre 2015 ;

[84] Christian Aimé NKOGHE, Magistrat de la publicité foncière à la conservation de la propriété foncière in la Revue Hebdo journal hebdomadaire d'informations et d'annonces légales : « L'accès à la propriété foncière n°637 du 31 Octobre, 15 Novembre 2015 ;

Aux dires de Monsieur NKOGHE, pour devenir propriétaire foncier au Gabon, il faut suivre deux phases dans la procédure d'accession à la propriété foncière.

Première phase : *« L'acte de cession ou de concession interviendra à l'issue de la procédure. Le Directeur Général de l'Agence Nationale de l'Urbanisme, des Travaux Topographiques et du Cadastre* ***prend une décision d'attribution du terrain*** *si le requérant est de nationalité gabonaise ou* ***de cession d'un bail emphytéotique si le requérant est un non-Gabonais. L'attribution ainsi décidée a un caractère définitif****. L'acte délivré est un acte administratif susceptible de recours devant le juge administratif.* [85]»

La phase judiciaire : l'immatriculation foncière est dite judiciaire parce qu'elle est instruite par le conservateur de la propriété foncière sous le contrôle du juge judiciaire, garant de la propriété privée. L'immatriculation est une procédure publique, contradictoire et judiciaire qui a pour objectif de placer un bien immobilier sous l'emprise du régime du livre foncier sans qu'il puisse y être ultérieurement soustrait. Elle est concrétisée par la remise d'un titre de propriété dit **titre foncier**, **imprescriptible**, **inattaquable**, qui constitue en quelque sorte l'acte de naissance de l'immeuble à la vie juridique, le point de départ de toutes les mutations et constitutions de droits ultérieurs[86].

Mais la crise provient aussi du fait de la *« méconnaissance de la législation domaniale et foncière par le public et même par les magistrats (...), la forte implantation des ressources informelles d'appropriation des terres, à la malice des plaideurs, les confusions et conflits des compétences entre les juridictions administratives et judiciaires, le juge de fond et des référés*[87]».

Il y a enfin, l'impasse de la solution qui consiste à proposer aux Gabonais le rêve à l'horizon de devenir propriétaire foncier alors que partout dans le monde cette solution n'impacte nulle part. La question de logement comme la question de l'emploi demeurent des casse-têtes de tous ceux qui se sont hasardés à proposer ce chantier.

La proposition de devenir tous propriétaires fonciers est un rêve que les utopistes inoculent aux peuples tout en sachant que l'humanité est

---

[85]*Op. cit.*

[86] *Op. cit.*

[87] *Op. cit.*

enfermée dans un **type de société** où **les rapports de possibilités concrètes sont inégaux**. Car comment pouvoir avoir une maison, un terrain vendu à des millions lorsqu'on vit aux dépens d'un frère, d'une relation ; lorsqu'on vit de peu ?

Au lieu de propager le mythe de la propriété privée, l'Etat ferait mieux d'éduquer à la jouissance commune de biens collectifs et leur bonne gestion, tout en propageant davantage les valeurs morales et culturelles devant servir à la transformation et au progrès qui permettent la reproduction d'une société équilibrée.

Ce n'est un secret pour personne qu'avec les moyens dont il dispose, l'Etat gagnerait à **favoriser l'accès au logement** plutôt que de rêver à l'utopie **de faire de tous des propriétaires fonciers**. Cette voie d'impasse peut être écrite dans les meilleures pages de toutes les Constitutions ; mais ne sera accessible au plus grand nombre ni aujourd'hui ni demain parce que, **ici-bas point d'argent, point de besoin**.

Tout au plus, l'espace sera occupé par ceux qui sont solvables ; qui peuvent conclure des baux emphytéotiques de 90 ans avec les Gabonais n'ayant que la possession du terrain âgés de 70 ans.

Comme on le voit, la durée de ce droit excède largement la durée de vie du bailleur. Ce dernier qui n'aura à profiter de l'immeuble construit sur son terrain, que durant le temps qui lui reste à vivre, en usant de la pièce mise à sa disposition par le locataire, au sein dudit immeuble, tandis que ce dernier continuera à jouir des fruits de ce bail, même après le décès du bailleur.

Pendant ce temps, alors que ceux des nationaux qui sollicitent l'acquisition d'un terrain suivant la procédure foncière en vigueur, laquelle ne fait d'eux des propriétaires de ce bien que s'ils s'acquittent de la somme de 2.000.000, 3.000.000 de francs auprès de l'administration. Ne disposant pas des moyens nécessaires, ils seront privés de l'accès à la nouvelle propriété. Ceux-là pourront être dépossédés puisqu'ils ne détiennent aucun titre malgré l'ancienneté et l'effectivité d'une occupation paisible.

Dépossédés par un détenteur frauduleux d'un titre foncier, on ne leur laisse plus que le pis-aller comme moyen du dédommagement.

C'est le cas pour certains habitants du quartier Marseille 2 dans le 2e Arrondissement de la commune d'Akanda, où l'entreprise KIABI BTP qui envisage de déguerpir les habitants de la section YE7 sur la base d'un titre foncier contesté par ceux-ci qui se heurtent à cette même difficulté d'accès au droit. Ils sont considérés comme squatteurs parce que sans titre puisque désormais au Gabon "on ne devient propriétaire du foncier que lorsqu'on a un titre foncier ".

L'immatriculation judiciaire qui a pour objectif de placer un bien immobilier sous l'emprise du régime du livre foncier sans qu'il puisse y être ultérieurement soustrait, est concrétisée par la remise d'un titre de propriété dit **titre foncier**, **imprescriptible**, **inattaquable.** Ce titre constitue en quelque sorte l'acte de naissance de l'immeuble à la vie juridique, le point de départ de toutes les mutations et constitutions de droits ultérieurs[88].

Alors que dans le modèle initial l'immeuble immatriculé ne peut plus être soustrait par la suite, à son statut.

« La procédure de l'immatriculation comprend deux phases. La première est administrative voulant qu'une réquisition d'immatriculation est publiée, suivie d'une enquête et d'une levée de plan. Ceci a pour but de déterminer la situation matérielle et juridique de l'immeuble et de faire apparaître les oppositions de la part des personnes se prétendant propriétaires ou titulaires d'un droit réel sur l'immeuble.

Dans la seconde phase dite judiciaire ; le tribunal ordinaire (tribunal de première instance ou juge de paix à compétence étendue) statue sur les oppositions ; il ordonne l'immatriculation ou rejette la demande. Au vu de cette décision, le conservateur de la propriété foncière est tenu d'immatriculer l'immeuble et de délivrer au requérant un titre foncier.

L'immeuble immatriculé est dégrevé de tous les droits réels non-inscrits. Le ***titre foncier est définitif*** *et* ***inattaquable*** *; il forme le point de départ unique de tous les droits réels existants sur l'immeuble. Les personnes dont* ***les droits auraient été lésés par une immatriculation n'ont pas de recours sur l'immeuble****, mais seulement, en cas de dol, une action personnelle en* ***dommages et intérêts contre l'auteur du dol****. »*

La Constitution française de 1789 considérait le droit à la propriété comme étant un droit naturel et imprescriptible de l'homme.

Or, la Constitution gabonaise adopte et protège de manière particulière la propriété devenue un droit *« inviolable et sacré »* que nul

---

[88]*Op. cit.*

ne peut en être privé si ce n'est lorsque la nécessité publique, légalement constatée l'exige, sous réserve d'une juste et préalable indemnité.

Par-là, sont exclus l'**usage** et la **gestion collective** existant dans d'autres formes de société sans conflit violent, à répétitions où crises que nous vivons de nos jours.

La propriété privée conçue dans une perspective individualiste vecteur de libéralisme, fait son chemin et gagne les esprits et anime la nature.

Ce droit tel qu'il est défini fait apparaître que la propriété est le droit de jouir et de disposer des choses de la manière la plus absolue, pourvu qu'on n'en fasse pas un usage prohibé par la loi ou les règlements.

Dès lors, pour le Gabonais, le rapport aux biens prend une autre considération. La propriété doit s'entendre du droit de jouir et de disposer des choses de la manière la plus absolue, pourvu qu'on n'en fasse pas un usage prohibé par la loi.

La propriété est une jouissance, cette jouissance en tant que rapport matériel fondamental est absolue, en ce sens qu'elle ne peut être l'objet d'une limitation légale.

La même définition établit la propriété comme étant un droit absolu : c'est alors la dimension sociale de la jouissance dont il est question, de l'opposition de cette jouissance à d'autres individus.

Il est enseigné et jugé dans ce pays que ce droit comprend trois éléments fondamentaux ou attributs :

1) **L'usus.** C'est le droit d'utiliser et de contrôler l'utilisation de la propriété ; la possibilité de reprendre la possession le cas échéant ;

2) **Le fructus.** Le droit d'avoir pour soi tout profit provenant de la propriété (ex. les droits miniers, une récolte) ;

3) **L'abusus.** Permet d'avoir le droit de détruire (par la consommation) le droit de transférer ou d'aliéner la propriété par la vente, le troc par donation ou legs. A ce droit se rattache également deux caractères : **l'exclusivisme** et **la perpétuité.**

La propriété a un caractère exclusif en ce sens que le propriétaire est le seul à pouvoir accomplir sur la chose les actes qui constituent les attributs de son droit.

Le caractère perpétuel tient au fait qu'à la différence des autres droits, le droit de la propriété dure aussi longtemps que la chose sur laquelle il porte ; il ne s'éteint pas au décès du propriétaire, mais est transmis aux héritiers, il est inviolable et ne s'éteint pas par le non-usage mais le propriétaire peut perdre son droit volontairement, par abandon, par vente, involontairement.

S'inspirant d'Adam SMITH, convaincus que la propriété finit par être liée aux individus, beaucoup de gouvernements africains fonctionnent sur la base d'une conviction centrale du libéralisme, à savoir que les droits des propriétaires encouragent les détenteurs de biens à développer leur propriété, à générer les richesses et à allouer des ressources de manière efficace basée à travers le marché. La propriété est dès lors un droit protégé par le droit positif comme **seule politique d'attrait de l'abondance et de progrès social**.

Aussi, il faut atomiser la société ; *« le développement de la nation exige que l'individu soit affranchi d'une très grande dépendance à l'égard de sa famille ou de son ethnie »*[89].

Même s'il est vrai de constater que jusqu'au XXe siècle le droit de propriété en question était un droit absolu et que sous la conjugaison de plusieurs facteurs : luttes sociales, changements de régimes politiques, accession à l'indépendance des pays colonisés, ce droit a été restreint ; la loi et la jurisprudence en ont fait un droit relatif.

Il reste qu'au plan juridique ce droit transposé a consacré **les attributs** et **les caractères** sus évoqués. Il a emprise désormais sur l'essentiel de la société gabonaise.

La doctrine classique a été excessivement sensible à ces changements apparents, sans percevoir la permanence des institutions fondamentales du Code de 1804, **la propriété** et **le contrat.**

A ce qui s'avère, le droit qui a pris corps au Gabon et en Afrique en général garantit la sécurité des affaires sur un fond de droit mère constant qui demeure inchangé malgré l'importance des réformes, le temps et la différence d'espace.

Le système garantit les données du créancier sur la solidarité future du débiteur. Il a été enrichi par la pratique et les réformes successives comme l'enregistrement des ventes d'immeubles, les hypothèques, les privilèges.

C'est à cette fin que le Code de commerce prévoit l'enregistrement spécial au greffe du Tribunal de commerce, des principaux actes commerciaux (sociétés, fonds de commerce) ainsi que de tous les renseignements sur le commerçant.

---

[89] René DAVID : Les grands systèmes de droit contemporains. Précis Dalloz, Paris 1974, P.585 ;

C'est là une bienveillance à la sécurité des transactions. La Cour de Cassation se bornera lorsqu'elle est saisie, à vérifier si les juridictions inférieures n'ont pas commis d'erreur dans le raisonnement juridique.

De même, cette haute juridiction mettra un soin particulier, en matière contractuelle, à ne pas interpréter les contrats litigieux. Elle ne cherchera pas à savoir quelle a été la volonté commune des parties lors de la signature du contrat puisqu'il s'agit là d'une question de pur fait.

Un titre foncier **inattaquable**, **imprescriptible**, **irrévocable** est l'énoncé d'un dogme. Or, **le droit n'est pas un dogme mais un guide pour l'action**.

Cet énoncé qui manque de cohérence d'avec l'article 63 alinéas 1 et 2 de l'ordonnance n°5/2012 du 13 février 2012 pour laquelle il y a lieu de distinguer la nature des actes : le titre foncier et la personne physique ou morale responsable de l'irrégularité de cet acte croit avoir résolu de manière **claire** et **définitive** le problème du bien mal acquis.

Il pense pouvoir venir à bout du phénomène en disposant que *« tout intéressé peut exercer une action en **responsabilité contre la personne** qui aurait établi ou fait établir un titre foncier en usant du dol, de **moyens illicites** ou **frauduleux** sans préjudice le cas échéant de l'exercice de la procédure d'inscription de faux. »*

Questions : si la personne en question est sanctionnée pénalement, ou civilement que devient le bien ainsi mal acquis ? Qui en devient propriétaire ? Ces questions demeurent sans réponse.

Privilégier la **sécurité absolue** du titre foncier sur la base des suppositions selon lesquelles, en début de sa création ce titre obéit à une procédure rigoureuse faisant intervenir tour à tour, un office ministériel, le conservateur et un juge est un dogme. C'est ignorer toute la fonction du droit à savoir que le droit a aussi pour fonction de réguler ; il est un guide pour l'action ; un mécanisme de régulation.

Cette présupposition méconnait ou fait semblant d'ignorer la réalité des irrégularités qui peuvent entacher ledit titre : qu'est-ce qu'on en fait ? On valide la fraude au bénéfice de qui ?

Oui, la loi n'est pas obscure mais elle a ignoré une insécurité juridique qui se développe et prend de l'ampleur à travers le pays.

Un titre foncier entaché d'irrégularité obtenu en passant entre les mailles du filet : qu'est-ce que l'Etat de droit en fait ? Valider **le crime** ou annuler l'acte irrégulièrement acquis en rétablissant dans leurs droits les parties après un procès juste et équitable car, la stabilité et la sécurisation de la propriété foncière, du crédit immobilier et des transactions immobilières ne se fera pas dans un Etat de droit au mépris de la morale, de la justice comme meilleurs garants de la régularisation.

Il y a ici, insuffisance des garanties formelles.

N'oublions pas que *« la technique juridique a sans cesse besoin de s'abreuver aux sources éthiques des valeurs qui seules peuvent la préserver de la dénaturation ou de l'instrumentalisation »*[90].

Le droit de la transition ne peut pas ne pas être cette *« commune mesure. Celle qui convient à des êtres humains dignes de respect »*[91].

Le Tribunal Administratif de Libreville répond à cette préoccupation par deux décisions dont il faut attendre la confirmation ou l'infirmation[92].

1) La première décision rendue le 1er Août 2018 affaire la SCI SANIA, déclare :

Article 1er : Le recours en déclaration d'inexistence juridique du titre foncier N°18941 du 20 Novembre 2014 introduit par la SCI SANIA est recevable en la forme ;

Article 2 : Le titre foncier N°18941 du 20 Novembre 2014 établi au profit de la SCI de l'aménagement d'Avorbam sur la parcelle N°2 section 9YDZ **est déclaré juridiquement inexistant.**

Le Tribunal, motivant, estime que :

« Considérant que la SCI SANIA a saisi le Tribunal Administratif de Libreville aux fins de l'entendre déclarer l'inexistence juridique du titre foncier N°18941 du 20 Novembre 2014 établi au profit de la SCI de l'Aménagement d'Avorbam ; qu'elle soutient que la formalité substantielle de publicité n'a pas été accomplie ;

Considérant d'une part qu'aux termes de l'article 33 de l'ordonnance N°00000005/PR/2012 fixant le régime de la propriété foncière en République gabonaise : « dès réception du dossier d'immatriculation, le Conservateur du lieu de situation de l'immeuble crée une réquisition d'immatriculation dont il dresse un extrait qu'il

---

[90] François OST : A quoi sert le Droit ? Ed. Brulant p.559 ;

[91] François OST : A quoi sert le Droit ? Ed. Brulant p.559, Université de Bruxelles en Belgique P.549

[92] Tribunal Administratif, le 1er Août 2018, affaire la SCI SANIA c/ SCI de l'Aménagement d'Avorbam / Tribunal Civil, le 04 Décembre 20 ; l'affaire ANOMER C/ ITOUDI BIGNOU.

fait publier au journal officiel ou dans tout autre journal d'annonces légales et d'informations

(...)

« Que d'autre part, l'article 41 prévoit que « le Président du Tribunal judiciaire compétent peut (...) proroger le délai d'opposition visé par la présente ordonnance.

(...)

Qu'en l'espèce, il résulte de l'instruction qu'aucune formalité de publicité de la réquisition d'immatriculation en date du 19 novembre 2013 n'a été observée ;

Qu'or, la publication dans un journal d'annonces légales prescrite par les dispositions suscitées constitue ***une formalité substantielle*** *à laquelle aucune autorité administrative ou juridictionnelle ne peut se soustraire ;*

Que la possibilité laissée au Président du Tribunal Judiciaire compétent ne peut s'entendre d'une dispense de publicité mais s'analyse plutôt comme un allongement des délais permettant aux personnes déterminées d'introduire des oppositions ;

Qu'ainsi, en se soustrayant à cette formalité substantielle, l'administration a entaché la procédure d'édiction du titre foncier querellé ***d'une erreur grossière et manifeste justifiant*** *qu'il soit déclaré juridiquement inexistant ».*

L'hypothèse d'une personne qui a obtenu un titre foncier dans les conditions douteuses, trichant, et méprisant la procédure qui se trouve par enchantement d'un titre foncier inattaquable, imprescriptible et sécurisé certes mais au mépris de l'honnête homme qui vit sur le terrain depuis bien des temps avant lui de générations en générations et n'a pas pu payer les 2.000.000 ou les 3.000.000 de francs qu'exige l'administration domaniale. Il sera expulsé sans ménagement desdits lieux.

Il arrive de nos jours que les juridictions constatent l'existence de deux titres fonciers et se trouvent dans l'embarras de juger. Ce fut le cas dans l'affaire ANOMER C/ ITOUDI BIGNOU, le Tribunal Civil a vidé le délibéré de cette affaire en son audience du 04 décembre courant dont voici en substance la teneur :

« Par ces motifs :

- *Constate l'existence de deux Titres Fonciers 16.978 et 21.375 ;*
- *Dit et juge la validité de ces actes administratifs sont de la compétence du Tribunal Administratif ;*

- *Par conséquent, se déclare incompétent au profit de cette juridiction ;*
- *Condamne le sieur ANOMER aux dépens » ;*

Le titre foncier irrévocable, définitif revêtu de ses **attributs d'assurance, de sécurisation** juridique de la propriété, **inattaquable**, **imprescriptible** malgré son inconsistance juridique, est ainsi inexistant parce que la procédure n'a pas été accomplie dans son intégralité ou déclaré nul et de nul effet. Sur le moyen pris de ce qu'en l'espèce, le décret n°0268/PR/MEFBP/DGI/DDOF en date du 2 Mars 2007 portant attribution et titre définitif à la SCI AVORBAM d'un terrain formant la parcelle n°01 Section YU3 du plan cadastral de Libreville a été déclaré nul par la juridiction de céans ; qu'ainsi la nullité du Décret a eu pour effet, non seulement, **de violer le titre foncier** n°17110 dont il est le **support nécessaire de sa substance** mais également **affecter sa régularité**.

Ces deux décisions atterrissent comme un **comblement d'omission** ; comme pour admettre que pendant la première phase de la procédure d'accès à la nouvelle propriété foncière, il peut avoir des manquements graves.

Notons que les problèmes liés à l'introduction de la propriété privée foncière en Afrique relèvent d'un passé lointain, puisque l'on sait que le 10 Avril 1931, la Cour d'appel de l'A.E. F, jugea **« que la propriété d'un immeuble soumis à l'immatriculation n'est transférée à l'acheteur que par la délivrance du titre définitif de propriété, elle-même subordonnée à la constatation de la mise en valeur de l'immeuble vendu.[93]»**

C'est dire que lorsque le titre foncier a été donné à quiconque, le Tribunal n'est pas toujours indifférent. Sauf que la loi confère au titre foncier **une impossibilité d'attaque** ; on présume que s'il n'y a pas eu d'opposition, de contestation, le titre est acquis, une autre manière de provoquer une autre insécurité juridique que le juge a été obligé de chercher à contourner.

Comment donc être surpris que l'argent, le roi des Rois n'entre pas dans la danse et permette à certaines personnes quelle que soit la nationalité, d'acheter les hectares de terrains contenant des villages, des rivières puisqu'avec leurs titres fonciers imprescriptibles, irrévocables,

---

[93] Michel BACHELET L.G.D.J. Paris 1963 P.241.

inattaquables ces personnes peuvent procéder à l'expulsion des habitants desdits villages. On dira à victimes devenues squatteurs : ''la loi est dure mais c'est la loi'' (sic !)

Comment s'étonner de voir les attestations de vente des terrains devenir des titres de transport de propriété foncière alors que la loi dispose autrement ? C'est la ruée vers l'objectif de devenir propriétaire foncier qui anime désormais la société. **« Ce qui arrive c'est que quand on n'a pas assez d'argent place est alors laissée à la débrouillardise »,** disent ceux qui se prêtent au jeu. C'est alors, qu'on se battra pour acquérir un logement de fonction, d'astreinte ; finie la politique sociale de l'Etat !

C'est alors que surgit cet autre problème : l'étranger doit-il être propriétaire de la terre ou simple occupant ?

Dans l'environnement gabonais précolonial, la terre est un bien, propriété du groupe. Elle ne se vend pas, elle n'est pas acquise dans un marché. C'est un patrimoine commun au groupe auquel on appartient.

C'est apparemment en tenant compte de cette situation, que le Décret n°77/PR/MF du 6 février 1967 régissant l'octroi des concessions et locations des terres domaniales en son article 7 stipule que les terrains de 1ère et 2e classe d'une superficie inférieure ou égale à 2000 m² et les terrains de 3e classe sont réservés **aux originaires** du Gabon et aux **Africains non originaires honorablement connus** et qui n'ont pas encouru de condamnation.

Il est donc curieux que le Décret n°524/PR/MFB du 12 Juin 1969, article premier, ait pu prendre la décision suivant laquelle les dispositions de l'article 7 du décret n°77/PR/MF du 6 février 1967 exigeant des Africains non originaires une domiciliation au Gabon d'au moins 10 ans pour pouvoir prétendre à l'octroi d'un terrain soient abrogées, alors qu'au Kenya, **aucun étranger ne peut devenir propriétaire de la terre** mais plutôt **simple occupant**. Sans qu'il ne soit besoin d'évoquer ici, les conséquences de ce laisser-aller qui transforme le Gabon en une épicerie de tout le monde.

On peut voir qu'à l'allure où vont les occupations, les ventes, les possessions donnant droit à la propriété, les cessions de gré à gré, les revendications des prescriptions acquisitives, les ventes à plusieurs acheteurs d'un même terrain se multiplient, donnant lieu à une situation impressionnante, explosive qui se déroule sous les yeux des responsables politiques **qui ont fait le choix du laisser-faire, du**

laisser passer et qui l'imposent, l'impriment à toute la société comme si leur option était la seule recherchée et la fin de l'histoire de l'espèce humaine.

Le risque est que demain le Gabonais soit livré à vivre le cauchemar qu'endure le peuple Palestinien et que disparaissent à jamais les notions de **souveraineté nationale**, des valeurs de **spécificité culturelle nationale** comme le nom, la langue, le rituel en matière de mariage ; de succession ; d'obsèques ; un certain sens de la parenté.

L'on ne le dira jamais assez : **le droit est la manière d'être d'un peuple**.

Si hier encore, il est des juridictions gabonaises qui jugeaient que :

Attendu, par ailleurs, que sieur BOULID ABDELAZIZ a beau prétendre que cette parcelle lui appartient désormais parce qu'il a obtenu des mêmes administrations, une autorisation provisoire de construire, l'attribution de la parcelle par la commission de cession et d'adjudication des terrains urbains de la Commune de Lambaréné, il reste qu'aux termes de l'article 7 du décret n°77/PR/MF du **06 Février 1967** réglementant l'octroi des concessions et locations des terres domaniales, **« les terrains de 3ème classe sont réservés aux originaires du Gabon et aux Africains non originaires honorablement connus et qui n'ont pas encouru de condamnation auprès des tribunaux »** ;

Maintenant tout le monde achète tout puisque tout est dans le marché.

On ne s'étonnera pas que certaines personnes animées d'astuces pour s'accaparer des terres et spéculer, créent les SCI leur permettant de bénéficier de vastes domaines, l'acquisition de ces parcelles leur permettra de devenir propriétaires à vie de ces terres qu'elles pourront revendre.

SECTION II : LA PROBLEMATIQUE DE LA GARANTIE SOCIALE DANS LE DROIT DU TRAVAIL ?

Prescrivant le primat de l'Etat de droit au Gabon, la Constitution gabonaise énonce dans ses principes généraux - titre préliminaire - que dans ce pays *« chacun a le devoir de travailler et le droit d'obtenir un emploi »* et que *« nul ne peut être lésé dans son travail en raison de son sexe, de ses origines, de ses croyances et de ses opinions [94]».*

Article 1er alinéa 8

« L'Etat, selon ses possibilités, garantit à tous, notamment à l'enfant, à la mère, aux handicapés, aux travailleurs la protection de la santé, la sécurité sociale ».

C'est en 1952 qu'a été promulgué **le Code du travail de la France** d'Outre-mer, **qui est à l'origine du régime de travail actuellement applicable dans les Etats africains francophones,** même s'il a connu depuis les années 1960 des réformes d'adaptation diverses.

Le droit du Travail tel qu'il a été défini depuis lors jusqu'à ce jour, après les indépendances des pays africains plusieurs fois reformé, *« s'entend des règles présidant aux rapports juridiques qui naissent du travail accompli pour le compte d'autrui, juridiquement, économiquement, socialement, place le travailleur vis-à-vis de son employeur dans un état de dépendance et de subordination qui d'emblée situe, nomme le contrat de travail dans un contexte non africain[95]».*

Ces liens contractuels revêtent un caractère particulier.

Avant les indépendances, trois régimes de travail ont existé : le travail non libre, le travail libre et le travail coutumier.

Le travail non libre ou travail forcé était le travail imposé aux Africains pendant la période coloniale, avec ou sans rémunération.

Ce travail a revêtu plusieurs formes ; transports ou travaux considérés comme d'intérêt public, travail des contingents militaires, travail des prestataires exécuté à titre d'impôt, cultures obligatoires, etc.

Les conséquences : abandon des cultures traditionnelles et des villages, faible rendement économique, émigration volontaire des Africains des pays francophones vers les pays anglophones, abus divers résultant soit du régime lui-même, soit de son application.

Le travail forcé sera réglementé à partir de 1930.

---

[94]Constitution de la République Gabonaise, Loi n°3/91 du 26 mars 1991 modifiée par la loi n°1/94 du 18 mars 1994, la loi n°18/95 du 29 septembre 1995, la loi n°1/97 du 22 avril 1997, la loi n°14/2000 du 11 octobre 2000, la loi n°13/2003 du 19 août 2003, et la loi n°047/2010 du 12 janvier 2011, Publié sous le haut patronage de la Cour Constitutionnelle du Gabon.

[95] Charles Blondel Op. Cit. p.28

La disparition du travail forcé sera progressive de 1944 à 1952, pour être supprimé par la loi du 11 avril 1946.

Le régime de l'indigénat comportait une réglementation discriminatoire.

Il en est ainsi de l'obligation, pour le travailleur, de constituer un pécule. Ceci découlait de l'idée qu'il faillait encourager l'épargne et décourager la consommation immédiate, en particulier de boissons alcoolisées.

Le régime de l'indigénat sera supprimé définitivement en 1946.

Mais, ce régime est resté discriminatoire en droit et en fait. Ainsi, les conventions collectives ne peuvent être signées que dans les professions commerciales, industrielles et de transports ; l'agriculture, les mines, les forêts, etc., restent à l'écart. De même, pour être membre d'un syndicat, le travailleur doit, en 1937, être titulaire du certificat d'études primaires ou d'un diplôme équivalent, ce qui écarte de nombreux Africains.

La Constitution de 1946 va poser le principe de l'égalité entre membres de l'Union Française.

- **Le travail dans la société précoloniale est organisé librement sans employeur**

Le travail libre, non salarié constitué par les travaux accomplis dans les villages, dans le cadre communautaire traditionnel n'a jamais été pris en compte et considéré par le droit du travail. Il n'intéresse pas le législateur parce que ne rentrant pas dans le marché alors qu'il a concerné et concerne encore la majeure partie des populations paysannes.

Sur de nombreux points le Code du travail d'outre-mer améliorait la condition du travailleur.

Il est né une condition salariale en ce sens que le salarié se voit appliquer un certain nombre de règles tirées du contrat de travail pour ce qui est des droits et obligations professionnels. Il bénéficie d'une protection sociale dérivée du lien salarial.

En effet, les règles générales du droit des contrats applicables au contrat de travail, d'essence synallagmatique, confèrent au salarié des droits assortis d'obligations très précises.

1) *Le salarié est professionnellement subordonné*. Le lien de subordination repose sur des éléments bien caractérisés et dont les principaux méritent d'être rappelés.

Le salarié est tenu de respecter la discipline interne à l'entreprise, de ne pas verser dans l'insubordination. Les manquements à l'ordre instauré par le chef d'entreprise sont sanctionnés par le licenciement, sur le fondement de la faute lourde.

Le respect des horaires de travail constitue un élément de cette subordination. Le salarié n'est pas toujours libre de choisir son temps ni son rythme de travail. Lorsque ceux-ci sont imposés, il ne peut y déroger sauf à commettre une faute disciplinaire. C'est ainsi qu'en cas d'absences non autorisées ou injustifiées, la sanction encourue peut aller jusqu'à l'éviction, c'est-à-dire le licenciement.

Une certaine obligation de réserve et de discrétion professionnelle est exigée du salarié. Cette obligation est d'autant plus forte que le rang hiérarchique du salarié est élevé. Ainsi en va-t-il pour les cadres dont les manquements à cette obligation sont qualifiés de faute lourde.

La vie extra-professionnelle du salarié est prise en compte lorsqu'elle est susceptible d'avoir des incidences sur sa vie professionnelle. La jurisprudence considère qu'il y a une face cachée de consistance psychologique. Les scandales de la vie privée, les évènements qui peuvent rejaillir sur la qualité, le renom de l'entreprise, sont considérés comme des causes sérieuses de rupture du contrat de travail basées sur la perte de confiance de l'employeur à l'égard de son agent.

Une autre composante des relations individuelles de travail caractérise le contrat de travail : l'obligation de **confiance**. C'est une notion vague, conflictuelle mais dont les effets, en termes d'emploi, sont très précisément fixés.

Les appréciations du motif de rupture du contrat de travail sont diverses. Ce peut être l'hypothèse dans laquelle le salarié se fait, par exemple, rembourser par son employeur des frais d'hôtel dont il n'a pas occupé la chambre ou bien du salarié dont l'épouse est employée dans une société concurrente, et qui utilise des renseignements de nature à compromettre des secrets de fabrication ou à permettre des détournements de clientèle.

Le salarié est astreint à l'obligation de loyauté. Sur ce terrain aussi les exigences de la jurisprudence sont fermes. Le cadre qui dénigre son directeur général s'expose à des sanctions. De même, l'obligation de non-concurrence s'impose aux salariés qui ont occupé des fonctions qu'ils peuvent détourner au profit des sociétés concurrentes. En affirmant l'obligation de respecter une clause morale de loyauté envers l'employeur, la jurisprudence a eu également pour préoccupation de protéger les salariés astreints de cette obligation, en posant des conditions strictes quant au contenu des clauses de non-concurrence. Celles-ci ne peuvent être générales ni dans le temps ni dans l'espace. Elles sont en outre, circonscrites à une activité précise, faute de quoi, elles aboutiraient à priver purement et simplement le salarié de toute possibilité de retrouver du travail.

Au-delà de toute préoccupation disciplinaire, l'aptitude professionnelle du salarié est une condition de la survie et du maintien de la relation contractuelle. Les juridictions ont une position bien établie sur ce point : l'inaptitude ou l'insuffisance professionnelle du salarié est une cause légitime de rupture du contrat du travail. La Cour de cassation va plus loin. Elle estime que l'employeur est seul juge du point de savoir si un salarié s'acquitte de manière satisfaisante des fonctions qui lui ont été confiées (Cass. soc. 2 février 1978). De même, un salarié qui n'a pas les connaissances voulues, les qualités d'ordre et d'organisation nécessaires pour tenir son emploi, peut être licencié (Cass. soc. 17 Février 1976).

2) *Le salarié bénéficie de droits en contrepartie de sa sujétion.* Sa position objective d'homme au travail conditionne l'application des règles protectrices.

- Le respect du contrat de travail par l'employeur se traduit par plusieurs types d'obligations précises. L'obligation de maintien des relations contractuelles crée une stabilité du lien salarial. L'employeur ne peut le rompre sans cause réelle et sérieuse. Si le salarié est titulaire d'un contrat à durée déterminée, celui-ci doit recevoir application jusqu'à son terme, sauf faute grave ou force majeure.

Le respect du contrat de travail implique également l'observation des clauses dites substantielles telles que le lieu de travail, la rémunération, la qualification etc. En cas de modification d'une de ces clauses par l'employeur, celui-ci engage sa responsabilité contractuelle allant jusqu'à qualifier de licenciement plus le fait pour le salarié de démissionner à la suite de la modification unilatérale et substantielle des clauses du contrat par l'employeur.

- Le respect du droit conventionnel découlant notamment d'un accord ou d'une convention collective, s'impose à l'employeur. Ces accords générateurs de droits sociaux négociés au profit des salariés, sont contraignants pour les entreprises qui sont soumises à leur force obligatoire. Ces avantages se traduisent par l'octroi de garanties financières (primes diverses, majoration des indemnités légales de licenciement ou de congé payé) mais également par l'accès à des prestations en nature (congés supplémentaires, âge de départ en retraite, procédures disciplinaires). Ces accords collectifs dépassent en général, largement, les avantages consentis par le contrat individuel de travail et même les dispositions générales prévues par le Code du travail ;

- La protection de l'homme au travail trouve application à l'occasion de l'exécution du contrat de travail. De nombreuses dispositions législatives et réglementaires jouent en faveur des salariés, en raison même de leur situation objective : respect par l'employeur du salaire minimum, des règles relatives à la durée du travail, à l'hygiène et à la sécurité au travail, les droits fondamentaux tel que le droit de grève, l'expression sur les conditions de travail, etc.

L'existence du lien salarial implique que le salarié se trouve placé dans un champ de protection sociale dont l'accès est conditionné par son affiliation aux principaux régimes sociaux.

Alors qu'en France **la faute grave entraîne la suppression du préavis**, dans **le code du travail au Gabon, la faute lourde est nécessaire**. La faute lourde entraine la suppression de tous les droits légaux du travailleur. La faute grave entraine simplement, en application d'une jurisprudence constante, la suppression de l'indemnité de licenciement.

L'entreprise est le cadre dans lequel le travailleur exerce son activité : c'est devenu l'unité économique de production et le lieu de travail où se rencontrent employeur et salariés.

L'employeur est tenu par la contrainte de gérer une comptabilité à partie double (débit, crédit). Les lois du marché, et de l'économie de la libre entreprise déterminent le niveau des besoins à satisfaire.

Lorsque l'entrepreneur décède ou disparaît, l'entreprise peut continuer ses activités.

Si, en revanche, l'entreprise est cédée, les contrats de travail passés subsistent au sein de la nouvelle entreprise (le repreneur).

Elle se compose du chef d'entreprise et d'un personnel qui lui est **subordonné**.

Du point de vue organisationnel, l'entreprise comprend le chef d'entreprise, les cadres (ou employés supérieurs), les agents de maîtrise, les employés et les ouvriers.

Le chef d'entreprise est également désigné sous le nom d'employeur. Mais les prérogatives qu'il possède, comme les obligations qui lui incombent, peuvent être de la compétence, soit du directeur nommé par lui, soit du chef d'établissement. C'est le cas, en particulier, pour des obligations en matière de formalités administratives.

- **Les cadres ou employés supérieurs sont les collaborateurs directs du chef d'entreprise. Ils détiennent en particulier une parcelle de son autorité.**

Mais, pour être qualifié *« cadre »*, l'employé doit avoir une responsabilité personnelle dans l'application des directives émanant du chef d'entreprise, une initiative personnelle dans l'organisation de sa tâche et, en principe, une activité de direction sur un certain nombre d'employés.

Le cadre bénéficie outre de la rémunération plus élevée, d'un régime spécial de retraite. Il est relativement libre en principe libre d'organiser son travail comme il l'entend, il n'est pas tenu à des horaires fixes.

De jurisprudence constante, les fautes sont appréciées avec plus d'indulgence dans certains cas ; par contre, des fautes lourdes peuvent lui être reprochées, qui ne seront pas sanctionnées avec la même rigueur lorsqu'elles sont commises par des agents ordinaires.

- **Les agents de maîtrise sont des agents d'encadrement exerçant une fonction permanente de commandement sur des travailleurs et participant directement à leurs travaux. Ils sont chargés de tâches d'application et d'exécution.**

Les agents de maîtrise appartiennent donc à une catégorie intermédiaire entre les cadres et les travailleurs.

Les agents de maitrise inférieurs sont placés sous la direction d'un agent de maîtrise supérieur, lui-même placé sous la direction d'un cadre. Ce sont des chefs d'équipes rattachés au cadre hiérarchiquement placé dans l'organisation.

Les techniciens sont assimilés aux agents de maîtrise.

Le régime de travail (heures supplémentaires, horaires, prescriptions disciplinaires à travers le règlement intérieur etc.) des agents de maîtrise est, dans l'ensemble, celui du personnel placé sous leurs ordres et non celui des cadres ; mais leurs délégués sont ceux des cadres.

- **Les employés sont les travailleurs dont l'activité se rattache à l'administration de l'entreprise plutôt qu'à la production (dactylos, comptables) et les travailleurs qui se trouvent en relations normales avec le public (vendeurs, représentants).**

- **Les ouvriers sont les agents chargés de la production dans l'entreprise.**

Parmi les ouvriers existent diverses distinctions basées sur la qualification professionnelle des intéressés et qui permettent de distinguer entre les manœuvres, les aides, et les ouvriers qualifiés.

Le **manœuvre** ordinaire est le travailleur à qui sont confiés des travaux élémentaires ne nécessitant ni connaissances professionnelles ni adaptation. Il progresse par ancienneté vers la fonction de manœuvre participant à la production, puis de manœuvre spécialisé.

L'**aide-ouvrier** est un travailleur connaissant seulement une partie d'un métier nécessitant une certaine formation préalable, acquise par l'apprentissage ou la pratique du métier.

L'**ouvrier spécialisé** est un ouvrier d'habileté et de rendement courants.

L'**ouvrier professionnel** exécute des travaux qualifiés exigeant des connaissances professionnelles étendues.

L'**ouvrier qualifié** exécute des travaux particulièrement qualifiés nécessitant une connaissance complète de sa profession, une formation théorique et pratique approfondie.

- **Les entreprises africaines importent, utilisent fréquemment des travailleurs venant de l'Europe**

Le Code du travail de 1952 contenait des dispositions spéciales concernant la rémunération de ces travailleurs et leurs conditions d'emploi.

La plupart des codes africains ont maintenu ces dispositions.

Il est conféré au chef d'entreprise un triple pouvoir : le pouvoir de direction, le pouvoir de règlementation et de sanction.

Ces pouvoirs visent le bon fonctionnement de l'entreprise dont l'entrepreneur est responsable. Dans la plupart des cas, ils sont les détenteurs des capitaux et propriétaire des moyens de production qui concourent à la production des biens ou à la fourniture des services.

- **Le chef d'entreprise a aussi le pouvoir de diriger sa chose :**

Son droit de direction concerne avant tout le travail de ses subordonnés, la recherche des marchés, l'organisation du temps de travail, l'organisation du planning des départs en congé, l'appréciation de la qualité du travail des salariés et leur professionnalisme.

De ce fait, l'exercice de son droit de direction permet au chef d'entreprise de veiller aux conditions de travail, organiser les horaires, l'affectation des employés, le volume du travail à effectuer et le volume de la production attendue.

Le refus d'obéissance du salarié est une faute lourde, grave ou simple, selon les circonstances, et justifiant le licenciement. Il en est de même de l'abandon de poste.

Les dates de départ en congé du personnel sont fixées en fonction des nécessités de l'entreprise et de l'organisation de la production.

Toujours selon son droit de direction, l'employeur peut réorganiser ou fermer temporairement ou définitivement son entreprise.

Ceci peut entraîner des licenciements pour motif d'ordre économique, qui sont légitimes, quand bien même les conventions collectives et le contrôle du juge limitent les pouvoirs de l'employeur pour prévenir les abus. Certaines conventions prévoient un ordre et une procédure dans les licenciements, basés sur l'ancienneté, situation de la famille, la consultation des délégués du personnel et la saisine de l'Inspecteur du travail etc.

D'autre part, les tribunaux considèrent que, lorsque les travailleurs ont été embauchés en complément d'effectifs pendant une période de haute productivité, ils doivent être licenciés en priorité à la fin de cette période, le retour à la situation normale devant permettre aux travailleurs permanents de conserver leurs emplois.

Si la vie privée de l'employé influe ou peut influer sur la bonne marche de l'entreprise, l'employeur est en droit d'intervenir.

- **Le chef d'entreprise a en outre un pouvoir réglementaire.**

Ce pouvoir réglementaire permet à l'employeur d'édicter le règlement intérieur de l'entreprise.

Toutefois, avant de mettre le règlement en vigueur, le chef d'entreprise doit le communiquer aux délégués du personnel pour avis et à l'Inspecteur du travail pour visa. Le contenu du règlement intérieur est limité exclusivement aux règles relatives à l'organisation technique du travail, à la discipline et aux prescriptions concernant l'hygiène et la sécurité, nécessaires à la bonne marche de l'entreprise : c'est encore l'entreprise qui justifie ici les prérogatives de l'employeur.

Toutes les autres clauses qui viendraient à y figurer sont nulles, notamment celles relatives à la rémunération.

L'inspecteur du travail peut exiger le retrait ou la modification des dispositions contraires aux lois et règlements en vigueur. Il doit répondre dans un délai d'un mois après que le règlement lui a été remis pour examen et approbation. Son silence au-delà du délai susmentionné emporte approbation.

- **Le chef d'entreprise a enfin un pouvoir disciplinaire**

Le chef d'entreprise peut appliquer un certain nombre de sanctions qui sont énumérées au règlement intérieur : avertissements, mises à pied, blâmes, rétrogradations, renvoi avec ou sans préavis et indemnités ; alors que les amendes sont absolument interdites.

Telle est la clé de répartition des fruits du Travail que le modèle ambiant dans la Métropole vend en Afrique.

Depuis que la propriété privée a envahi l'espace territorial africain, le travailleur est laissé dans un désarroi, ses besoins fusent sans fin. Le travailleur est dans une situation insupportable ; il est assujetti aux hasards des privations, des accidents de la vie, des maladies, aux fluctuations du salaire, à subir les crises économiques et le chômage.

Le salaire, loin de permettre l'accès à la satisfaction des besoins que le travail a créés, ne garantit pas le nécessaire au travailleur. D'où l'apparition de la notion des travailleurs pauvres, notamment en Afrique.

Le travail salarié est devenu la principale source des revenus. Et lorsque la conjoncture du marché est en crise, le travailleur et tous ceux qui sont à sa charge sont plongés dans la précarité la plus abjecte. Pendant ce temps, les nouveaux maîtres de l'univers, les détenteurs des capitaux et des moyens de production font la loi, ils font le droit.

Ici, l'achat et la vente sont les seuls mots en vogue. Le don et services gratuits deviennent monnaie rare.

Et dans ce nouveau monde des affaires, la vie du droit connaît désormais une fin en queue de poisson tragique pour les salariés, les créanciers, les actionnaires. Car l'Etat de Droit permet la prescription, l'extinction des droits de quiconque n'a pas réclamé son dû depuis cinq (05) ans (art. 2224 C. Civ. Ancien), le salarié perdra ses salaires s'il n'a demandé leur règlement dans le délai légal (art.16 du code de travail gabonais), en matière commerciale, depuis trois (03) ans (art. 76 de l'AUSIE). Parce que l'entreprise veut rationnaliser la production ; la trésorerie de l'entreprise a été mise en mal par une gestion quelconque, une crise économique et que celle-ci ne peut plus faire face aux commandes, honorer ses engagements que le gérant demandera sa mise en redressement. Et quand tout cela aura été vain, le Tribunal ordonnera sa mise en liquidation judiciaire faute de repreneur. Tout comme cette liquidation pourra se faire à l'amiable entre associés.

La conséquence est que ces hommes d'affaires pourront réussir de la sorte à échapper au paiement des dettes, des droits dus quand ils ne s'évaporent pas dans la nature, ils ouvriront boutiques ici ou ailleurs[96] sous une autre enseigne.

Désormais, l'entraide ne suffit plus à subvenir aux besoins du plus grand nombre. Il est né une interaction de la croissance de la population et du manque de terre. L'inadéquation emploi-formation devient un véritable serpent de mer avec les expédients du genre "créer vous-mêmes votre entreprise" qui sonnent comme un faux son de cloche. L'invention des contrats à durée déterminée n'est qu'une goutte d'eau dans une cohorte de problèmes sociaux.

Le salaire est perçu à la quinzaine, au mois. Il est la contrepartie de la prestation de travail, de fait, les congés non pris ne sont pas payés parce que pendant cette période, le travailleur a perçu son salaire du temps de travail.

Dans ce même temps, l'aspiration au bien-être fait tâche d'huile, vide les campagnes de ses forces de travail jeunes sans remplacement.

Reste la solution du recours aux Tribunaux pour le salarié qui pense trouver satisfaction au préjudice qu'il prétend subir. La question mérite qu'on s'y penche.

Le droit international convenu par les différents Etat membres, notamment l'article 10 de la convention n°158 de l'Organisation Internationale du Travail, prévoit qu'une réparation ''appropriée doit être ordonnée en cas de licenciement sans cause réelle et sérieuse.

L'article 55 du Code du travail gabonais dispose que l'employeur qui viole les procédures légales en matière de licenciement sera condamné à verser au salarié licencié une indemnité égale à 3 mois de salaire. Cette condamnation pourrait se cumuler avec celle qui serait prononcée en raison du caractère abusif du licenciement.

« Le montant des dommages-intérêts est fixé en tenant compte de tous les éléments qui peuvent justifier l'existence et déterminer l'étendue du préjudice causé.

---

[96] Voir dans ce même sens et dans le contexte européen, à une autre époque Georges RIPERT : les forces créatrices du droit, in L.G.D, paru en 1995, Page1 ;

Lorsque la responsabilité incombe au travailleur, le préjudice subi par l'employeur s'apprécie en raison de l'inexécution du contrat.

Lorsque la responsabilité incombe à l'employeur, le préjudice subi par le travailleur s'apprécie en tenant compte, notamment, des usages, de la nature des services engagés, de l'ancienneté, de l'âge, de la situation de famille et des droits acquis, à quelque titre que ce soit.

Les dommages-intérêts ne se confondent ni avec l'indemnité pour inobservation du préavis ni avec l'indemnité de licenciement, ni avec l'indemnité de services rendus, prévues par les articles 69, 70 et 71 du Code du travail gabonais. »

Il arrive que parfois, le tribunal ordonne la réintégration du salarié abusivement licencié ; or, dans la plupart des cas, la juridiction penche à offrir une indemnité pour licenciement abusif au motif pris de ce qu'une fois la confiance est perdue, il ne sert à rien de raviver une relation déjà morte.

Les partisans de la relation irréversiblement rompue sans retour s'empressent d'évoquer le fait que le Tribunal peut certes ordonner la réintégration, mais dans nombre de cas, le juge a un penchant pour le dédommagement lorsqu'il y a licenciement abusif, parce que estiment-ils que dès lors que la confiance est rompue, les parties ne composent plus avec sincérité ; qu'il suit de là que la réintégration est inutile parce que encore la conciliation n'a pas été possible pendant les deux moments de la tentative devant l'inspection du travail et devant le Tribunal.

Il reste que la réintégration est un droit participant à la protection de l'emploi et à la stabilisation du marché du travail dont le juge est la personne sur qui compte l'état de droit et dont la mission est d'assurer l'équilibre, la stabilité des rapports de travail.

Toute chose étant égale par ailleurs, depuis 2017, le droit français, droit modèle pour les pays d'Afrique francophone, pense avoir trouvé une thérapie adéquate à l'épineux problème de l'emploi et surtout pour ceux qui tombent dans le besoin de l'emploi en proposant au monde du travail une grille d'indemnisation fixant les dédommagements avec des planchers et des plafonds qui varieraient en fonction de l'ancienneté du salarié. Les sommes maximales doivent osciller entre un et vingt un mois de salaire, pour ceux des salariés qui ont travaillé dans une entreprise d'au moins 12 personnes.

Disons que comparaison n'est pas toujours raison et c'est davantage les conventions de l'O.I.T dont le Gabon est signataire et ses normes ratifiées et devenues droit interne qui doivent être le droit de référence et d'adaptation au Gabon.

La réparation du préjudice du salarié abusivement licencié doit être **adéquate** en tenant compte de la rareté de l'emploi, l'âge du salarié, sa qualification, sa situation de famille, etc.

Certes, la loi économique que la nouvelle société imprime confine le travailleur à se contenter de la nouvelle manière de répartition des rôles, des fonctions et des richesses. La possession des moyens de production s'est déplacée ; ce sont les apporteurs des capitaux, des machines, des idées afin d'organiser la transformation de la société qui sont les vrais maîtres de la vie, du devenir de la société dans son ensemble. Ils font la loi, ils font le droit. C'est l'introduction et l'imposition de la civilisation promotionnelle comme modèle.

Des économistes et philosophes européens expliquent les fondements de cette nouvelle manière de répartir le fruit du travail.

Pour certains auteurs comme Stuart Mill, les différences salariales s'expliqueraient par la formation requise pour l'exercice d'une activité professionnelle. Une formation longue et coûteuse entraînerait un niveau de salaire plus élevé. L'éducation et la formation constituant un investissement humain, les salaires plus élevés seraient une compensation de cet investissement.

Le niveau d'éducation s'élevant dans tous les pays entraînera progressivement un amenuisement de l'éventail hiérarchique, c'est ce qui s'est déjà produit aux Etats-Unis et en Suède. C'est ce qui s'est produit et se produit en France.

Pour d'autres, dont P. RANVAL, dans son livre "Hiérarchie des salaires et lutte des classes" publié en 1972, la hiérarchie ne s'explique ni par le jeu de l'offre et de la demande, ni par l'efficacité du travail, ni par le niveau de formation, le salaire est pour lui l'expression d'un rapport social.

La hiérarchie des salaires ne se limite pas à une hiérarchie du travail, elle constitue une véritable échelle sociale, elle détermine la place de chaque individu dans l'ensemble de la vie sociale.

Pour cet homme de réflexion, on ne peut rendre compte de la hiérarchie des salaires sans se référer à un modèle idéologique, culturel et technique des rapports sociaux. Ainsi la hiérarchie des salaires remplit essentiellement quatre fonctions dans la société capitaliste :

1. La hiérarchie privilégie les statuts de la classe dominante et assure donc la cohérence de la société capitaliste.

2. Elle permet la reproduction des différences sociales en maintenant l'ordre social existant.

3. Elle joue un rôle économique. Les couches sociales au pouvoir d'achat élevé jouant le rôle de classe pilote qui incite à un certain modèle de consommation.

4. Enfin la hiérarchie des salaires est également une hiérarchie sociale ayant une fonction d'intégration à la société.

Ce qui a fait dire au journal gabonais l'Union :

« Pour moi quoi….

Vous vous imaginez, près de trente mille Gabonais de la main-d'œuvre non permanente sur le carreau si les mesures d'austérité du gouvernement sont appliquées.

En ces temps de crise, c'est un véritable drame.

Alors, quelles mesures d'accompagnement a-t-on prévues pour ces pères et mères de famille ?

Va-t-on, comme d'habitude, les abandonner comme ça pour en faire des aigris et des "opposants" circonstanciels ? Les temps sont durs, le boulot rare et quand des mauvaises nouvelles comme celles-là tombent, c'est le désastre, c'est l'avenir compromis avec les conséquences qu'on connait. Franchement, a-t-on bien tourné la question avant de décider ? Sous les Tropiques, le parent qui bosse remplit la responsabilité de l'Etat. A savoir, la sécurité sociale. Il assure les charges de la famille manche courte, manche longue. Il y a son côté et celui de la femme. A cela, il faut ajouter le village, le clan, les amis qui n'ont pas eu sa chance. Sans les obligations vis-à-vis de cercles spirituels. C'est beaucoup. Mieux vaut une calculatrice scientifique et vous allez évaluer le nombre de personnes qui gravitent autour du noyau et qui sont impactées par cette décision-couperet de l'Etat.

Voilà le tableau. Il y a les contraintes de l'extérieur et le coût humain à l'intérieur. Là, là, là, le choix est compliqué pour Julien… (actuel Premier Ministre)

En tout cas, nous des mapanes qui ne décidons de rien n'aimerions pas être à sa place. On n'en est pas à la phase d'exécution et déjà, là-bas à Atong-Abè, Vie chère, Onkoua-Falla, Guidouma, on dit regretter (?) et on jase fort, quoi….

Makaya [97]**».**

Il arrive qu'au Gabon, certaines entreprises, en fonction de leur taille et du secteur d'activité, se fondent sur le code du Travail (loi 3/94 du 21 Novembre 1994), Droit commun des conventions collectives du 21 Août 1998 et les usages puissent donner les droits suivants lors du départ du salarié à la retraite.

Exemple pour un salarié allant à la retraite, on lui payera :

- Une indemnité de préavis : 6 mois et 10 jours
- Une indemnité de congé sur préavis : 12 jours
- Une indemnité compensatrice de congé : 75 jours ouvrables dont 31 jours pour ancienneté, pour les travaux effectués du 06/03/02 et du 06/03 au 31/12/03
- Une gratification pour une période de 6 mois et 10 jours (période de préavis)
- Une indemnité de services rendus égale à 35% de la moyenne mensuelle du salaire global des douze derniers mois par année de présence continue à la C.N.S.S., pour la période du 06 Mars 1972 au 31 Décembre 2003, soit une ancienneté de 32 ans 4 mois et 5 jours (période de préavis comprise).

Prenant conscience de ce que des évènements à risques sociaux gagnent du terrain à l'échelle des continents où la société à économie de marché se répand ; que pourtant dans ce monde, à des degrés divers, un besoin s'exprime à travers la Déclaration Universelle des Droits de l'Homme adoptée le 10 Décembre 1948 par l'Assemblée Générale des Nations Unies dont l'article 22 qui **« reconnait à toute personne en tant que membre de la société un droit à la sécurité sociale »,** des conventions et autres instruments internationaux, tel est le cas de l'OIT, recommandent aux Etats d'assurer la protection de tout ou partie de la population. Les évènements couverts sont :

- La maladie ;
- La maternité ;
- L'invalidité ;
- La vieillesse ;
- L'accident du travail et la maladie professionnelle ;
- Le décès ;
- Les charges de famille ;
- Le chômage.

[97] Livraison du Journal quotidien UNION du 05 avril 2019, p.1

C'est ainsi qu'est né un droit positif que les Etats africains ont coopté dans la foulée de l'accession aux indépendances et consigné dans les préambules de leurs Constitutions et autres lois. C'est dire que leur non-respect ouvre le chemin à un contentieux que toute personne, parce que membre de ladite collectivité, est en droit de revendiquer.

La loi n°6/75 du 25 novembre 1975 portant Code de la sécurité sociale en République gabonaise, chapitre premier, article premier, institue un régime de sécurité sociale comprenant :

- Une branche des prestations familiales et des prestations de maternité ;
- Une branche des risques professionnels, accidents du travail et maladies professionnelles ;
- Une branche des pensions vieillesse et d'invalidité et de décès ;
- Une branche de prestations santé au bénéfice des travailleurs salariés ayant fait l'objet d'une évacuation sanitaire à l'étranger ;

Son champ d'application n'admet que :

<u>Article 3 :</u>

« Tous les travailleurs salariés tels qu'il est défini par le Code du travail ;

Les salariés de l'Etat et des Administrations publiques qui ne bénéficient pas d'un régime particulier de sécurité sociale.

L'ordonnance n°10/76/PR du 06 Janvier 1976 portera extension de la législation de la sécurité sociale.

L'ordonnance n°29/77 du 07 Juillet 1977 institue une couverture des frais d'hospitalisation, promouvoir une activité économique productive ainsi que la réduction de l'informalité et de la précarité.

Coordonner le développement social avec l'économie, l'emploi et d'autres politiques ;

Assurer progressivement à tous et à toutes les conditions d'accès à des soins de santé essentiels et à un revenu élémentaire ».

Force est de constater que :

« Au Gabon un fonctionnaire retraité perçoit 230.000 francs alors que son dernier salaire était de 900.000 francs ; d'autres qui touchaient 1.320.000 francs de salaire d'actif, reçoivent 378.000 francs une fois mis à la retraite. Le calvaire après avoir servi l'Etat. Pourtant, en juillet 2015, le gouvernement mettait en place un nouveau système de rémunérations devant conduire à l'amélioration du niveau des pensions par l'augmentation de l'assiette de cotisation. Près de quatre années

plus tard, la mise en place du nouveau système des rémunérations (NSR) croupit dans les tiroirs du gouvernement. Pour longtemps encore ? »[98]

Que pourtant, la mise en place d'une caisse nationale d'assurance maladie et de garantie sociale a semblé donner l'espoir aux gabonais que désormais une protection sociale généralisée était à la portée de tous. Or voilà qu'il ne s'est pas passé une décennie qu'ici comme ailleurs dans le pays qui a inspiré le Gabon les mêmes causes produisant les mêmes effets, l'accès aux soins de santé est en Mars 2022 rendu difficile pour les malades bénéficiant de la protection de la caisse nationale d'assurance maladie et de garantie sociale qui n'ont plus de prise en charge dans les hôpitaux publics à compter du 05 Mai 2022.

Selon le journal en ligne Gabonreview.com « les causes ce sont les nombreux arriérés de paiement de cette caisse », la mauvaise gouvernance des établissements publics de santé faute de managers véritables[99]

Et l'on peut se demander comment l'humanité s'est-elle enfermée dans un semblant d'organisation qui laisse sur le pavé, ceux qui ont rendu de bons et loyaux services à la Nation ?

Une réflexion qui nous vient d'Europe répond en 1979 que :

« C'est le fait de l'ignorance d'une société qui, après avoir brisé les liens de la servitude, place encore malgré cela le travail dans les conditions arbitraires, parce que l'esprit public n'a pas su s'élever à la science du droit véritable, et encore moins concevoir les formes propres à consacrer ce droit[100] *».*

Au XXIe siècle, certains esprits sensibles à la question sociale pensent avoir trouvé une solution à cette question posée et résoudre depuis le 19e siècle en institutionnalisant un revenu universel d'existence pour tous les citoyens (Finlande, France) ;

Il y a là comme un appel à fixer le seuil de la pauvreté ;

---

[98] Agent publics-Nouveau système de pensions de retraite : Arlésienne ou projet inachevé ?-Gabonreview.com I Actualité du Gabon, Poste par Deo gracias Arambo / dans SOCIETE / 19 mars 2019, https://www.gabonreview.com/blog/agents-publics-nouveau-systeme-de-pensions-de-retraite-arlesienne-ou-projet-inacheve.

[99] Gabonreview.com du 06 mai 2022 16.57 info.com.

[100] J. Baptiste André Godin : "Solutions sociales Edit. La Digitale Paris 1979 p.9.

SECTION III : QUEL EST LE DROIT A L'INDEMNISATION DES VICTIMES DES ACCIDENTS DE LA CIRCULATION ROUTIERE IN LE CODE CIMA AU XXI e SIECLE : UN CODE PROMOTEUR DES DROITS RESTREINTS ET DES DROITS PERDUS

L'avènement du Code CIMA faisant droit uniformisé, le 10 Juillet 1992, avait été salué par **les tenants du forfait de l'indemnité**, de la remise en cause des barèmes à l'évaluation des droits des victimes des accidents de la circulation existants et du pouvoir souverain des juges de fond qui avaient liberté et pouvoir d'évaluer le préjudice subi par la victime de l'accident de circulation.

Ce mode de pensée et d'action qui a triomphé pose toujours problème à la conscience humaine en ce XXIe siècle, 3e millénaire.

Il est permis de constater qu'au Gabon, Cameroun, Congo, Centrafrique, Côte d'Ivoire, Togo, Bénin, Sénégal, Mali, bref dans la zone de droit uniformisé, l'indemnisation des victimes des accidents de la circulation routière est encore rendue difficile, et laisse insatisfait l'attente des victimes.

La réforme intervenue du 06 mars au 02 avril 2014, n'a pas su répondre aux conclusions des premières journées de la CIMA tenues à Abidjan les 9 et 10 mars 1998.

Ce Code demeure la négation du droit à la réparation intégrale ; il fait la promotion des droits restreints et des droits perdus[101].

En effet, le code des assurances des pays membres de la Conférence Inter Africaine des Marchés d'assurance (Code CIMA) adopté par les Etats Africains, dans le cadre du traité signé à Yaoundé le 10 juillet 1992, a prévu les prescriptions des droits de la victime dans ses articles 28 et 256.

C'est ainsi que d'une part, aux termes de l'article 28 dudit code, *« Toutes actions dérivant d'un contrat d'assurance sont prescrites par deux ans à compter de l'évènement qui y donne naissance ».*

Toutefois, ce délai ne court que :

1. en cas de réticence, omission, déclaration fausse ou inexistence sur le risque couru, que du jour où l'assureur en a eu connaissance ;

[101] In : le Code CIMA peut-il sauver des vies ? Evariste ADJE p. 206-207. Publication AUBEFCI.

2. en cas de sinistre, que du jour où les intéressés en ont connaissance, s'ils prouvent qu'ils l'ont ignoré jusque-là.

Quand l'action de l'assuré contre l'assureur a pour cause le recours d'un tiers, le délai de prescription ne court que du jour où ce tiers a exercé une action en justice contre l'assuré ou a été indemnisé par ce dernier.

« La prescription est portée à cinq ans dans les contrats d'assurance sur la vie lorsque le bénéficiaire est une personne distincte du souscripteur et, dans les contrats d'assurance contre les accidents atteignant les personnes, lorsque les bénéficiaires sont les ayants-droit de l'assuré décédé ».

D'autre part, l'article 256-1 du même code estime que *« les actions en responsabilité civile extracontractuelle, auxquelles le présent code est applicable, se prescrivent par un délai maximal de cinq ans à compter de l'accident [...] ».*

Au regard du nouveau droit des accidents de la circulation routière, plusieurs contestations ont pu se faire contre les limites qu'imposent les barèmes donnant droit à l'indemnisation des victimes.

Les choix opérés ont ceci de constant que certains préjudices ne sont pas réparables. Pour que la victime obtienne une indemnisation, le préjudice doit répondre à **des critères si restrictifs** que celle-ci peut perdre ses droits alors qu'elle est dans le besoin.

Aux termes de l'article 257 du Code CIMA, « les seuls préjudices susceptibles d'être indemnisés sont ceux mentionnés aux articles 258 à 266 ». L'inventaire des articles 258 à 266 permet de répertorier les seuls préjudices indemnisables ci-après :

Au titre des préjudices subis par la victime directe :

- frais (*article 258*) ;
- incapacité temporaire (*article 259*) ;
- incapacité permanente (*article 260*) incluant :
- le préjudice physiologique et le préjudice économique ;
- l'assistance d'une tierce personne (*article 261*) ;
- la souffrance physique et le préjudice esthétique (*article 262*) ;
- le préjudice de carrière (*article 263*).

Au titre des préjudices subis par les ayants droit de la victime décédée :

- les frais funéraires (*article 264*) ;
- le préjudice économique des ayants droit du décédé (*article 265*)

- le préjudice moral des ayants droit du décédé (*article 266*)

« La réclamation de l'indemnisation doit se faire après l'offre de transiger faite par la compagnie d'assurance compte tenu des barèmes arrêtés d'avance par le Code CIMA. Le juge n'a plus à apprécier in concreto la situation de la victime qui ne peut saisir l'instance judiciaire qu'après l'offre ; or les parents de la victime peuvent avoir été dans une situation de méconnaissance dudit droit [102]*».*

« Lorsqu'intervient un accident, avec des blessés ou des personnes tuées, les voies que le code CIMA a prévues pour parvenir au dédommagement par l'assureur sont au nombre de deux (02) : la transaction amiable ou l'arrangement (Art 231) et la voie judiciaire (Art 239). Mais, la victime peut obtenir, avant l'arrangement définitif, une indemnité. C'est « l'offre provisionnelle » envisagée par l'article 231 alinéa 3.

Selon ce code, il revient à l'assureur de faire une offre provisionnelle à la victime. Celle-ci a droit à cette somme d'argent, si elle n'est pas guérie dans les six (6) mois suivant l'accident. La victime doit donc fournir son certificat médical ou ses certificats médicaux, qui doivent contenir au moins **cent quatre-vingt** (180) jours d'incapacité temporaire de travail.

Un problème se pose, comment dans la pratique, la victime pourra-t-elle obtenir une provision, quand elle n'a pas reçu spontanément d'offre provisionnelle de la part de l'assureur dans le délai prescrit ?

Le code CIMA estime que l'action judiciaire en indemnisation doit être précédée d'une tentative de transaction qui donne droit à l'assureur de contester sa condamnation, en prétextant qu'aucune action judiciaire à son encontre ne peut être juridiquement recevable. Aux dires de l'assureur, toute action judiciaire doit obligatoirement être précédée de la procédure de transaction amiable ; ce n'est qu'à l'issue de l'échec de la transaction que les ayants-droit peuvent introduire toute action judiciaire. En d'autres termes, l'assureur peut prétendre qu'il ne connaissait pas l'adresse des ayants –droit, à l'effet de satisfaire à l'exigence légale que constitue l'offre de transaction.

Le code CIMA, en privilégiant ainsi le règlement du conflit par la voie transactionnelle, fait de cette dernière le principe ; le recours à une juridiction ne devait être admis qu'à titre exceptionnel. De fait, le rôle

---

[102] Jean Pierre AKUMBU M'OLUÑA : Libres propos sur les réformes juridiques au Gabon dans le tourbillon de la Mondialisation. Edit. Harmattan Paris 2008.

accordé à l'assureur par ce code place ce dernier en position de force vis-à-vis des accidentés de la route et dans ce contexte, on ne peut s'attendre qu'à des abus car, le Code CIMA est au quotidien mieux maitrisé par les compagnies d'assurance, ce qui contribue à affliger davantage les accidentés de la route, qui le plus souvent n'ont aucune connaissance en matière d'assurance et manquent d'informations sur la procédure.

Au Cameroun, au Gabon, en Côte d'Ivoire, les droits des accidentés de la route sont quotidiennement confisqués, niés par les assureurs qui se refusent systématiquement de faciliter l'indemnisation de ces derniers comme si le droit de l'indemnisation était une faveur qu'ils accordaient aux victimes, ce qui pousse souvent celles-ci à se résigner après l'accident. On aurait pu s'attendre à ce que les juridictions rectifient le tir lorsqu'elles sont saisies ; mais, on se rend compte que ces dernières affichent une position d'attentisme, estime un coutumier des litiges en matière d'assurance.

Force est de constater que toutes les juridictions, aussi bien étatiques que arbitrales, de première instance que d'appel, ne facilitent pas l'indemnisation des accidentés de la route.

Déjà lors des premières journées bilan de la CIMA qui se sont tenues les 9 et 10 Mars 1998 en Côte d'Ivoire, Madame Jacqueline Lahouès Oble, qui a officié en qualité de jurisconsulte auprès de la CIMA : tenant une conférence sur le thème *« L'indemnisation des préjudices corporels en droit commun dans les Etats de la CIMA : Innovations du code CIMA »* conclut dans les termes qui donnent peu d'espoir quant au progrès du code CIMA en soulevant de nombreux problèmes que sont **ceux des délais**, dont l'accélération de l'indemnisation en dépend ; **la mise en place des structures inexistantes** et dont l'importance n'échappe à personne pour une meilleure protection des victimes. Il s'agit notamment **du Fonds de Garantie Automobile** [103];

« Le relèvement des indemnités ne sera que justice. Car s'il est vrai que l'accident de la circulation ne doit pas permettre à la victime de s'enrichir ; il faut aussi empêcher que les compagnies d'assurances s'enrichissent sur le dos des victimes »[104].

---

103 Voir : Evariste ADJE : Le Code CIMA peut-il sauver des vies ? *in* Publication AUBEFCI Abidjan p.206.

104 Idem.

Selon elle, *« deux éléments dans le calcul des indemnités doivent être revus :*

Le Smig. Toute structure de l'indemnisation est basée sur le Smig, mais est assez contestable le fait que le Smig à considérer est celui de l'Etat où s'est produit l'accident. Ne peut-on pas faire disparaître l'injustice qu'il cause (notamment lorsque la victime a un Smig plus élevé que celui du lieu de l'accident), soit en retenant le Smig applicable dans l'Etat dont la victime est originaire comme cela est le cas pour la Carte Brune Cédéao, soit trouver un Smig applicable à tous, qui serait par exemple, le plus élevé des Smig ? L'harmonisation nécessitant forcément de la part de certains Etats un recul dans certains domaines ou une avancée dans d'autres. Seule la volonté d'intégration peut conduire à l'acceptation de ces règles. [105]*»*

L'indemnisation. « L'indemnisation pour frais, elle ne devrait pas être calculée par référence aux tarifs des hôpitaux publics, ceux-ci sont dépourvus la plupart du temps d'appareils performants et de médicaments. »

Bien plus, pour notre conférencière, *« Sur le terrain, la situation de la victime ou celle des ayants-droit ne connait pas d'amélioration particulière : lettre de garantie pour la prise en charge médicale de la victime en plein coma ; hôpitaux publics de la zone de la CIMA sous-équipés pour la plupart ; procès-verbaux d'accidents-censés être gratuits-introuvables ; offres de transaction de « mendicité » ou ayants-droit en mode « va et vient » ; enquête au rabais ; indemnités dérisoires et indemnisations bâclées etc.* [106]*»*

L'on sait maintenant que la marche vers "l'harmonisation", en vérité l'uniformisation des droits africains a commencé en 1957 ; et que la conception, la formalisation du forfait indemnisation, barémisation, plafonnement sont l'œuvre de Max LEROY[107].

L'offre, la transaction et la voie judiciaire, le système de barémisation, plafonnement sont les techniques juridiques mises au point pour faire échec au principe **d'une réparation plus juste** pour allouer aux victimes des accidents des forfaits correspondant à l'état de santé économique du pays. Sic !

---

[105]Idem.

[106]Idem.

[107] Max LEROY : L'évaluation du préjudice corporel Ed. LITEC, Paris, 1993. P.1 ; Il est l'auteur du nouveau système d'indemnisation adopté par les Etats africains droit le traité a été signé le 10 Juillet 1992 à Yaoundé au Cameroun.

Pour s'opposer à toute réparation plus juste, cette technique répond mieux au besoin de rationnement pour arriver à atteindre les objectifs de "modernisation" suivants :

- Epargner aux victimes d'accidents de la circulation certains cas de non-indemnisation qui étaient liés à l'ancien régime exigeant l'indemnisation intégrale et la désignation du responsable de l'accident ;
- Tenter d'ajuster au mieux l'assurance à la dette réparation ;
- Encourager les transactions au détriment des procédures judiciaires et accélérer les règlements.

Le code CIMA s'est inspiré en partie du système de **réparation forfaitaire** et **partielle** qui prévaut en matière d'accident du travail en France et qui voudrait que si la réparation à laquelle peut prétendre la victime d'un accident du travail est automatique, elle est **aussi forfaitaire** et **partielle**.

a) **Forfaitaire** : car, en cas d'invalidité permanente, l'invalidité et par suite la rente compensatrice sont déterminées en fonction d'un barème (ex. : perte d'un bras, 25% d'invalidité ; perte d'un œil, 30 % d'invalidité ; etc.)

b) **Partielle** : car la rente se calcule sur un salaire théorique généralement inférieur au salaire réel ; en outre, sauf le cas d'invalidité totale, le pourcentage de la rente est inférieur au pourcentage de l'invalidité.

Or, avec cette perception et cette nouvelle technique de réparation des préjudices, quelle que soit l'ampleur des dégâts corporels, qu'il s'agisse des frais de traitement, des préjudices esthétiques ou physiques ou des autres chefs de préjudices indemnisables chez la victime directe ou les victimes par ricochet, ils sont, selon les cas, évalués suivant un barème et arrêtés par **des plafonds**. Ces deux critères qui servent de repères dans l'indemnisation des accidentés de la circulation routière sont attentatoires aux droits de ces derniers dans la mesure où ils ne peuvent obtenir réparation intégrale des dommages qu'ils ont subis.

Mieux, le **plafonnement** lèse les victimes graves au détriment des blessés légers, puisque dans la mise en œuvre du plafonnement, la victime immédiate peut obtenir une indemnisation intégrale tant que la valeur du dommage n'atteint pas la limite prévue par la loi, c'est-à-dire deux fois le tarif le plus élevé des hôpitaux publics s'agissant des frais de traitement. Si son préjudice est plus important, elle doit se contenter du plafond légal.

Tout compte fait, le droit communautaire de l'indemnisation des accidents a mis en place un système des privations, pertes des capacités de travail, pertes des gains, pertes et refus des droits alors que les "Mercantiles" spéculent, s'enrichissent, ainsi soit-il !

L'un des rêves du Code CIMA est de voir les parties (victimes-assureurs) transiger sur des bases équitables et des délais rapides est impossible à réaliser parce que le rapport des connaissances, du savoir-faire est pesant en faveur des compagnies d'assurances qui tirent bien mieux les marrons du feu.

Que peut faire le juge sous une telle réglementation ; enfermé qu'il est dans les limites des barèmes et des plafonds ? Il rendra une décision agréable de conformité au code CIMA et il aura dit le droit, dommage !

Le choix du code CIMA interpelle les jurisconsultes et amène à se poser la question de savoir à quoi sert le Droit et le Droit de quelle justice ?

On comprend mieux de nos jours que le haut Magistrat français TOULEMON André puisse observer avec pertinence et fustiger **l'idée du forfait indemnitaire** en faisant remarquer qu'**avec l'adoption de ce système, l'humanité vient de faire un recul en ce que l'idée des amateurs du forfait a été sans doute, inspirée par l'accroissement des indemnités mais ce n'est pas une idée de justice** ; **c'est une idée de commodité et d'économie.**

On **s'étonne que les indemnités aient augmenté** ajoute notre penseur. **C'est que la valeur de la personne et de la vie elle-même s'est valorisée en quantité** et **en qualité en raison des possibilités sans cesse accrues qu'elle offre aux hommes aujourd'hui** !

Comme pour donner suite à certaines critiques portées à ce "Code des assurances" ; le Conseil des Ministres des Assurances a pris un règlement n°0002/CIMA/PCMA/PCE/2014 modifiant les articles 231, 232, 233, 236, 254 section VII ; articles 259, 260, 261, 263, 261-1 section VIII ; articles 264, 265 et 266 ;

Ces modifications ne répondent malheureusement pas aux attentes des victimes qui ont besoin d'une réparation juste et aussi exacte que possible. Le préjudicié devant être placé dans l'état où il serait demeuré si l'acte dont il se plaint n'avait pas été commis. Il s'agit, selon la Cour de cassation française, d'une réparation in concreto ; rationnelle et non selon le système du rationnement du forfait qui ne coïncide pas avec la réparation de l'exact préjudice.

Réparer le préjudice c'est établir un équilibre rompu par la survenance d'un dommage qui parfois laisse la victime diminuée, orphelin, veuve ou veuf sans source de revenu, sans parent, sans soutien de famille, etc.

En d'autres termes, ce dont les victimes ont besoin c'est que la réparation du dommage remette la victime dans la situation où elle se serait trouvée si l'acte dommageable ne s'était pas produit.

C'est pourquoi, le réfléchi, le rationnel se fie au juge et à son art pour donner, lors de son verdict, la réparation la **plus exacte possible**, **donc raisonnable**. Un tel procédé est **rationnel,** loin du procédé du **rationnement**.

Aussi, l'insertion des dispositions nouvelles de ce code extraites du règlement 0001/CIMA/PCMA/CE/SG/2014 permet de mieux voir que l'injustice que porte le Code CIMA a été maintenue et que le nouveau règlement opère à sens unique en faveur des Assureurs.

« Nouvelles Modalités d'indemnisation des préjudices subis par les ayants droit de la victime décédée »

↓

Article 264 : Frais funéraires

Les frais funéraires sont remboursés sur présentation des pièces justificatives et dans la limite de **deux fois le SMIG annuel du pays de l'accident, ou, s'il y est plus élevé, du pays de l'espace CIMA où les funérailles ont lieu**.

Article 265 : Préjudice économique des ayants droit du décédé

Chaque enfant à charge, conjoint (e) et ascendant en ligne directe de la victime recevra un capital égal au produit d'un pourcentage des revenus annuels, dûment prouvés, du décédé par la valeur du prix de un franc de rente correspondant à son âge, selon la table de conversion figurant en fin du présent Livre.

A défaut de revenus justifiés, le calcul du préjudice économique subi par les personnes précitées est effectué, dans les mêmes conditions, sur la base d'un revenu fictif correspondant à un SMIG annuel **du pays de l'accident ou, s'il y est plus élevé, du pays de l'espace CIMA où la victime avait sa résidence habituelle**.

La capitalisation est limitée à l'âge de vingt-cinq ans pour les enfants mineurs et les enfants majeurs, si ces derniers justifient de la poursuite d'études.

Les pourcentages de répartition des revenus du décédé entre les membres de sa famille (ascendants, conjoints et enfants) sont indiqués dans les tableaux ci-après :

CLE DE REPARTITION JUSQU'A QUATRE ENFANTS A CHARGE				
En pourcentage des revenus	Ascendants avec répartition uniforme entre les ascendants	Conjoint (s) avec répartition uniforme entre les conjoints	Enfant (s) avec répartition uniforme entre les enfants	Enfants orphelins double avec répartition uniforme entre les orphelins
% du revenu à capitaliser selon l'âge du bénéficiaire	5	40	30	50

CLE DE REPARTITION AU-DELA DE QUATRE ENFANTS A CHARGE				
En pourcentage des revenus	Ascendants avec répartition uniforme entre les ascendants	Conjoint (s) avec répartition uniforme entre les conjoints	Enfant (s) avec répartition uniforme entre les enfants	Enfants orphelins doubles avec répartition uniforme entre les orphelins
% du revenu à capitaliser selon l'âge du bénéficiaire	5	35	40	50

CLE DE REPARTITION SANS CONJOINT, SANS ENFANT				
En pourcentage des revenus	Ascendants avec répartition uniforme entre les ascendants	Conjoint (s) avec répartition uniforme entre les conjoints	Enfant (s) avec répartition uniforme entre les enfants	Enfants orphelins double avec répartition uniforme entre les orphelins
% du revenu à capitaliser selon l'âge du bénéficiaire	25	0	0	0

CLE DE REPARTITION AVEC CONJOINT (S) ET SANS ENFANT				
En pourcentage des revenus	Ascendants avec répartition uniforme entre les ascendants	Conjoint (s) avec répartition uniforme entre les conjoints	Enfant (s) avec répartition uniforme entre les enfants	Enfants orphelins double avec répartition uniforme entre les orphelins
% du revenu à capitaliser selon l'âge du bénéficiaire	15	40	0	0

CLE DE REPARTITION AVEC ENFANTS (S) ET SANS CONJOINT				
En pourcentage des revenus	Ascendants avec répartition uniforme entre les ascendants	Conjoint (s) avec répartition uniforme entre les conjoints	Enfant (s) avec répartition uniforme entre les enfants	Enfants orphelins doubles avec répartition uniforme entre les orphelins
% du revenu à capitaliser selon l'âge du bénéficiaire	15	0	50	60

Les quotités ci-dessus sont réparties entre les enfants à charge, les ascendants en ligne directe (père et mère) et les conjoints, d'une manière égale à l'intérieur de chacun des groupes de bénéficiaires.

Dans le cas où une famille comprend à la fois des orphelins simples et des orphelins doubles, le tableau à retenir est celui des orphelins doubles.

L'indemnité globale revenant aux ayants-droit au titre du préjudice économique est plafonnée à quatre-vingt-cinq fois le montant du SMIG annuel de l'Etat membre sur le territoire duquel l'accident est survenu, ou, s'il y est plus élevé, du pays de l'espace CIMA où la victime avait sa résidence habituelle.

Article 266 : Préjudice moral des ayants droit du décédé

(Modifié par Décision du conseil des Ministres du 20 Avril 1995)

Seul le préjudice moral du (des) conjoint (s), des enfants mineurs, des enfants majeurs, des ascendants et des frères et sœurs de la victime décédée est indemnisé.

Les indemnités sont déterminées selon le tableau ci-dessus, par bénéficiaire :

Bénéficiaires de l'indemnité	**Indemnités au pourcentage du SMIG annuel**
Conjoint (s)	150 %
Enfants mineurs	100%
Enfants mineurs	100 %
Enfants majeurs	75 %
Ascendants (premier degré)	75 %
Frères et sœurs	50 %

En cas de pluralité d'épouses survivantes, le montant total des indemnités qui leur sont allouées au titre de leur préjudice moral ne peut excéder **six fois le SMIG annuel**.

Toutefois, les indemnités de l'ensemble des bénéficiaires donnent lieu à réduction proportionnelle lorsque leur cumul dépasse de **vingt fois le SMIG annuel**.

« Le SMIG est celui du pays sur le territoire duquel s'est produit l'accident, ou, s'il est plus élevé, pour le pays de l'espace CIMA où la victime avait sa résidence habituelle ».

Au regard de ce qui précède, on est en droit de se convaincre de ce que les penseurs du code CIMA, faiseurs du système, que sont : Max LEROY (1992), suivi par Martin KIRSCH, Keba MBAYE (1993), pour la conception du droit OHADA, devenu mode, ont su trouver la voie royale pour se passer des "débats stériles" au niveau des parlements.

En réitérant le système des forfaits ils ont été sourds au cri d'alarme des victimes des accidents de circulation ; ils ont sciemment refusé de comprendre et d'être réceptifs aux leçons du professeur belge Lucien François selon lesquelles **« l'un des défis lancés à notre civilisation est que pour la première fois, les hommes sont en voie de maîtriser les mécanismes de leur vie en société, ce qui donne l'espoir de construire consciencieusement un monde moins injustice »**. C'est une bifurcation insupportable.

Mais que peuvent faire les Cours et Tribunaux dans tous ces cas de droit foncier en crise, droit social à garanties insuffisantes et d'indemnités limitées ou refusées ? Surtout lorsque l'on est cadré et soumis aux injonctions de la Banque Mondiale, Fonds Monétaire International, l'Union Européenne et **animé par un dogme, "la loi est la loi" c'est elle qui fait l'Etat de droit....**

Il reste qu'aujourd'hui comme hier en 1993 que le justiciable des Etats d'Afrique Centrale à droit harmonisé, uniformisé se demande :

- Quel est mon droit ?
- Que faire pour que l'équipement des Cours et des Tribunaux, leur modernisation se fasse avec célérité comme l'une des priorités de l'Etat ?
- Que faire pour que voit le jour une justice de proximité et impartiale en toute épreuve ?
- Comment mettre un terme à la dépendance de la magistrature vis-à-vis des groupes de pression, à l'engorgement des tribunaux, aux renvois à répétition, aux pertes des dossiers, à la facilité d'accueil des moyens dilatoires, à la méconnaissance de la déontologie ; aux décisions de faveur ?

Que faire pour que l'argent, le Roi des rois, arrête de défaire le procès, perdre les dossiers, faire gagner le procès, faire gagner la liberté ?

Dans tous les cas, les solutions promises par le Droit OHADA tardent à prendre corps et les effets bénéfiques promis sont toujours attendus.

Dès lors, la question se pose : Pourquoi, comment, repenser et réadapter une justice en dysfonctionnements constants ?

La constitution gabonaise dans son titre préliminaire portant sur les principes fondamentaux article premier, alinéa 1 commande que : *« Nul ne peut être humilié, maltraité ou torturé, même lorsqu'il est en état d'arrestation ou d'emprisonnement »* et que la justice fonctionne selon la séparation des pouvoirs : exécutif, législatif et judiciaire devenue fiction à la pratique des gouvernements successifs de la Ve République française et leurs succédant africains.

Le judiciaire s'organise suivant les principes directeurs garantissant l'impartialité, l'objectivité et la vérité judiciaire.

Si l'on admet que le droit présent doit être un moyen de transformation de la société, ce nouveau droit est déjà repéré. Il puise ses sources dans le droit international auquel la constitution gabonaise se réfère ou adopte certaines dispositions. Il en puise également dans le droit d'emprunt issu du droit colonial ; dans le droit français en constantes réformes ; dans les réformes promues par l'Etat gabonais depuis les années 1960 ; dans les réformes ficelées par les organisations régionales et sous-régionales ; mais surtout dans ***« l'unité de l'esprit humain par-delà la diversité des races et des civilisations qui assure le respect des principes universellement admis et l'élaboration d'un droit planétaire »***[108].

N'est-il pas vrai qu'à tel droit telle justice ? C'est dire que parmi les emprunts du droit français en vigueur au Gabon, notons : les institutions, les techniques de raisonnement, le vocabulaire, les procédures garantissant le bon déroulement du procès.

Ces techniques et un formalisme juridique ont été rendus nécessaires pour rassurer le justiciable par la rationalité, la neutralité de ses automatismes, l'impartialité, la compétence, l'efficacité.

Ces principes sont des guides pour l'action du juge et sont les bornes à ne pas franchir sinon, on court le risque de la censure du juge d'appel, de cassation.

Et, de nos jours, le mot justice évoque aussi un organe de l'appareil étatique que chacun voudrait voir, parfaitement organisé. Il lui a été fixé pour but ***« dire le droit et de rendre à chacun son dû »*** sic !

SECTION IV : CLIN D'ŒIL SUR LE NOUVEAU DROIT DE LA FEMME AU GABON : Apports de la loi n°004/2021 du 15 septembre 2021 et de la loi n°005/2021 du 06 septembre 2021

En cherchant à venir à bout de la violence faite aux femmes, à mettre un terme aux rapports hiérarchiques entre genres, le législateur gabonais vient de voter des textes de loi qui privilégient le rapport humain non violant ; la priorité du consentement entre en jeu dans la vie des couples :

1- La loi n°004/2021 du 15 septembre 2021 portant modification de certaines dispositions de la loi n°15/72 du 29 juillet 1972 ;

2- La loi n°005/2021 du 06 septembre 2021 portant modification de certaines dispositions de la loi n°006/2020 du 30 juin 2020 portant Code pénal de la République Gabonaise.

Ces deux lois ont comme trait commun : la protection de la femme et de l'orphelin, en renforçant la répression, en introduisant des

[108] Lévy-BRUHL in sociologie du droit P.U.F. Paris 1964 cité par J.P. MASSEON in le Pouvoir et la justice en Afrique noire et à Madagascar Ed. Pedon 1966 p.89.

dispositions nouvelles qui, malgré des avancées non négligeables, ne manqueront pas de poser plus de problèmes qu'elles n'en résolvent, comme le montre les dispositions ci-dessous exposées.

Il en est ainsi des articles 203, 252, 253, 259, 261, 266, 292, 699, 700 de la loi portant modification de certaines dispositions de la loi n°005/2021 du 06 septembre 2021 portant modification de certaines dispositions de la loi du 29 juillet 1972 et les articles 173 alinéa 2, 223-4 bis, 224-1, 230, 245, 256 alinéa 1, 257 bis, 261, 264, 271 alinéa 2, 279, 291-1, 291-2, 291-3, 291-4, 291-5, 291-6 portant modification du Code pénal gabonais.

Voyons en lecture certaines de ces dispositions nouvelles, ainsi que celles qui posent problèmes repérées dans ces deux lois :

❖ **UN BREF REGARD SUR LES DISPOSITIONS DE LA LOI DU 06 SEPTEMBRE 2021 PORTANT CODE PENAL GABONAIS.**

Article 173 alinéa 2 de la loi n°005/2021 du 06 septembre 2021 du Code pénal gabonais :

Désormais tout officier ou agent de Police Judiciaire qui exerce sur une personne victime de violence, une pression ou une contrainte en vue de l'amener à renoncer à ses droits, à se rétracter ou à modifier sa déposition, est passible d'une peine d'emprisonnement de cinq ans au plus et d'une amende de cinq millions de francs CFA au plus.

Cette disposition vient renforcer les droits de la défense contre les abus que pourraient exercer certains dépositaires de la force publique.

Article 223-4bis : Meurtre

Pas de changements notables

Article 224-1 : Acte de torture ou de barbarie.

La nouvelle loi prévoit désormais des circonstances aggravantes et la peine encourue passe ainsi de 20 à 30 ans de réclusion criminelle et de 20 à 30 millions d'amende.

Il y a circonstances aggravantes dans quatre (4) hypothèses :

- Personne vulnérable en raison de son âge, sa maladie, d'une infirmité, d'une déficience physique ou psychique, d'un état de veuvage ou d'un état de grossesse ;
- Lorsque l'acte est commis par le conjoint ou concubin de la victime ;
- Lorsque l'acte tend à contraindre une personne à contracter un mariage ;
- En raison du sexe de la victime.

Article 230 : Coups et blessures volontaires

La nouvelle disposition est plus coercitive que l'ancienne, en ce sens que l'altération de la santé mentale est prise en compte lors de la répression de cette infraction.

Bien que la peine encourue reste inchangée (cinq ans au plus et une amende d'un million de francs CFA), on note cependant une évolution quant à la nature des violences.

Désormais, les violences morales, psychologiques, économiques, patrimoniales ou les pratiques traditionnelles préjudiciables sont également réprimées.

Article 245 : l'Avortement

Aucun changement quant à la nature de la peine encourue (deux ans au plus d'emprisonnement, amende d'un million de francs CFA).

On note quelques précisions et avantages quant à l'exceptionnel recours à l'interruption de la grossesse pour cause médicale :

- Il doit être prouvé médicalement que la grossesse présente un danger pour la mère ou que l'enfant naitra avec des malformations physiques graves ou incurables
- L'avortement pour cause médicale est également autorisé pour la femme mineure à condition qu'elle se fasse assister par une assistante sociale de l'Etat assermentée après autorisation parentale ou du représentant légal.
- Les frais résultant de l'avortement sont désormais pris en compte par le Trésor Public.

L'article 256 nouveau alinéa 1 : Viol entre époux

Le législateur crée une infraction nouvelle en réprimant pénalement l'acte sexuel entretenu entre époux par la ruse, la surprise. Celui-ci conditionne ainsi le viol entre époux à la fréquence de l'acte sexuel obtenu soit par la ruse, soit par la surprise. Autrement dit, le viol entre époux n'est qualifié que lorsqu'il y a répétition de la ruse par l'un des conjoins pour obtenir de l'autre des rapports sexuels ou lorsque l'un des conjoints est habituellement surpris par les rapports initiés par l'autre. Cela signifie à contrario que le conjoint auteur ou initiateur d'un acte sexuel non répétitif obtenu de l'autre conjoint par la ruse ou la surprise ne commet pas un viol au sens de cette disposition. Il ne peut donc être poursuivi et puni pour viol à l'égard de son conjoint, car l'acte sexuel, certes obtenu par la ruse ou la surprise n'a pas été répétitif.

En conditionnant le viol entre époux par la fréquence de l'acte sexuel non consenti, le législateur s'écarte de l'objectif qu'il prétend s'être assigné (le renforcement des droits de la femme). Il laisse ainsi une porte ouverte à toutes les spéculations, accusations et dénégations. Or, il aurait simplement pu retenir l'absence de consentement à l'acte sexuel pour caractériser le viol entre époux comme il en est du viol en général, or cela est difficilement admissible dans un rapport conjugal.

De même, cette nouvelle disposition n'envisage que l'hypothèse du viol de la femme au regard de la définition donnée. Ce qui laisse croire que l'homme ne peut donc être victime du viol au sens des dispositions de l'article 256 alinéa1 nouveau du Code pénal gabonais alors qu'on connait des cas vécus et jugés de telle jeune dame nymphomane ; qui dans la fraicheur de ses noces a astreint son époux, qui croyait bien faire en épousant une jeune femme qui ferait son bonheur, à un régime de prise de viagra matin, midi et soir, au risque de voir lâché son cœur : devrait-il ce mari déposer plainte pour crime de viol contre son épouse si de fois elle se servait en l'enlevant de son sommeil ?

Jusqu'à la loi n°11/2016 du 19 Août 2016, l'article 401 disposait que le viol est tout acte de pénétration sexuelle, de quelque nature qu'il soit, commis sur la personne d'autrui avec violence, contrainte, menace, surprise ou ruse.

L'auteur d'un viol est puni de **15 ans de réclusion criminelle** et d'une **amende de 50.000.000 de francs CFA ;** la notion de viol entre époux était inexistante dans le dispositif du droit positif gabonais.

C'est la loi n°005/2021 du 6 septembre 2021 portant modification de certaines dispositions de la loi n°006/2020 du 30 juin 2020 qui introduit le **viol entre époux**.

Cette loi a ceci de particulier, qu'elle considère que toutes les personnes y compris celles qui sont mariées commettraient **le crime de viol** si par **la violence**, **la contrainte**, **la menace**, **la surprise**, **la ruse**, elle ne respecte pas ses dispositions sur la nécessité du consentement des époux aux actes sexuels accomplis dans l'intimité de la vie de couple.

Ainsi, tout comme dans la loi française du 04 avril 2006, l'acte sexuel entre époux doit être librement consenti, et non imposé.

Quoi qu'il en soit et même si le législateur a omis d'indiquer le minimum et le maximum de la peine à subir par tout contrevenant, désormais au Gabon, l'époux qui par la ruse, surprise, arrive à commettre un acte sexuel sur son épouse sera **réprimé pénalement,** c'est-à-dire envoyé en prison pendant 15 ou 25 ans et à payer 50.000.000 de francs CFA d'amende, parce qu'il aura imposé à son épouse cet acte sexuel qu'elle ne veut pas. C'est l'entrée dans la vie du couple de l'idéologie d'une société d'Hommes libres ; libre de faire ce que l'on veut, quand on veut. Il n'y a plus de présomption au consentement aux relations sexuelles entre époux, car l'acte sexuel doit être consenti librement.

C'est au nom de la liberté individuelle que les personnes mariées n'ont pas à consentir à l'acte sexuel tous les temps : matin, midi et soir ou en dormant. Le mariage n'induit désormais qu'une présomption simple.

Après tout ce qui vient d'être dit, on doit déplorer le fait qu'à force de vouloir redresser une situation injuste, on arrive à tordre excessivement le bâton, jusqu'à mettre tout sens dessus, sens dessous.

L'univers de la sagesse aurait voulu qu'il faille envisager un tout autre traitement à administrer à cette maladie déviante pour mettre le couple sur le chemin du vouloir vivre ensemble. La sanction pénale est destructrice. Par ailleurs, en raison de la rareté de la statistique et de la jurisprudence sur les viols entre époux, on comprend que la société n'a pas pu jusqu'alors pénaliser dans ce domaine délicat de la vie intime, surtout que les preuves ne sont pas faciles à obtenir.

Or en droit judiciaire, un droit qui n'est pas prouvé n'existe pas.

En outre, que fait-on du conseil que les parents donnent aux époux lors du rituel du mariage coutumier à savoir qu'être époux c'est pouvoir supporter, beaucoup supporter, considérer tous les problèmes du couple à vivre comme des bagages lourds que l'on aura à porter dans un panier troué et ce n'est que quand rien ne sera plus supportable qu'il faudra aller au divorce étant entendu que les parents, amis qui ont mission de conseiller, auront été alerté et auront tenté de concilier en vain. Car dans cet élan, leur approbation de ce que vit le couple sera ressentie comme une récompense, leur désapprobation comme une sanction.

L'intervention de la sanction pénale ici peut donner lieu à l'instabilité du couple dès lors que la communauté de vie sera sous menace de la sanction pénale dans ce domaine où doit régner l'harmonie.

Au Gabon, la notion de **viol entre époux** est encore dans les chambres, et très peu connue des femmes et hommes mariés.

Le nouveau droit issu de la nouvelle loi voudrait que désormais est viol, tout acte de pénétration sexuelle de quelque nature qu'il soit, commis sur la personne d'autrui, avec ou sans **violence**, **contrainte,**

menace, surprise, ruse quel que soit la nature des relations entre l'agresseur et sa victime, **y compris s'ils sont mariés**.

Autrement dit, dans le mariage, la relation sexuelle, même si elle est une obligation pour chaque conjoint à l'égard de l'autre, chacun ne peut l'obtenir que par le **consentement renouvelé de l'autre partie**. Ni l'époux, ni l'épouse ne **peuvent l'imposer** par **la ruse, la surprise** à l'autre.

Seule une **relation consentie** est admise dans la vie du couple. La promesse de tenir le devoir conjugal devient un engagement, un vœu pieux, ayant un caractère relatif dans les relations entre époux, alors qu'elle procède naturellement du mariage.

Pour les canonistes, il y avait là ''une communauté de couche ou de lit''.

En se mariant, les époux s'obligent mutuellement à une communauté de vie et quand l'un des époux remet en cause la reconnaissance de cet engagement par une abstention ou par un refus, elle peut donner à celui qui réclame son droit, une occasion pour aller d'abord en conciliation et quand rien ne s'arrange, c'est à bon droit que le juge sera saisi.

La concertation, la compréhension, le pardon sont les grands compagnons de route de la vie conjugale.

Dans tous les cas, l'article 256 de la loi n°005/2021 n'a pas résolu le problème du viol entre époux de manière adéquate, minimisant le fait qu'entre époux existe une présomption de consentement dans les relations sexuelles et qu'il n'y a jamais d'autres témoins que le couple lui-même pour attester des faits de viol. Qu'ainsi donc en cas d'accusation, il n'y a que la parole de l'un contre celle de l'autre.

Qu'à cela il faut rappeler que la loi n°004 du 15 septembre 2021 portant modification de la loi n°15/72 du 29 juillet 1972 portant Code civil en son article 252 nouveau précise que « ***Par l'effet du mariage***, les ***époux s'obligent à la communauté de vie*** ». Ce qui signifie que l'objet de ce contrat, pour chacun des conjoints est la personne de l'autre en vue **d'entretenir une communauté de vie sexuelle ;**

Or, la loi pénale vient prescrire un modèle de comportement à la femme : **le respect de sa liberté sexuelle**. « ***Ce n'est pas parce qu'elle a été de bonne composition aujourd'hui qu'elle ne peut pas vous tourner le dos demain*** ». C'est là une orientation valant bifurcation. Cette notion de viol entre époux, semble-t-il aux dires de la Cour

Européenne des droits de l'homme[109], a été admise comme étant un interdit, parce que le viol est par ''essence avilissant'' alors que ces deux personnes ont choisi de vivre leur intimité en toute lucidité.

L'intrusion du Code pénal dans ce consentement de l'époux à l'acte sexuel est envahissante, débordante, c'est un encombrement liberticide.

En effet, l'ordre juridique positif peut apprendre aux couples le respect du partenaire autrement que par **l'action répressive**.

La législation doit pouvoir substituer à la violence physique dans le couple une solution d'apaisement qui donne satisfaction aux parties qu'elle réconcilie et qu'il est de bonne intelligence que le couple intègre chacun à son niveau le fait qu'en se mariant, on s'engage à respecter le contrat qui contient une clause non écrite selon laquelle l'acte sexuel est un droit et un besoin qui doit être satisfait. Cet acte est à la base de la construction du mariage

Une observation avisée valant leçon de mise en garde venant de France ; ce pays qui a introduit dans son Code pénal la notion de présomption du consentement devenue simple de l'acte sexuel (depuis la loi du 04 avril 2006) pour des personnes mariées, c'est-à-dire jusqu'à preuve de contraire, alerte et situe les difficultés auxquelles le juge sera confronté dans son office en ces termes :

- « Entre époux une certaine présomption de consentement dans le cadre des relations. Il est donc difficile de prouver l'absence de consentement
- Il n'y a pas de témoins, les faits se passent dans un endroit clos, fermé.
- La preuve sera difficile à établir souvent parole contre parole, avec parfois une éventuelle vengeance entre conjoints à envisager en cas d'adultère, de séparation ou de divorce.
- Cet acte suppose une analyse de la vie privée, d'un comportement des époux, qui n'exclut jamais le risque de dérives ou d'erreurs judiciaires »[110]

Article 257 bis : Le harcèlement sexuel.

Désormais le harcèlement sexuel n'est plus seulement le fait d'imposer , de façon répétée, des propos ou comportements à

---

[109] CEDH 22 novembre 1995.

[110] Maître ADDAD Sabine : Le viol entre époux : Evolution législative et jurisprudentielle pp 2- 3 2581evaluation positive.

connotation sexuelle ou sexiste qui, soit porte atteinte à la dignité de la personne en raison de leur caractère dégradant ou humiliant, soit créent à son encontre une situation intimidante, hostile ou offensante, il devient aussi le fait, non répété, d'user de toute forme de pression dans le but réel ou apparent d'obtenir un acte ou des faveurs de nature sexuelle, au profit de l'auteur ou au profit d'un tiers.

La peine encourue reste la même. Elle est de six mois d'emprisonnement au plus et de 2.000.000 de francs CFA d'amende au plus.

Article 261 nouveau : Circonstances aggravantes (Viol)

Le champ des circonstances a été étendu. La nouvelle disposition réprime désormais plus sévèrement le viol commis par un ascendant légitime, naturel ou adoptif ou encore toute personne ayant autorité sur la victime ; celui commis par une personne qui aura abusé de l'autorité que lui confère ses fonctions ou son rang social ; celui commis par plusieurs personnes agissant en qualité d'auteur ou de complice ; celui commis avec utilisation de substance ayant inhibé la volonté de la victime ; celui commis sur une personne mineure âgée de moins de dix-huit ans ; celui commis sur une personne vulnérable en raison de son âge, de sa maladie, d'une infirmité, d'une déficience physique ou mentale ou d'un état de grossesse ; celui commis en bande organisée, etc.(…) cf. art.261 nouveau.

La peine encourue pour sa part a doublé pour ce qui est de la réclusion criminelle. Elle est passée de quinze ans à trente ans. L'amende a été ramenée à trente millions de francs CFA au lieu de cinquante millions de francs CFA.

Article 264 : Mariage d'une mineure

L'interdiction de donner en mariage coutumier une femme mineure non consentante a été étendue à tout mariage par la nouvelle disposition de l'article 264.

Article 271 alinéa 2 : L'abandon du foyer conjugal.

Cette disposition constitue une dérogation aux dispositions de l'article 271 alinéa 1er. Elle autorise le conjoint victime de violences habituelles dans le milieu familial à avoir une autre résidence sans qu'il soit requis, pour les établir, que l'auteur des violences ait été condamné en justice.

Article 279

Pas de changements notables.

Article 291-1 et 291-2 : Du harcèlement moral.

Ces dispositions sont une innovation du législateur gabonais.

Article 291-3, 291-4, 291-5 et 291-6 : Des peines complémentaires.

Ces dispositions sont également une innovation du législateur gabonais qui marque sa volonté de réprimer les phénomènes nouveaux attentatoires aux droits de l'Homme.

❖ **De quelques nouvelles dispositions du Code civil a contenu à problèmes et ayant des avancées.**

Parmi les nouvelles dispositions du Code civil dont le contenu pose des problèmes et celles ayant des avancées, on peut retenir notamment celles qui sortent le couple des rapports de hiérarchie qui existaient entre les partenaires, celles qui donnent un droit de discussion à la femme : il y a désormais reconnaissance à la femme d'un droit équivalant à celui de son mari. Avec le nouveau droit de la femme, l'épouse accède au pouvoir décisionnel et donc à l'égalité en droit.

L'article 203 du Code civil prévoit que l'homme et la femme ne peuvent contracter le mariage avant 18 ans révolus ;

L'ancienne disposition prévoyait que la femme ne pouvait contracter un mariage que dès lors qu'elle était âgée de 15 ans ;

De plus, cette disposition prévoit que les personnes qui voudraient en être dispensées pour juste motif devraient obtenir l'accord du Président de la République ou du Président de la Cour de Cassation ; notons toutefois que l'obligation de s'adresser au préalable au Président de la Cour de Cassation pour se marier est une démarche contraignante ;

Article 252 du Code civil « ***par l'effet du mariage, les époux s'obligent à la communauté de vie*** **»**. Il a été supprimé la disposition qui voulait que l'époux doive protection à son épouse.

Article 253 : La famille est désormais gérée par les époux et non plus par le père seul.

Article 254 du Code civil : L'ancienne disposition prévoyait que le choix de la résidence soit décidé par le mari, désormais le domicile de la famille est choisi d'un commun accord par les époux. Et s'ils ne tombent pas d'accord !!! Devra-t-on avoir recours au Tribunal, au Président de la République ou de la cour de Cassation ?

Article 259 du Code civil : Avant l'avènement de la loi actuelle, les charges du mariage étaient supportées par le mari à titre principal ;

l'adoption de la nouvelle disposition prévoit que chacun des époux devra s'acquitter des charges en fonction de son revenu ;

Article 261 du Code civil : L'homme n'a plus la possibilité d'interdire à son épouse d'exercer une profession. Ainsi chacun des conjoints peut, pour les besoins de sa profession, aliéner ou obliger seul ses biens.

Article 266 nouveau du Code civil « ***le divorce peut être prononcé par consentement mutuel des époux ou à la demande de l'un des conjoints, pour les fautes suivantes :***

1- L'adultère du conjoint, caractérisé par une liaison extraconjugale entretenu par un conjoint ;

2- La condamnation ferme de l'autre époux à une peine privative de liberté égale ou supérieure à un an pour crime ou délit volontaire de droit commun ;

3- Tout excès, sévices et injures graves rendant la vie conjugale intolérable ;

4- L'alcoolisme invétéré ou l'usage des stupéfiants ;

5- La rupture de l'engagement prix sur le choix du mariage monogamique ;

6- La violence dans le milieu familial ;

7- Toute autre violation grave par l'autre conjoint des devoirs résultant du mariage ».

En disposant que l'adultère est devenu seulement une cause de divorce sans être accompagnée de la sanction pénale, le législateur dépénalise cet acte.

Autrefois réprimé sur le plan pénal, l'adultère n'a plus fait l'objet de pénalisation par la loi n°042/2018 du 05 juillet 2019 portant Code pénal. Le chemin conduisant à la dépénalisation de l'adultère aura été long. A l'origine, l'adultère était une infraction pénale sévèrement réprimée par les dispositions de l'article 267 du Code pénal ancien (loi n°21/63 du 31 mai 1963). Les dispositions de l'article 267 sus-visé ne retenaient le délit d'adultère qu'à l'encontre de l'épouse. L'homme (monogame, ou pire polygame) ne pouvait être poursuivi comme auteur d'adultère, sauf s'il était prouvé que celui-ci avait entretenu, hors les cas permis par la coutume, une concubine au sein du foyer conjugal. Ce qui n'était pas évident. L'adultère à l'égard de l'homme était analysé comme une infraction **d'habitude**.

A ce caractère habituel s'ajoutait la condition relative à la coutume : la conformité ou l'absence de conformité à la coutume. Suivant cet ordre d'idées, l'homme auteur d'adultère ne pouvait être réprimé selon les dispositions de l'article 267 sus-visé que si et seulement si l'entretien d'une concubine au domicile conjugal était contraire à la coutume. En droit traditionnel africain, le mariage était plus ouvertement polygamique. La seule hypothèse où le délit d'adultère pouvait être retenu contre l'homme était celle de la complicité. Cette situation entrainait une rupture de l'égalité entre l'homme et la femme quant à la répression de cette infraction.

Lors d'une réforme du Code pénal intervenue en 2013, le législateur a supprimé cette discrimination qui consistait à ne réprimer que le délit d'adultère commis par la femme (loi n°019/2013 du 21 août 2013 modifiant certaines dispositions de la loi n°21/63 du 31 mai 1963 portant Code pénal). Ainsi, selon l'article 267 de la loi de 2013, l'adultère consiste pour tout conjoint dans le fait de « ***consommer des relations sexuelles avec un partenaire tiers*** ». L'adultère reste puni d'une peine d'emprisonnement de un à six mois, article 268. Le complice du conjoint coupable d'adultère sera puni de la même peine. Les seules preuves qui seront admises contre le complice du conjoint seront le flagrant délit ou celles établissant de façon certaine et incontestable l'adultère.

La loi du 09 août 2016 reconduit les mêmes peines.

Dans tous les cas, ce changement de loi a été accueilli comme un progrès ; en ce sens que l'égalité autrefois revendiquée et promise dans les discours politiques ou d'association devient un droit à protéger.

Constatons que dans une autre réforme intervenue en 2019, le législateur ne la retient pas dans la liste des infractions issues de la loi n°042/2018 du 05 juillet 2019 portant Code pénal. Cette situation laisse entrevoir la dépénalisation de l'adultère. Il s'agit là de toute une disposition d'esprit voulue par le législateur gabonais qui se précisera dans le Code civil issu de la dernière réforme (loi n°004/2021 du 15 septembre 2021 portant modification de certaines dispositions de la loi n°15/72 du 29 juillet 1972 portant Code civil).

Par cette nouvelle loi, en ne sanctionnant plus pénalement l'adultère, le législateur gabonais a entendu le cri d'alarme de celle (la femme) qui est la moitié du ciel.

Cet article codifie aussi une nouvelle manière de vivre le mariage lorsqu'il autorise l'épouse à divorcer en raison de la condamnation de l'autre époux à une peine privative de liberté égale ou supérieure à un an pour un crime ou délit volontaire du droit.

C'est une autre vision de la vie de couple. Dans la société voulue par cette disposition, on doit se débarrasser de la conception qui a dominée jusqu'alors considérant que l'homme et la femme sont **des conjoints** ; **ils se marient pour le meilleur et pour le pire**. Chacun n'est plus responsable des dettes de l'autre. A chacun pour soi, Dieu pour tous.

Article 292 nouveau « ***...le tribunal peut en cas de divorce aux torts d'un conjoint, condamner le conjoint aux torts duquel le divorce est prononcé, à lui verser une pension alimentaire.***

...En cas de divorce par consentement mutuel, la pension éventuelle est prévue par la convention homologuée.

...En cas de divorce pour faute, et indépendamment de toutes autres réparations dues par l'époux contre lequel le divorce a été prononcé, les juges peuvent allouer au conjoint qui a obtenu le divorce des dommages-intérêts pour le préjudice matériel ou moral à lui causé par la dissolution du mariage. »

Article 699 du Code civil cette disposition institue un **conseil successoral** à la place du conseil de famille antérieur auquel on s'était habitué. Celui-ci est maintenant composé du ou des conjoints survivants ou de leurs mandataires, les descendants ou leurs mandataires ;

Toutefois, nous observons de cette réforme qu'à force de renforcer les droits du conjoint survivant, on tend inévitablement vers la consécration d'une inégalité. En effet, en octroyant au conjoint survivant la latitude de choisir le Notaire ou l'Avocat qui devra présider le Conseil successoral, le législateur oublie les cas d'ingratitudes dont peut se rendre coupable un conjoint survivant indélicat.

Prenons l'exemple d'un conjoint séparé de corps ou de fait qui resurgit au décès de son partenaire défunt. Celui-ci doit-il avoir un droit de veto quant à la succession de son partenaire défunt ?

« En cas de pluralité des conjoints survivants ce droit est accordé au conjoint présentant la communauté de vie en cours la plus longue ». Cette disposition ne tend-t-elle pas à favoriser la conjointe la plus ancienne quand on sait que chaque co-épouse représente un ménage et qu'elle a vocation à défendre son ménage et ses enfants dans les rapports qui l'opposent à ses co-épouses, rapports qui sont dans la majorité des cas conflictuels ? On observe que le législateur qui attribut l'égalité entre conjoints induit aussi l'inégalité entre les épouses à l'égard du mari commun.

Le **renforcement de la protection** des enfants et de la veuve comporte un avantage certain. En effet, les membres de la famille du défunt ne pourront plus dépouiller la veuve et les enfants. Mais, reste à savoir quelle sera la réaction de ceux qui sont exclus ;

Article 700 du Code civil : Le chef de famille n'a plus de droit, le pouvoir de diriger les débats, seuls les membres du conseil successoral, sont habilités à choisir un président et un ou deux mandataires qui doivent être obligatoirement un Avocat ou un notaire ;

Si tels sont les apports de la loi organisant un nouveau droit de la femme, il reste à vivre l'effectivité de cette nouveauté sous nos cieux. Comme diraient les Anglais en pareil cas, wait and see !

Il faut cependant noter que, tout compte fait, le législateur a laissé sans solution, les situations de vie où le couple est en désaccord dans tous les actes de leur vie quotidienne.

Une question se pose alors qui doit décider dans ce cas puisqu'il n'y a plus de chef de famille !

Il y a lieu d'imaginer la journée d'un couple qui ne parvient pas à s'accorder sur le foyer conjugal, sur l'école des enfants, sur le médecin traitant.

De même, le législateur est comme un penseur assis entre deux chaises.

On comprend mal en effet, que d'une part il est en voie de progrès consacrant l'égalité de la femme et de l'homme, sa dignité et que de d'autre part, il accouche d'un mariage coutumier qui fait de celle-ci l'objet de la dot offerte par la famille de l'homme à la famille de la femme.

Cette dot est constituée de biens en nature, des objets usuels reconnus par la tradition pour leur valeur symbolique et en numéraire, remis par la famille du futur conjoint à celle de la future épouse.

A une époque très lointaine où la femme et les enfants étaient soumis au partage, il n'en résulte pas moins qu'il s'agissait des « biens précieux » qui n'étaient jamais vilipendés, déplacés, pillés ou chassés. La personne désignée par la famille pour garder la veuve et les enfants était soumise à un contrôle strict, car elle avait la charge de vieller correctement sur eux et de rendre compte au chef de famille. Il n'y a aucune coutume gabonaise où les biens du de cujus étaient sacrifiés à l'insu de la veuve. Tout se passait devant elle car elle constituait un véritable membre de la famille du disparu[111].

Que pourtant, il y a plus d'une raison en ce 21e siècle pour interdire le mariage coutumier et la dot considérée comme étant la condition pour que la femme devienne épouse selon le nom révélateur chez les Anglais *brideprice*, c'est-à-dire le prix de la mariée.

Le législateur a interdit le versement de la dot sous d'autres cieux très proches de nous (Sénégal, Burkina-Faso, Mali[112]) pour quatre raisons :

- « ***La dot viole les droits de la femme en ce que certains hommes utilisaient la dot pour légitimer les violences conjugales à l'égard de leurs épouses parce qu'ils interprétaient celles-ci comme le prix d'achat de la femme ;***
- ***La dot ne respecte pas le principe d'égalité entre époux. La dot est obligatoire pour la femme, elle n'est pas exigée pour l'homme ;***
- ***Elle est un obstacle à l'accès au mariage en raison de son coût important qui empêche de nombreux jeunes de familles moyennes à se marier »*** ;
- ***Elle porte atteinte à la liberté des femmes veuves ou divorcées lorsqu'elle n'était pas restituée, en ce sens que la femme était toujours considérée comme appartenant à la famille de son ex-mari ou du mari décédé*** ;

La reconstitution du mariage coutumier avec sa dot ne cadre pas avec la situation actuelle de l'affirmation de l'égalité, et de la dignité de la femme. La condition juridique de la femme s'est transformée. Le statut inférieur de la femme bat de l'aile, la dot n'a plus de place dans le mariage au nom de la liberté et de l'égalité, surtout quand on sait que dans la période du droit traditionnel, la femme en se mariant quittait sa famille, ce qui faisait subir à cette dernière une perte qui devait être compensée par la dot. Elle devient le bien de son mari. A l'origine, elle était donc destinée à compenser pour la famille de la femme, la perte de la force de travail provoquée par son départ.

Dès lors, la légalisation du mariage coutumier devient une marche d'*un pas en avant, deux pas en arrière,* même lorsqu'elle *« implique un encadrement de la dot dont le montant devient de plus en plus*

---

[111] Etude faite par le Ministre de la famille sur la 2e partie du code civil, Libreville janvier 2007, p. 78 ;

[112] La voix du jurister@gmail.com, p. 2 ;

excessif »[113], C'est-à-dire, les avancés que consacrent les nouveaux droits de la femme d'une part, et l'esprit de lucre que l'Homme d'aujourd'hui attache au mariage coutumier, notamment la violation des droits de la femme puisqu'elle est considérée comme un objet, le non-respect du principe d'égalité entre époux, l'accès difficile au mariage par un grand nombre en raison de son coût élevé et l'entrave portée à la liberté de la femme veuve ou divorcée, d'autre part.

C'est dire que le législateur doit adapter le nouveau droit de la femme à l'esprit de la marche du siècle.

Il doit pouvoir concevoir la seule célébration du mariage devant l'officier de l'état civil et autoriser un rituel coutumier, les festivités qui s'accompagnent après le passage devant le Maire ; celles-ci seront assorties de l'échange des cadeaux réciproques entre les deux époux, les deux familles. On aura ainsi été conforme aux engagements internationaux, à la Constitution et sauvegarder notre culture suivie de l'onction et l'accompagnement des parents.[6]

Comme on le voit, il ne s'agit pas d'une simple question d'encadrement de la dot, mais bien plus d'une considération d'arrière garde vis-à-vis de la femme. Il s'agit de l'interdire comme ce fut fait en 1963 avec justesse par le Président feu Léon MBA[7] en ces termes :

Article 1er « ***Est interdite la pratique connue en droit coutumier sous le nom de "dot" qui consiste en la remise à l'occasion du mariage, par le futur conjoint à la famille de la future épouse, de somme d'argent ou d'objets de valeur*** ».

Article 2 « ***Toute mention de la dot dans un acte public ou privé est désormais prohibée***.

Toute action en paiement ou en remboursement de la dot sera déclaré irrecevable ».

---

[113] **E. NSIE**, *A propos de « la légalisation du mariage coutumier » : plaidoyer pour une reconstruction du droit gabonais de la famille*, Hebdo informations, 14-28 janv. 2012, n° 592, p.2 ;

[6] **E. NSIE**, *A propos de « la légalisation du mariage coutumier » : plaidoyer pour une reconstruction du droit gabonais de la famille*, Hebdo informations, 14-28 janv. 2012, n° 592, p.2 ;

[7] Loi n°20/63 du 31 mai 1963 portant interdiction de la dot.

CHAPITRE II : LE JUSTICIABLE ATTEND DE SA JUSTICE UN SAVOIR JUDICIAIRE FAISANT VERITE, AUTORITE, ASSURANCE ET CONFIANCE : UNE JUSTICE DE QUALITE

S'il est vrai que dans les pays africains aujourd'hui, convenir d'un droit à un Tribunal et d'une série de garanties prescrites, notamment, quant à l'organisation et à la composition du Tribunal, c'est-à-dire à un procès équitable, n'est plus le souci secondaire de la régulation de la Justice en Afrique, il reste aussi vrai que dans ces contrées, le justiciable attend de sa justice : un savoir judiciaire faisant vérité, autorité, assurance, des rendus de qualité respectable.

La Charte Africaine des Droits de l'Homme et des Peuples indique en son article 5 que : *« tout individu a droit au respect de la dignité inhérente à la personne humaine et à la connaissance de sa personnalité juridique. Toutes formes d'exploitation, d'avilissement de l'homme notamment l'esclavage, la traite des personnes, la torture physique ou morale, et les peines ou les traitements cruels, inhumains et dégradants sont interdits ».*

Contre toute attente, la nouvelle offre de justice et de sa restauration par le gouvernement consiste à proposer une série de réformes pour être en phase avec la "*Communauté*" Internationale. Les offres de justice faites à l'Afrique qui font école, occupent les prétoires : le code CIMA, les occupations de l'espace foncier, les garanties en matière de travail et de sécurité sociale.

Le gouvernement croit par ce biais, de la sorte pouvoir répondre aux attentes des justiciables.

SECTION I : DE L'OFFRE DE JUSTICE EN PROMOTION AU GABON DE NOS JOURS

Le gouvernement propose une série de réformes pour être en phase avec la "*Communauté*" Internationale.

Pour formaliser cette ''nouvelle justice'' et en favoriser la publicité, le Ministère de la Justice, après avoir obtenu un vote à l'Assemblée Nationale et au Sénat, a rendu public un numéro spécial intitulé : *« Les actes de la République »,* daté du 17 Juillet 2019.

On y trouve la loi organique n°007/2019 du 05 Juillet 2019 fixant la composition, la compétence, les règles de fonctionnement et la procédure applicable devant la Cour de Justice de la République, la loi organique n°008/2019 du 05 Juillet 2019 fixant l'organisation, la composition, la compétence et le fonctionnement des juridictions de l'ordre judiciaire, la loi organique n°009/2019 du 05 Juillet 2019 portant organisation de la justice, la loi n°033/2018 du 11 Juin 2019 portant ratification de l'ordonnance n°0026/PR/2018 du 11 Août 2018 fixant l'organisation, la composition, la compétence et le fonctionnement des juridictions de l'ordre administratif, la loi n°042/2018 du 05 Juillet portant code pénal, la loi n°043/2018 du 05 Juillet 2019 portant code de procédure pénale.

N'est – il pas vrai qu'à tel droit telle justice ? C'est dire que parmi les emprunts du droit français en vigueur au Gabon, notons : les institutions, les techniques de raisonnement, le vocabulaire ; le droit au cours du procès, les procédures garantissant le bon déroulement du procès.

Ces techniques et un formalisme juridique ont été rendus nécessaires pour rassurer le justiciable par la rationalité, la neutralité de ses automatismes, l'impartialité, la compétence, l'efficacité.

Ces principes sont des guides pour l'action du juge et sont des bornes à ne pas franchir sinon, on court le risque de la sencure du juge d'appel, et de cassation.

Et, de nos jours le mot justice évoque aussi un organe de l'appareil étatique que chacun voudrait voir, parfaitement organisé. Il lui a été fixé pour but « **dire le droit et de rendre à chacun son dû** » sic !

L'esprit bien-pensant a mis sur pied cette institution qu'on appelle la justice. Et la société organisée a ; à bon droit, décidé que rendre la justice est une fonction essentielle de l'Etat. C'est pourquoi il y'a un service public de justice comportant des organes, des juridictions et un personnel destiné à le faire fonctionner : magistrats, greffiers, avocats, notaires, huissiers.

A cet effet, la constitution gabonaise, en son article premier alinéa 23, tient le pouvoir judiciaire pour le gardien du respect du droit, à la **représentation**, du droit de la présomption d'innocence, à un procès régulier, des libertés individuelles et des droits de la défense.

La particularité du model judiciaire mis en place est dû au fait que juger ne dépend pas du simple bon sens : trois grands principes dominent le procès civil :

- Le principe dispositif ;
- Le principe de contradictoire ;

- L'obligation pour le juge de connaitre le droit et d'en faire une application correcte aux faits litigieux.

Il y'a une **logique judiciaire** et **un art de juger** : c'est la **construction de toute une technologie**.

Les principes de procédure qui dominent le procès, emprunts au Droit français, font la qualité du procès et du déroulement de celui-ci un garde-fou avant et pendant son déroulement. Il devrait se suivre une justice satisfaisante, rompue et à toute épreuve.

On peut, à grands traits, voir qu'elle est la nouvelle répartition des juridictions de l'ordre judiciaire au Gabon, dont le fonctionnement n'ira pas sans poser plus de problèmes :

- Nombre insuffisant des bureaux d'accueil et des magistrats répondant au profil ;
- Absence de proximité desdites juridictions d'avec le justiciable, etc…

Situation que reconnaît le Conseil Supérieur de la Magistrature, ayant siégé de façon extraordinaire le 22 Novembre 2019, en ces termes : *« Il (le Conseil) a présenté la situation des formations spécialisées, des juridictions de Commerce et du Travail de Libreville qui sont confronté à des difficultés d'ordre structurel, organisationnel et matériel* [114]

PARAGRAPHE 1 : NOUVELLE REPARTITION DES JURIDICTIONS DE L'ORDRE JUDICIAIRE AU GABON

Cour de Cassation

Organisation et composition (article 29-55)								
Siege *(Premier Président)*						**Parquet Général** *(Procureur Général)*		
Ch. civile	Ch. Sociale	Ch. pénale	Ch. mixte	Ass. Plénière	Greffe	Procureurs générau	Avocats généraux	Secrétariat

[114] Cf. Quotidien national l'Union du samedi 23 et dimanche 24 Novembre 2019, page 4.

					- Greffier en chef - Greffier en chef adjoint - Greffiers	x adjoints		- Sec. en chef - Sec. en chef Adjoint - Secrétaires
Présidents de Chambre								
Compétences								
Compétence nationale en matière civile, pénale, sociale sauf pour les matières relevant du droit OHADA								
Saisine								
Les arrêts de la Chambre d'Accusation ainsi que les arrêts et jugements rendus en dernier ressort en matière criminelle, correctionnelle et de simple police peuvent être annulés en cas de violation de la Loi, sur pourvoi en cassation formé par le Ministère Public ou par la partie à laquelle il est fait grief (art. 448 CPP nouveau) Le pourvoi en cassation n'est ouvert qu'à ceux qui ont été partie au procès, à leurs héritiers et successeurs à titre universel, à condition que la décision attaquée leur fasse grief (art. 546 CPC) et qu'il n'ait pas eu de leur part acquiescement exprès ou tacite (art. 547 CPC). Le Procureur général près la Chambre Judiciaire de la Cour Suprême peut toujours, si les parties n'ont pas réclamé, se pourvoir contre toute décision en dernier ressort qui est contraire aux lois et aux formes de procédure (art. 547 CPC).								

Seuls les Avocats inscrits au grand tableau de l'Ordre des Avocats du Barreau du Gabon depuis au moins dix ans peuvent postuler ou plaider devant la Cour de Cassation. Le Bâtonnier de l'Ordre des Avocats au début de chaque année judiciaire adresse au Président de la Cour de Cassation la liste des Avocats remplissant cette condition (art.22).

Cour d'Appel Judiciaire

Organisation et composition

Ch. civile	Ch. sociale	Ch. d'accusation ordinaire	Ch. d'accusation spécialisée (LBV)	Greffe (art. 99)	Ministère Public (art. 96)		Secrétariat (art.100)
		- fonction d'instruction du second degré (art.103) - saisine de la cour criminelle (art.105)	Infractions de l'article 198	- Greffier en chef - Greffier en chef adjoint - Greffiers	Procureurs généraux adjoints	Avocats et substituts généraux	- Sec. en chef - Sec. en chef Adjoint - Secrétaires

- **Présidents de Chambre** - **Conseillers** - **Un ou plusieurs greffiers (art.111)**							
Compétences							
- Appel contre les décisions du Tribunal rendues en matière civile, commerciales, pénale et sociale (art.101). - Appel dans ses formations spécialisées des infractions visées à l'article 198 (art.101). - Contestation relative à la nationalité (art.102) - Contestations du barreau, relatives à la récusation d'un membre du Conseil de l'Ordre des Avocats statuant en matière disciplinaire (art.106)							
Compétences du président de la CA							
- Présider toute chambre - Défense à exécution d'une décision d'exécution provisoire, ordonnée par le premier juge - Recours contre la décision du Bâtonnier prise sur contestation des honoraires d'Avocats dans les affaires que la Cour a connues (art. 114).							
Cartographie							
- Une Cour d'Appel dans chaque Chef-lieu de province (art. 90) - Une Cour d'Appel Spécialisée à Libreville statuant en appel des litiges relatifs aux infractions prévues à l'article 198							

Juridictions Spécialisées de la Cour d'Appel Judiciaire
<u>**Cour Criminelle Ordinaire**</u>

Compétences	**Composition** (art. 121-127)				**Fonctionnement**
Infractions punies des peines criminelles non prévues à l'article 198 ainsi que des délits connexes (Art. 119 / 128)	3 Magistrats	1 Greffiers	4 Jurés	Ministère public	-Saisie sur renvoi de la Chambre d'Accusation ou après cassation ou encore par le PG (art. 130) -siège tous les trois mois de l'année judiciaire en session suivant un calendrier arrêté conjointement par le Président et le PG ou en session extraordinaire (art.132) -le président, les assesseurs ainsi que les jurés délibèrent hors la présence du Ministère Public et du greffier (art. 141) -la décision est prise à la
	1 Président 2 Assesseurs	Greffier en Chef ou son délégué (art. 126)	Tirés au sort sur une liste établie par le PG (art. 125)	Procureur Général ou l'un de ses avocats généraux ou substituts (art.127)	

					majorité des voix (art. 144)

Cour Criminelle Spécialisée de Libreville		
Compétences	**Composition (art.147-154)**	**Fonctionnement**
-Atteintes aux intérêts fondamentaux de la nation -Attentats contre des installations ou de biens publics ou privés -Fausse monnaie -Crime contre l'humanité et crime de guerre	-5 Magistrats nommés en Conseil Supérieur de la Magistrature dont un président ayant le rang de président de chambre	-statut en premier et dernier ressort (art. 155) -saisie sur renvoi de la Chambre d'Accusation spécialisée (art. 158) - le président, les assesseurs ainsi que les jurés délibèrent hors la présence du

-Traite des êtres humains -Arrestations, séquestrations arbitraires et piraterie -Atteinte aux systèmes de traitement automatisé de données -Cybercriminalité -Atteinte à la bonne gouvernance publique -Blanchement des capitaux -Trafic de l'ivoire et braconnage organisé -Exploitation illicite de ressources halieutiques -Trafic de matières premières et autres substances minérales	-4 Jurés ayant voix délibératives - 1 greffier (greffier en chef ou un greffier désigné par lui) - le Ministère Public est représenté par le Procureur Général ou l'un de ses avocats généraux ou substituts	Ministère Public et du greffier (art. 165) -les magistrats statuent seuls sur les questions de compétence (art. 166) -la décision est prise à la majorité des voix (art. 168)

<table>
<tr><td colspan="5"><u>Tribunal de Première Instance</u>
(Institué dans chaque chef-lieu de Province)
Articles 172-203</td></tr>
<tr><td colspan="5">Organisation et composition</td></tr>
<tr><td colspan="3"><u>Siège</u>
(Art. 174 et s.)</td><td colspan="2"><u>Parquet</u>
(Art. 175 et s.)</td></tr>
<tr><td>Cabinet du Président</td><td>Instruction</td><td>Greffe (art. 176)</td><td>Ministère Public</td><td>Secrétariat du Parquet (art. 177)</td></tr>
</table>

- Président -Premier Vice-Président -Vice-présidents -Juges	-Premier juge d'Instruction -Juges d'Instruction	- Greffier en Chef - Greffier en Chef Adjoint - Greffiers	- Procureur de la République - Procureur de la République adjoint - Substituts du Procureur de la République	- Secrétaire en Chef - Secrétaire en Chef Adjoint - Secrétaires du parquet

Compétence et fonctionnement			
Compétences		**Fonctionnement**	
Compétences ordinaires	**Compétences spéciales du TPI de Libreville (art.198)**	**Chambre ou section (art.184)**	**Formation de jugement (art. 190)**
Limitée aux matières civile et pénale	- Atteintes aux intérêts fondamentaux de la nation - Attentats contre des installations ou de biens publics ou privés - Fausse monnaie	- Président - Juges -Un ou plusieurs greffiers - Procureur adjoint ou	Formation collégiale présidée par un Vice-Président ou le magistrat le plus ancien dans le grade le plus élevé

	- Crime contre l'humanité et crime de guerre - Traite des êtres humains - Arrestations, séquestrations arbitraires et piraterie - Atteintes aux systèmes de traitement automatisé de données - Cybercriminalité - Atteintes à la bonne gouvernance publique - Blanchiment des capitaux - Trafic de l'ivoire et braconnage organisé - Exploitation illicite de ressources halieutiques - Trafic de matières premières et autres substances minérales	substituts qui requièrent au nom du Procureur de la République (art. 189)	
<u>Tribunal de Commerce</u> *Institué dans chaque Chef-lieu de province (art. 204-224)*			
Composition et organisation			

Composition (art.226-230)			Organisation	
Magistrats (art.206)	Juges consulaires	Ministère Public (art.209)	Siège (art.208)	Greffe (art.210)
Nommés en Conseil Supérieur de la Magistrature	Issus du collège des opérateurs économiques, ils sont élus par leurs pairs selon les modalités et conditions fixées par arrêté conjoint des ministres chargés de la Justice et du Commerce (art.206)	Le Ministère Public est présent ou représenté devant le Tribunal de Commerce par les magistrats du parquet du Tribunal de Première Instance du ressort	1 Président Des Vice-présidents Des Juges **<u>Nb :</u> le Président et les Vice-présidents sont choisis parmi les magistrats du premier grade**	1 Greffier en Chef 1 Greffier en Chef Adjoint Des Greffiers (tous nommés par arrêté du Ministre chargé de la Justice)
Composition de la formation de jugement				
- 2 magistrats dont un président exerçant au moins la fonction de Vice - président - 1 juge consulaire - 1 Greffier (art.216)				
Compétences et fonctionnement (art.211-224)				
Compétences (art.211 et 213)			**Fonctionnement**	

- Contestations relatives aux engagements entre commerçants et établissements de crédits - Contestations relatives aux sociétés commerciales notamment des différends entre associés - Contestations relatives aux actes de commerce entre toute personne - Litiges entre entreprises, y compris, endroit boursier et financier notamment en matière de commerce et de concurrence - Litiges opposant des particuliers à des commerçants ou à des sociétés commerciales dans l'exercice de leurs activités - Litiges relatifs aux effets de commerce et autres moyens de paiement - Difficultés des entreprises et sociétés commerciales, notamment en matière de procédures collectives d'apurement du passif - Toutes autres matières pour lesquelles la loi et les actes uniformes OHADA lui attribuent expressément compétence - Assurer la publicité légale du secteur commercial et le contrôle de la tenue du RCCM (art.213)	- Statue en premier et dernier ressort lorsque la valeur du litige ne dépasse pas 5.000.000 Fcfa - Délibération en secret après clôture des débats, sur les affaires qui relèvent de leur compétence - Jugement rendu dans un délai de 3 mois, à compter de l'évocation de l'affaire au fond, susceptible d'être prorogé de 1 mois - Pour les litiges dont la valeur varie entre 5.000.000 Fcfa et 50.000.000 Fcfa, le Tribunal statue en premier ressort dans un délai de 3 mois, pouvant être prorogé de 3 mois par décision motivée du Président du Tribunal - Pour les litiges dont la valeur est supérieure à 50.000.000 Fcfa, le Tribunal statue, en premier ressort, dans un délai de 6 mois, pouvant être prorogé de 3 mois. - Possibilité d'ordonner par décision avant dire droit une mesure d'instruction (art.212)

Tribunal du Travail *Institué dans chaque Chef-lieu de province (art. 225-245)*					
Composition et organisation					
Composition (art.226-230)				**Organisation**	
Magistrats (art.227)	Représentants Employeurs (professionnels)	Représentants salariés (professionnels)	Assesseurs non professionnels	Siège	Greffe (art.230)
Nommés en Conseil Supérieur de la Magistrature			Elus par leurs pairs selon les modalités et conditions fixées par arrêté conjoint des ministres chargés de la Justice et du Travail (art.227)	1 Président Des Vice-présidents Des Juges et des Assesseurs non professionnels **Nb : le Président et les Vice-présidents sont choisis parmi les**	-1 Greffier en Chef -1 Greffier en Chef Adjoint - Des Greffiers

				magistrats du premier grade	

Composition de la formation de jugement
- 3 membres issus du collège des magistrats - 2 Assesseurs non professionnels (l'un issu du collège des employeurs et l'autre issu du collège des salariés) - 1 Greffier (art.238)

Compétences et fonctionnement (art.231-245)	
Compétences	**Fonctionnement**
- Tout conflit individuel né, à l'occasion de la conclusion, de l'exécution ou de la rupture d'un contrat de travail - Des différends individuels relatifs aux conventions collectives et aux textes règlementaires en tenant lieu ; - Des différends nés à l'occasion du travail, lorsque ceux-ci ont un lien avec l'exécution du contrat de travail - Des différends entre l'employeur ou leurs représentants et les salariés, apprentis ou stagiaires qu'ils emploient, accueillent ou reçoivent - Du contentieux du régime de sécurité sociale - Et d'autres pour lesquelles la loi lui donne compétence (art.231)	- Le Tribunal statue en premier et dernier ressort lorsque la valeur du litige n'excède pas 1.000.000 FCFA - Une nouvelle conciliation obligatoire en dehors de celle effectuée à l'Inspection du Travail - Décisions rendues par les sections suivant les matières de leurs

	compétences respectives - Les sections délibèrent en formation de jugement sur les matières qui relèvent de leur compétence

Des juridictions pénales d'exception

Composition	**Cour de sureté de l'Etat** Formation de jugement	Dispositions actuelles	Dispositions antérieures
- Magistrat de carrière - Juge d'Instruction - Commissaire du Gouvernement - Greffier de la Chambre Judiciaire (Cour de Cassation)	- 1 Président - Assesseurs (juges non professionnels) - Commissaire du Gouvernement	Loi n°22/63 du 31 Mai 1963	Néant

Ces réformes qui tendent à moderniser la justice en la mettant au goût du temps, de l'actualité, de l'ambiance, de la mouvance, tourbillon de la mondialisation sous le mot de passe : moderniser la justice sont un clair-obscur pour durcir, en l'adaptant au modèle du **nouvel ordre juridique** international.

Le Ministre de la Justice gabonaise justifie ce besoin de réforme par l'impérieuse nécessité de se conformer aux différentes évolutions juridiques intervenues en cours sur le plan national et sur le plan international : l'objectif de ces réformes seraient de :

- Garantir un fonctionnement efficient des juridictions de l'Ordre Judiciaire et consolider l'Etat de droit ;
- Renforcer l'attractivité de l'environnement des affaires, de la sécurisation des personnes et des biens ;
- Parfaire la bonne administration de la justice et la qualité de l'offre de la justice ;
- Renforcer l'efficacité de la justice en créant de nouvelles juridictions notamment des juridictions spécialisées au sein du Tribunal et de la Cour d'Appel Judiciaire de Libreville, des Tribunaux du Travail et du Commerce.

Dans leur substance, lesdites réformes prévoient que les juridictions spéciales seront chargées de la poursuite de l'instruction et du jugement des nouvelles formes de criminalité telles que le terrorisme, la piraterie, la cybercriminalité, le blanchiment des capitaux, la délinquance financière multiforme.

Les Tribunaux de Commerce et les Tribunaux du Travail visent à garantir aux investisseurs une sécurité juridique et judiciaire, gage d'un meilleur développement du pays.

Selon la nouvelle loi n°042/2018 du 05 Juillet 2019 portant code pénal :

- Le viol sera puni d'un emprisonnement de cinq à dix ans et d'une amende de 5.000.000 à 10.000.000 de francs.
- Les attentats aux mœurs visés au paragraphe 1 et 2 seront punis d'un emprisonnement de six mois à trois ans et d'une amende de 500.000 à 2.000.000 de francs.
- L'inceste sera puni de la réclusion criminelle à temps et d'une amende d'un montant maximum de 10.000.000 de francs ou l'une de ces deux peines seulement.

Les peines prévues seront alors portées à :

- De cinq à dix ans d'emprisonnement et d'une amende de 1.000.000 à 5.000.000 de francs pour les agressions sexuelles autre que le viol ;
- Le viol sera puni de la réclusion criminelle à perpétuité, lorsqu'il est précédé, accompagné ou suivi d'actes de torture.
- Désormais, la violation du secret professionnel ou du secret d'Etat sera puni d'un emprisonnement de six mois à un an et d'une amende de 5.000.000 à 20.000.000 de francs CFA.

La même loi entend infliger la peine d'amende selon les montants suivants :

Infractions	**Peines d'amendes envisagées (en Fcfa)**
Attentat	50.000.000
Mouvement insurrectionnel	150.000.000
Terrorisme (participatif ou incitation)	150.000.000
Terrorisme et actes similaires	30.000.000
Anthropophagie	500.000
Traites des êtres humains	5.100.000.000
Auteurs des tortures	20.000.000
Agression sexuelle, proxénétisme	20.000.000
Intrusion dans un établissement avec une arme	20.000.000

Il est à noter comme étant un progrès le fait de retenir les peines alternatives à l'emprisonnement tel que le prévoit l'article 47 de la loi du 05 Juillet 2019 qui dispose que : *« lorsqu'un délit est puni d'une peine d'emprisonnement ou d'une peine d'amende à titre principal, la juridiction de jugement peut substituer à la peine d'emprisonnement ou à l'amende, une ou plusieurs peines alternatives. Constituent des peines alternatives à la peine d'emprisonnement ou à l'amende :*

- *Le travail d'intérêt général ;*
- *Les peines privatives de certains droits ;*
- *La sanction-réparation ».*

Il faudra maintenant que les juridictions suivent le mouvement pour que le droit connaisse son effectivité, rime avec le réel, les attentes des justiciables, l'état des lieux à réformer.

Une question de méthode nous oblige à mettre en rapport lesdites réformes qui donnent l'impression de résoudre le problème de l'inadaptation du droit transposé, en émettant un discours officiel, politique, soutenu et propagé à des fins idéologiques.

Parce que, pour qu'il y ait réforme, il faut que le phénomène existant soit en difficultés de fonctionnement harmonieux au point où son équilibre est menacé.

Le grand problème à résoudre est dès lors celui de la connaissance de la réalité sociale dans une société déterminée, laquelle a été le théâtre des destructions et mutations multiples de ses institutions judiciaires, de ses droits de propriété, d'échange, de famille, …

Parce que bien souvent, **avant que la vérité ne rayonne dans sa totalité, il est nécessaire de cerner tous les aspects qui l'enveloppent. La dimension historique d'un phénomène social n'est pas une juxtaposition arbitraire à la réalité sociale.**

« La vérité est tout », disait Hegel[115]qui enseignait à la suite de Montesquieu que la bonne méthode pour arriver à une véritable connaissance du droit positif d'un pays, la bonne approche *« consiste à ne pas considérer la législation en tant que telle, et ses déterminations particulières de manière* ***isolée*** *et* ***abstraite*** *mais plutôt comme* ***moment dépendant d'une totalité une****, en corrélation avec les autres déterminations qui constituent le caractère d'une Nation, d'une époque.*

C'est dans cette connexion *qu'elles acquièrent leur véritable signification ainsi que par la même leur justification*[116] *».*

Une simple analyse descriptive des lois, des arrêts, procéderait à une analyse des facteurs qui perturbent le fonctionnement de notre grande Dame la Justice, et éviterait de mettre en évidence l'explication essentielle de ce qui altère le bon fonctionnement de l'institution en procès.

Une visite de ces lieux où se rend une certaine justice, permettrait de savoir le pourquoi des dysfonctionnements de la justice et comment y remédier.

En effet, depuis plus de 20 ans, le Gabon et d'autres pays de l'Afrique francophone sont en proie à une poussée idéologique. Le rapport droit-économie est miroité avec la mise en place du droit OHADA comme donnant naissance à un ordre juridique nouveau, adapté et qui va booster les économies des pays membres.

L'OHADA est présentée comme une avancée. Cette avancée est celle de mettre les pays en réalité sous la coupe des normes libérales, marginalisant, si possible, la justice étatique ; service public de justice

---

[115] Un philosophe allemand.

[116] Hegel : in le Droit, la Morale et la politique : textes choisis par Marie-Jeanne Königson, PUF Paris 1977 p.22.

d'où les campagnes, le prosélytisme pour la conciliation, l'arbitrage, etc.

Ainsi, le vent du tourbillon de la mondialisation souffle en Afrique, et amène des modes alternatifs de règlement des différends avec, en vérité, pour ambition, mieux servir la volonté des faiseurs du système ; nourrir "l'illusion de désencombrer les Tribunaux, uniformiser et simplifier, moderniser" les normes vétustes et obsolètes en vigueur dans les Etats membres afin de créer un climat propice au développement des économies africaines par la garantie de la sécurité juridique et judiciaire. Sic !

L'objectif à terme c'est créer un vaste marché englobant les pays francophones de l'Afrique Centrale, Afrique Occidentale et d'autres.

C'est à cet effet que le 27 novembre 2017, le Conseil des Ministres d'Etats membres de l'OHADA, en adoptant un 10e Acte Uniforme relatif à la médiation, a entendu promouvoir lesdits modes alternatifs de règlement des conflits.

Le besoin de l'institutionnalisation des règlements amiables veut ainsi, à la suite d'une étude publiée par Afrobaromètre en Mars 2017, laisser entrevoir que **l'expertise des arbitres** serait une **solution à la surcharge des Tribunaux.**

La médiation consacre un progrès, pense-t-on dire, pour une amélioration des conditions d'accès à la Justice : durée de la procédure, délai d'obtention du jugement, etc.

Mais ce qui paraît être exhibé comme étant une rénovation, c'est en réalité l'apparition d'un nouveau corps dans l'organisation judiciaire des Etats membres payé à prix coûtant.

Ce médiateur est une personne physique, exerçant une profession libérale à l'image du **Notaire**, de **l'Avocat** et de **l'Huissier de justice**. En tout cas c'est ce que le législateur OHADA nous fait comprendre, lorsqu'il donne une définition du médiateur : l'article 1er.b. dispose que *« le terme « médiateur » désigne tout tiers sollicité pour mener une médiation, quelle que soit l'appellation ou la profession de ce tiers dans l'Etat Partie concerné ».*

Une fois la médiation acceptée, les parties pourront choisir librement et d'un commun accord un tiers médiateur, indépendant, impartial et libre de tout conflit d'intérêt, personne physique ou morale, sans distinction de nationalité, et/ou se faire assister dans la désignation du médiateur par **une autorité de désignation**.

Là encore les réformateurs n'ont prévu aucune restriction **sur le statut de *« l'autorité de désignation »***. Ils précisent seulement qu'il peut s'agir ***« d'un centre ou d'une institution offrant des services de médiation »***, tels par exemple et de façon non exhaustive, le centre d'arbitrage, **de médiation et de conciliation de Ouagadougou ou le centre de conciliation et d'arbitrage du Mali**. Il **peut donc s'agir de centres de médiation situés dans un Etat non membre de l'OHADA**.

Il est créé ainsi, **un nouveau marché où les professionnels du droit se trouveront en concurrence avec d'autres professionnels** des Ordres différents, n'ayant aucune formation juridique, au détriment des Tribunaux et Cours qui ont pourtant reçu mission du peuple de veiller au bon fonctionnement du service public de la Justice.

On a beau dire que le médiateur n'est pas juge, il a **pour rôle d'aider les parties, assistées ou non de leurs avocats**, à trouver une solution à leur **différend conforme à l'ordre public à partir des échanges et informations recueillis, sans leur imposer sa solution**.

Il n'en demeure pas moins que de réforme en réforme, **l'offre de la Justice est altérée par une justice en voie de privatisation**. **Elle se rétrécit** comme une peau de chagrin.

L'Etat veut faire croire que ses juges, avocats, en abandonnant le prétoire, pourront faire mieux à l'extérieur de ses Palais. Ensuite la stratégie enseigne que petit à petit l'oiseau fait son nid et que la généralisation de cette pratique, pourrait, à termes, désorganiser les Tribunaux ; la justice sera ainsi privatisée.

Quoi qu'il en soit, la population attache beaucoup de prix à ce que le justiciable soit jugé dans un **délai raisonnable** par un **juge impartial**. Le non-respect de ces principes crée des frustrations, des rancœurs et des règlements de compte. Dans le même temps, l'encombrement des rôles, la surcharge du travail des magistrats compromettent l'efficacité et la crédibilité de notre justice, service public.

Les anglais nous enseignent dans une maxime qui leur est familière : qu'*« une justice tardive équivaut à un déni de justice »*.

Que faire ? N'est-il pas permis de se mettre au diapason de ce droit à fond commun, qui a pour fondement les contributions positives de l'humanité consciente dans la marche des siècles ?

N'est-ce pas que *« c'est de l'unité de l'esprit humain que nait le droit »* ?

Il est la synthèse des bonnes manières d'être des peuples, basé sur une philosophie qui s'est construite peu à peu, malgré l'existence d'un certain nombre de différences, du contenu et de méthode, faisait remarquer T. OLAWALE Elias[117]. Le droit de la transition qui a besoin d'être vulgarisé, soutenu, rendu effectif, est celui qui est porteur du meilleur vivre ensemble du genre humain.

Dans le même temps, la manière dont fonctionne l'institution judiciaire donne lieu non seulement à des critiques, mais encore, pousse les justiciables à se poser des questions sur l'appareil judiciaire et même à s'en détourner. Il y a un trop grand contraste entre ce que le justiciable attend et ce qu'il obtient de sa justice.

Aussi, l'on peut voir que l'absentéisme dans les greffes, a pour conséquence l'absence, les mauvaises ou insuffisantes informations données aux justiciables, le nombre insuffisant des Tribunaux et Cours que l'on ne peut pas trouver dans toutes les villes est remarquable, le nombre insuffisant des magistrats, des greffiers et de matériels dans les Tribunaux et Cours, auxquels s'ajoutent les mauvaises organisation et gestion des personnes et du travail, ainsi que la tiédeur remarquable quant à la motivation et la disponibilité des magistrats et greffiers, posent plus ou moins de graves problèmes et désagréments aux justiciables, aux **Avocats, aux greffiers et aux magistrats.**

Nombres d'affaires encombrent les rôles au point que l'appel d'un rôle peut consommer toute une matinée et même aller jusque dans l'après-midi, épuisant ainsi Juges, Avocats et justiciables.

Le jugement n'est que rarement rendu sur le siège et lorsque l'affaire est mise en délibéré pour une prochaine audience, il arrive que ce délibéré se perde ou qu'il ne soit vidé ni prorogé ni même rabattu.

Les reports intempestifs d'audience sont monnaie courante. Le fait de retenir en audience correctionnelle plus de dix (10) affaires à plaider à la même audience, relève d'un travail artisanal et bâclé dès lors que les parties arrivent à la plaidoirie très épuisées par une longue journée d'attente tandis que les juges eux-mêmes, naturellement fatigués, sont manifestement au bord de la somnolence en pleine audience.

La concentration des affaires devant certaines juridictions ainsi surchargées et par conséquent la lenteur des procès excède l'entendement du commun des mortels.

---

117 T. OLAWALE Elias, la nature du droit coutumier africain, Edition Présence Africaine, Mai 1961, page 19.

Toutes choses qui ne favorisent guère une bonne administration de la justice et induisent le désenchantement, la désaffection des justiciables désemparés devant leur justice.

Cette situation devenue critique a dû retenir l'attention des plus hauts responsables des trois Cours ; (Conseil d'Etat, Cour Judiciaire, Cour des Comptes) en présence du Président du Conseil Supérieur de la Magistrature lors de la rentrée judiciaire solennelle du 1er octobre 2007 au cours d'un thème révélateur : *« l'opinion publique face à la justice »*.

Aussi le Commissaire à la loi près le Conseil d'Etat a tenté de discuter à sa manière ces maux qui minent la Justice gabonaise. Selon lui, parmi les manquements que le justiciable gabonais reproche à sa justice, on note la complexité du système judiciaire ; complexité caractérisée par la profusion des lois, ordonnances, arrêtés, véritables maquis impénétrables, labyrinthe indéchiffrable pour le citoyen ; la lenteur dans le traitement des dossiers (une procédure de référé peut durer un an, une détention préventive peut se prolonger un an) ; l'allégeance aux pratiques proscrites par la loi, imprévisibilité des décisions ; l'affairisme. Et Monsieur le Commissaire à la loi d'en conclure que l'issue du procès est devenue trop aléatoire au point que les justiciables ont le sentiment que les choses sont jugées d'avance.

Dans son discours de rentrée judiciaire, le Président du Conseil d'Etat de la même époque que le commissaire à la loi fut d'avis que *« les missions de service public assignées à la justice impliquent que celles-ci respectent certains principes, notamment celui de l'égalité de tous les citoyens devant l'institution, la continuité, le droit d'accès de tous à la justice, de façon à parvenir à une justice plus performante et plus juste*[118] *»*.

Dans un article du quotidien national l'Union, paru le 29 Octobre 2019, intitulé "*L'arbre qui cache la forêt ?*[119]" ce médiat fait observer que :

« Malgré une vue extérieur correcte, suite au lifting subi par le palais de justice de Libreville, l'intérieur demeure aussi peu reluisant et présente un aspect aussi vieillot qu'obsolète.

Voies d'accès réhabilitées, couche de peinture sur la façade extérieure de l'immeuble. Le Palais de Justice de Libreville a subi un

[118] Cf. in journal quotidien l'Union du mardi 02 octobre 2007 n° 9534 PP 1 et 2.

[119] Article de presse de M. NDEMEZO'O ESSONO extrait du Quotidien gabonais l'Union du 29 Octobre 2019, page n°3.

lifting en cette rentrée judiciaire 2019-2020. Malheureusement, à ce qu'il semble, cette cure de jouvence s'est limitée uniquement au bâtiment et aux voies de communication. Et pour cause ! Les conditions de travail laissent toujours à désirer. Et cela ne date pas d'aujourd'hui. "La cure de jouvence des voies d'accès et du bâtiment a été faite dans la perspective de l'arrivée du président de la République pour la rentrée judiciaire 2019-2020. Mais, rien n'a changé à l'intérieur du Palais de Justice", témoigne le président du Syndicat National des Magistrats (Synamag), Germain Nguema Ella.

D'après ce leader syndicaliste, les conditions de travail restent toujours déplorables : "On retrouve parfois jusqu'à 20 agents dans un même bureau. On est obligé de pratiquer le turnover pour pouvoir travailler dans des conditions à peu près acceptables. La plupart de ce que nous utilisons pour travailler (ordinateurs et Codes, entre autres) est personnel. Nous sommes comme des militaires qui achètent leurs propres armes pour travailler". Ici, l'internet est un luxe et non un outil de travail efficace, et la bibliothèque est pauvre en documents. Autre difficulté, et non des moindres, l'insuffisance de stages pour permettre aux agents d'affiner leurs connaissances.

Le palais de justice de Libreville abrite la Cour de cassation, la Cour d'appel Judiciaire et le Tribunal de Première Instance. Soit un effectif d'un peu plus de 200 agents. Une situation qui est valable dans toute administration, mais qui trouvera selon le ministère de tutelle des solutions au fur et à mesure ».

Le Journal hebdomadaire ''Union'' actualise et confirme l'information sur les maux qui minent cette justice en ces termes *« La nouvelle année judicaire sera-t-elle celle de l'espoir ? Comme d'habitude, le Président a dit attendre d'eux plus de rigueur et de célérité dans le traitement des dossiers, et un changement de mentalité de qualité. Le secrétariat permanent créé pour assister le CSM à faire respecter la déontologie annonce-t-il un nouveau départ ?*

Qui vivra, verra. On le sait, certains magistrats se sont convertis en business mêlés à des affaires louches de corruption et de prédation au point qu'aujourd'hui on compte sur les doigts d'une main, les magistrats au-dessus de tout soupçon. Et cela écorne, décrédibilise, et voue aux gémonies toute une corporation respectée et crainte ailleurs. Pour tordre le cou à ces corrompus qui prennent la justice gabonaise en otage, on a créé un secrétariat permanant dont la mission, entre autre, est d'aider au bon fonctionnement de la justice. Va-t-on réussir

à changer véritablement les choses afin qu'on en vienne enfin à une justice équitable, libre, digne et qui rétablirait dans sa dignité le juge gabonais ? C'est une lourde tâche pour ne pas dire un travail de titan à entreprendre. Comme on dit chez nous, il est difficile de redresser un arbre adulte tordu. Mais l'espoir est permis. C'est une question d'orgueil, un défi que doit relever toute la justice. Dire le droit, rien que le droit ».[120]

Que penser des coûts des frais de justice, des honoraires des avocats, huissiers, notaires et experts ?

La gratuité de la justice n'est pas générale et ne concerne que quelques procédures tandis que l'aide est soumise à des conditions d'octroi dont les critères ne sont pas définis avec précision et laissent de côté nombre de nécessiteux, encore que son montant qui n'est pas fixé par la loi est laissé à la discrétion de la commission qui ne s'est jamais réunie ; ce qui ne permet guère de faire face aux dépenses nécessaires.

En effet, qui veut engager un procès doit prévoir des sommes importantes car l'enregistrement de la requête nécessite des frais fixés par la loi, l'assignation par voie d'Huissier est payante. Et voudrait-on avoir un Avocat ? Là aussi, il faudrait payer des honoraires fixés librement par celui-ci. C'est-à-dire que chaque Avocat fixe ses honoraires sur la base des barèmes indicatifs fixés par le Conseil de l'Ordre par accord entre l'avocat et le client, dont les critères sont incompris des justiciables. Et encore bien souvent, selon les cas, les honoraires de l'expert ou du notaire viennent aggraver les charges des justiciables s'il échet.

Ainsi donc, il n'est pas excessif de dire que de nos jours les simples gens n'ont que difficilement accès à la justice d'Etat du fait qu'en réalité les coûts ne sont pas à leur portée.

Quid des pratiques dilatoires des Avocats et des justiciables en développement ?

Mieux, tout procès met à l'épreuve la justice car les justiciables n'ont pas toujours les mêmes armes. La partie la mieux informée ou la plus fortunée est assurée de se faire une situation favorable, et au cours du procès, certains avocats, que les parties ont constitués, vont exercer sur le procès une influence non objective contre le cours de la vérité ; au point où le commun des mortels arrive à penser qu'un bon avocat est

[120] Journal Union du Mardi 05 octobre 2021 n°13741 Page1

celui qui sait jongler avec les pièces, occulter la vérité, de là à dire que la fin justifie les moyens.

En effet, avant tout procès, la partie qui connait le droit applicable prend soin d'accumuler les éléments de preuve des faits qui lui sont favorables, en se gardant de laisser transparaître ceux qui pourraient la faire succomber.

Il faut ajouter à cela, les mauvaises habitudes prises par certains avocats spécialisés du jeu dilatoire qui se plaisent et ne cessent de multiplier inopportunément les demandes de renvoi des affaires et recours (opposition, appel, pourvoi en cassation, etc.). Ils font qu'ainsi, le procès tire en longueur inutilement pendant des longs mois ou années, tout simplement parce qu'ils redoutent pour leurs clients, ce qui pourrait être l'issue définitive du procès, toutes choses qui sont de nature à rendre la tâche plus difficile au juge et à aggraver la lenteur des procès qui, en définitive, excède l'entendement du commun des mortels.

Au regard de ce qui précède, l'on assiste à un désenchantement ou à une désaffection du justiciable désemparé qui manque de confiance vis-à-vis de l'institution judiciaire, tellement *« les procès lui paraissent d'autant plus vains que la justice n'est pour lui qu'une administration comme les autres*[121] », alors que depuis *« la justice a été désacralisée, le recours aux tribunaux n'a plus de raison d'être que s'ils sont efficaces*[122] ».

Pendant ce temps, **l'arbitrage, la conciliation, la justice privée, dont les frais d'instance sont bien plus onéreux pour le justiciable[123], font route.**

L'absence de maîtrise du fait judiciaire, le désenchantement, la désaffection et le manque de confiance des justiciables, la complexité, l'incohérence et le dysfonctionnement de la justice étatique, ont conduit soit à la résignation soit à la révolte, soit encore à l'enfantement et au développement d'une justice parallèle monnayable et négociable, c'est-à-dire minée par la corruption en Afrique comme partout ailleurs en Europe, en Asie. Certains justiciables **cherchant leur triomphe** devant

---

[121] P. BELLET in la *« justice contestée »,* n°594 Projet Paris 1972, page 26

[122] P. BELLET in la *« justice contestée »*, n°595 page 30

[123] Si les frais de saisine du Secrétariat Général de la CCJA en désignation d'un arbitre s'élèvent à deux cent mille (200 000) francs CFA, à combien s'élèvent ceux de l'arbitre ? ;

l'institution judiciaire, par tous les moyens, ont parfois la chance de tomber sur certains juges qui s'y prêtent malheureusement.

Certes, on peut voir que de nos jours, les palais de justice des pays africains sont de plus en plus fréquentés qu'il y a quarante ans par les justiciables, mais les juridictions de ces pays ne jouissent pas pour autant d'une grande crédibilité, n'inspirent pas respect et n'ont pas le crédit qu'il faut auprès de ces derniers.

Aux considérations évoquées plus haut, il faut ajouter les actuels blocages à leur saisine qui sont dus à des reformes imposées par une caste de technocrates devenus *''les maîtres penseurs''* de la société et de son devenir.

Les justiciables et les avocats demandent une facilité d'accès à la justice, une justice rendue dans les délais justes, dans un lieu rapproché, des magistrats expérimentés et en nombre suffisant.

L'indépendance du siège et **l'inamovibilité** du juge sont mises en péril et le justiciable doute de tout.

PARAGRAPHE 2 : QUE DIRE SUR LES NOUVELLES JURIDICTIONS DU TRAVAIL ET DU COMMERCE : UNE IMPASSE OU UNE SOLUTION ADAPTEE A DES LITIGES PARTICULIERS DU TEMPS PRESENT ?

La recherche des deux types de juridictions spécialisées chargées de statuer sur les différends du travail d'une part sur les litiges commerciaux d'autre part préoccupe l'organisation judiciaire dans le pays depuis l'époque coloniale (**1925-1952**) jusque récemment ; c'est le Tribunal statuant en matière de travail et en matière commerciale qui réglait ces deux types de catégories de litiges au Gabon.

Il s'agit d'un modèle conçu et pratiqué en France et étendu en Afrique et au Gabon.

Depuis lors, aux dires du professeur P.F Gonidec, la conception qui a prévalu voudrait que : « les Institutions sociales soient dominées par le principe de collaboration sous un double aspect :

- Collaboration entre la puissance publique et les professionnels.
- Collaboration entre les travailleurs et les employeurs »[124].

[124] P.F. Gonidec : Cours de droit du Travail Africain et Malgache, librairie générale de droit et de jurisprudence. Paris 1966, p.145.

La question qui s'est posée en 1806 à Lyon et qui se pose encore aujourd'hui est de savoir comment, dans une société à dominance capitaliste, régler les différends qui surgissent entre employeurs et salariés, sans que la décision qui en résulte puisse apparaitre d'une manière ou d'une autre comme une remise en cause de l'ordre social en place, Ou arbitraire, injuste, favorisant l'une des parties ?

La création d'une juridiction originale composée d'employeurs et de salariés élus avait initialement pour préoccupation de **concilier,** plutôt que de **juger les litiges**.

Or aujourd'hui, les données ont changé : le contentieux s'est accru, des principes directeurs des procès exigent des juges une technicité, une information au quotidien, la connaissance constante de la jurisprudence, une célérité dans le rendu des décisions ; le désengorgement des tribunaux ; une compétence morale et professionnelle à toute épreuve.

Quel pourra être l'apport des juges consulaires et des assesseurs au niveau de ces juridictions dont les attentes sont si ciblées ? C'est l'objet des lignes qui vont suivre.

Après les indépendances, jusqu'à 2019, la loi du 1er Juin 1978 a institué une **Section civile et commerciale** au Tribunal de Première Instance en République Gabonaise. C'est cette Section qui était compétente pour statuer en matière commerciale et c'est cette même loi qui a créé la Section Sociale au sein du Tribunal d'instance du Gabon[125].

Toutefois, l'innovation aura été l'institutionnalisation judiciaire du Tribunal de commerce à part entière avec ses juges consulaires et un Tribunal du Travail indépendant avec ses assesseurs.

Une question fondamentale se pose dès lors :

A. Quelle est la composition de ces Tribunaux et qu'entend-on par Juges Consulaires et Assesseurs ?

Pour cerner et découvrir ces nouvelles créations de la loi, il y a lieu de se demander également :

B. L'Institutionnalisation des juges consulaires et des assesseurs pour quoi faire ?

Y a-t-il une réelle partialité par rapport au droit français, ou s'agit-il d'une simple transposition sans réelle originalité ?

---

[125] NDAOT Séraphin :

A. DE LA PARTICULARITE DE LA COMPOSITION DES TRIBUNAUX DE COMMERCE ET DU TRAVAIL AU GABON.

Il est curieux de savoir pourquoi depuis plus d'un an, à Libreville, le Tribunal n'a pas rendu sur le fond des décisions en matière de Travail et Commerciale suite aux nombreuses saisines des justiciables qui n'ont pas très bien compris le pourquoi de ce silence. La réponse à cette question a été donnée par la loi du 05 juillet 2019 qui a créé deux juridictions à part entière en indiquant la composition de celles-ci avec comme **particularité** :

- L'élection des assesseurs et des juges consulaires siégeant comme étant une nécessité de s'arrimer au droit international, de s'adapter et de répondre aux besoins des investisseurs étrangers en leur garantissant un environnement juridique et judiciaire sécurisé.

Aussi, avec la loi précitée, un Tribunal de commerce et un Tribunal du travail comprenant des juges consulaires et des assesseurs ont été institués sur le territoire gabonais ; alors que les tribunaux en place fonctionnaient jusque-là composés des juges et des assesseurs professionnels, sans que l'on trouve trop à dire au **sujet de cette composition de magistrats professionnels.**

Toutefois, le législateur de 2019 a curieusement cru bon d'insérer dans les disposions transitoires, article 246 que : ***« Dans l'attente de la mise en place effective du Tribunal de Commerce et du Tribunal du Travail dans chaque chef-lieu de province, les compétences de ces juridictions sont exercées par une Section du Tribunal de Première Instance. »***

Cependant, l'article 204 "crée dans chaque chef-lieu de province un Tribunal de Commerce" ;

L'article 205 dispose que" le tribunal de commerce se compose de magistrats de l'ordre judiciaire et des juges consulaires" ;

Selon l'article 206 "les magistrats sont nommés en conseil supérieur de magistrature, les juges consulaires sont issus du collège des opérateurs économiques. Ils sont élus par leurs pairs conformément aux modalités et conditions fixées par arrêté conjoint des ministres chargés de la justice et du commerce" ;

Selon l'article 208, "le siège comprend un président, des vice-présidents, des juges et des greffiers. Le président et les vice-présidents sont nommés par Conseil Supérieur de la Magistrature parmi les magistrats du premier grade".

Suivant l'arrêté **n°0865-20/MJGS/MTCPMEI du 05/07/2020** fixant les modalités et les conditions de leur élection, "***les juges consulaires sont des professionnels du milieu des affaires qui ont pour rôle d'apporter leur connaissance et leur expérience à la résolution des litiges portés devant les tribunaux de commerce***. A ce titre, **ils siègent avec les juges professionnels dans les formations de jugement conformément à la loi"**.

C'est encore le cas des juridictions en matière de Travail où depuis la loi du 1er juin 1978, c'est la Section Sociale qui faisait office de juridiction mixte au sein du Tribunal de grande Instance.

La loi a institué une juridiction de type paritaire et collégiale, présidée par le Président du Tribunal ou un Magistrat désigné par le Premier Président de la Cour d'Appel. Deux assesseurs assermentés, nommés pour une durée d'un an par arrêté du Ministère du Travail et choisis par les organisations syndicales, complètent le tribunal.

Un greffier tient la plume. Les assesseurs et leurs suppléants doivent justifier de la possession de leurs droits civils et politiques. Ils doivent en outre, ***article 217 alinéa 4 du Code, n'avoir subi aucune condamnation à une peine correctionnelle, à l'exception :***

1- **Des condamnations pour les délits d'imprudence ;**

2- **Des condamnations pour infractions autres que les infractions qualifiées de délit à la législation sur les sociétés, mais dont la répression n'est cependant pas subordonnée à la preuve de la mauvaise foi de leurs auteurs et qui ne sont passibles que d'une amande.**

Cette disposition a été reprise comme telle dans la loi nouvelle du 05 juillet 2019 ou, aux termes des articles suivants, il est disposé que :

Article 319 : "Un Tribunal du Travail indépendant qui fait office de juridiction est composé ainsi qu'il suit :

1) Du Président du Tribunal de Première Instance, président qui, en cas d'empêchement, peut être remplacé par un magistrat désigné par ordonnance du Président de la Cour d'Appel, sur proposition du Président du tribunal ;

2) D'un greffier de la juridiction intéressée ;

3) D'un assesseur employeur et d'un assesseur travailleur pris parmi ceux figurant sur les listes établies en conformité de l'article 320 ci-après.

Les assesseurs titulaires sont remplacés, en cas d'empêchement, par les assesseurs suppléants dont le nombre est égal à celui des titulaires.

Si le tribunal ne peut se constituer du fait de la carence des assesseurs, le Président est assisté par deux Magistrats professionnels".

Tout comme dans la loi de 1978, ***« Les assesseurs et leurs suppléants sont nommés par arrêté du Ministre chargé du Travail, sur présentation des listes établies par les organisations syndicales les plus représentatives ou, en cas de carence de celles-ci, sur présentation des listes établies par l'inspecteur du Travail et comportant un nombre de noms égal à celui des postes à pourvoir. »***

Article 320

Le mandat des assesseurs titulaires et suppléants a une durée de deux ans. Il est renouvelable.

Les assesseurs et leurs suppléants doivent justifier de la possession de leurs droits civils. Ils doivent en outre, n'avoir subi aucune condamnation à une peine correctionnelle, à l'exception toutefois :

1) Des condamnations pour les délits d'imprudence, hors le cas de délit de fuite concomitant ;

2) Des condamnations pour infractions autres que les infractions qualifiées de délit à la législation sur les sociétés, mais dont cependant la constitution n'est pas subordonnée à la preuve de la mauvaise foi de leurs auteurs et qui ne sont passible que d'une amande.

Sont déchus de leur mandat les assesseurs qui sont frappés de l'une des condamnations visées ci-dessus ou qui perdent leurs droits civils et politiques.

Article 321 : "Tout assesseur titulaire ou suppléant qui aura gravement manqué à ses devoirs dans l'exercice de ses fonctions sera appelé devant le Tribunal du Travail pour s'expliquer sur les faits qui lui sont reprochés". Question ; quelle(s) nouveauté(s) la loi de 2019 a-t-elle apportée par rapport à celle de 1978, finalement ?

Toutes ces créations sont intéressantes certes ; seulement il faut voir quelle est la pertinence de ce choix, la cohérence et la solidité du modèle de construction de **ce droit de la transition**.

Autrement dit, faut-il applaudir, acclamer ou décrier, crier halte-là à l'impasse ? Dès lors que l'on sait que jusqu'à maintenant aucune Section du Tribunal du Gabon n'a pu élire, ni nommer, un des assesseurs ni vu siéger aux cotés des juges professionnels ce droit est resté ineffectif. Et l'on est en droit de se demander pourquoi ?

Une autre question sérieuse qui mérite réflexion est celle de savoir si ces juridictions, telles qu'elles sont maintenant constituées vont permettre de désengorger les tribunaux de première instance ; améliorer la justice commerciale, du travail, le climat des affaires, attirer les investisseurs étrangers en raison de la sécurité juridique et judiciaire qui vient d'être aménagée ?

Suivant l'opinion générale qui s'exprime sur l'avènement de ce droit nouvelle version, Il y a lieu de s'en féliciter : pourvu que la curiosité de ceux qui suivent l'actualité juridique en Afrique les habite. D'autres personnes avisées et prudentes conseilleront tout le sens de la retenue des Anglais pour qui, en pareil cas, « Wait and see ». Mais pourquoi cette attitude préventive ?

Parce que pour garantir une réelle adaptation des juridictions à la complexité croissante des litiges à trancher, il est bien venu de savoir si la reprise du modèle qui a déjà montré ses limites dans la **« maison mère »** et pose problème est une solution adaptée aux temps présents. N'est-ce pas là l'aménagement **d'une impasse** comme solution à un problème qui a déjà connu de vaines tentatives de transposition en Afrique francophone et au Gabon en particulier ?

B. QUID DU ROLE DES ASSESSEURS ET DES JUGES CONSULAIRS ?

Les réformes successives de l'institution judiciaire intervenues au Gabon, ont eu toutes toujours pour objectif de rendre la justice plus accessible, les juridictions proches du justiciable et **d'accélérer le déroulement du procès,** afin que la justice soit vraiment rendue au nom du peuple gabonais.

Or, à la lecture de la loi du 05 juillet 2019, une question ne cesse de tourmenter les esprits : la composition des tribunaux du Commerce et du Travail adoptée sera-t-elle de quel apport dans la solution des problèmes, déjà repérés dont l'encombrement, le retard dans le rendu des décisions de justice, les dénis de justice, la perte des droits, des problèmes qui se succèdent sans fin ?

Par ailleurs, la solution adoptée par la loi du 05 juillet 2019, si elle est une nouveauté, désormais composante de l'appareil judiciaire, mais **la présence des juges experts siégeant au sein du Tribunal de**

Commerce aux cotés des juges professionnels n'est-elle pas un risque que l'expert fasse la décision ?

Dire que : « les juges consulaires sont des professionnels du milieu des affaires qui auront pour rôle d'apporter leurs connaissances et leur expérience à la résolution des litiges portés devant les Tribunaux de Commerce »[126].

« Ils siègent avec les juges professionnels dans les formations de jugement »[127] ;

« **Ils vont permettre de rendre une meilleure justice en matière commerciale ; ils vont améliorer le climat d'affaires avec leur présence au sein des juridictions ; sera ainsi créée une sécurité juridique et judiciaire** » sic !

Notons qu'il existe dans la société aussi des présuppositions qui font un crédit au modèle qui vient d'être adopté :

- **Il assurerait l'impartialité de sa composition paritaire comprenant un nombre égal des salariés et d'employeurs ;**
- **Il est la transposition et l'application du principe de collaboration entre la puissance publique et le monde du Travail[128].**
- **Il y a par ce biais, renforcement de la proximité juges / justiciables ;**

« Le salarié sera jugé par des hommes et femmes proches de lui sur le plan professionnel ». Sic !

- **C'est un modèle qui fait école en Europe et en Afrique francophone indique Augustin EMANE[129]**
- **L'auteur note en outre une diversité des modèles hors d'Afrique** [130]

Ainsi « en Allemagne où les Tribunaux de travail (Arbeitsgeritche) sont des formations collégiales qui comprennent trois membres : un magistrat professionnel et deux juges non professionnels qui représentent les salariés et les employeurs.

Au Royaume Uni, la première instance judiciaire de règlement de conflits du droit du travail est le tribunal du travail (employment tribunal) qui est présidé par un magistrat professionnel. Les deux

---

[126] Ce sont les termes de l'arrêté n° 0865-20/MUGS/MTCPME du 05/07/2020.

[127] Idem.

[128] P.F Gonidec : Cours de droit du Travail Africain et Malgache. P 1 L.G.D.J Paris 1966.

[129] Augustin EMANE : le droit du travail au Gabon ; Edit.

[130] Raponda WALKER 2012 Libreville Gabon.

autres membres sont également choisis par le Président ou le Président Régional (régional Chairman) des -tribunaux du travail. L'un est choisi sur la liste établie par le Ministre du Commerce et de l'Industrie, après consultation des représentants des salariés ».

« En Italie, en Espagne, ou encore au Brésil, il est institué un juge unique qui statue sur les conflits de travail ».

- D'où provient alors la méfiance vis-à-vis des juges professionnels dont la mission constitutionnelle est **pourtant de dire le droit ?** L'histoire des institutions judiciaires françaises a bien prouvé qu'il a été bien pensé de faire la **différence entre être juge et être expert.**

Le juge a deux missions : d'une part celle d'ordonner, de commander, d'autre part celle de trancher le litige **en disant le droit**.

« L'expert est un technicien **à qui le juge demande de donner un avis sur des faits nécessitant des connaissances techniques et des investigations complexes.**[131]

Ce modèle, qui a assené en Afrique francophone, fait du surplace, aux dires de Augustin Emane puisque « depuis l'entrée en vigueur du présent code, les assesseurs sont toujours des magistrats professionnels du fait de l'impossibilité à lister des organisations représentatives des salariés, échevins sont choisis par les autorités »[132].

Le problème à résoudre n'est pas tant seulement celui de pouvoir organiser des élections en 2020 pour des assesseurs et des juges consulaires et que de ce fait, sera réglé **la crise de confiance** vis-à-vis des tribunaux qui désormais seront des lieux où le justiciable ira en toute confiance.

N'oublions pas que le modèle transposé, rebâti, s'il est original vient difficilement à bout de l'insécurité judiciaire malgré les nombreuses promesses et l'espérance qu'il suscite. C'est dire peut-être qu'il y a encore un fond caché des difficultés à vaincre ;

Parmi les causes apparentes, il y a l'instabilité de la jurisprudence qui revient comme un leitmotiv ; donc une méfiance vis-à-vis de la justice étatique et ses juges, comme s'il suffira de privatiser la justice ou d'injecter une dose d'experts, juges consulaires, de syndicalistes, comme juges aux juridictions, nouvelle composition, pour que par enchantement soit restaurée la confiance !

---

[131] Cf. lexique des termes juridiques .... p296 ...édition 2007

[132] Augustin EMANE o.p. cité p 393

Cette question est redoutable et mérite que l'on tire au mieux les leçons de la non effectivité des lois qui ont précédé celle de 2019 qui elle-même, n'est qu'une reprise du modèle aujourd'hui en difficulté ici et ailleurs.[133] C'est le cas en France où le professeur J. Emmanuel ROY note que le taux d'absentéisme dans les collèges des salariés s'accroît de 41% en 1982 à plus de 67% en 2002 ; côté employeurs ce taux est très supérieur au collège des salariés.

Cette loi semble sous-estimer les critères pour être juge et surtout dans des domaines aussi complexes que sont le Travail et le Commerce.

Fort de l'expérience vécue en Afrique et au Gabon, on est en droit de se demander quel **rôle** les assesseurs et les juges consulaires vont jouer au sein des juridictions ?

- Concilier les parties ?
- Assister les juges professionnels ?
- Les éclairer de l'intérieure de la juridiction ?

N'y a-t-il pas un problème de transposition du modèle ?

En France, selon notre modèle de référence, l'assesseur, comme l'autre des deux magistrats qui, dans une formation collégiale, assiste le juge qui préside l'audience. Cette appellation est appliquée à toutes Voir dans le sens : Jean- Emmanuel ROY : droit du travail ; droit vivant 13e édit 2004/2005 Edit. LIAISONS. p :45-45[134] personnes **qui participent à la décision**, y compris celles qui siègent dans des juridictions composées en tout ou en partie des magistrats non professionnels comme c'est le cas pour les personnes qui assistent la personne qui, par exemple, préside les débats au Tribunal de Commerce ou Tribunal des affaires de sécurité sociale et au Tribunal paritaire des baux ruraux.

Les juges consulaires, selon le modèle en vigueur en France, **jugent les litiges en matière de contentieux commerciaux** (litiges entre entreprises, litiges entre commerçants et litiges relatif aux actes de commerce) et de **défaillances d'entreprises commerciales et artisanales** (prévention, redressement judiciaire, liquidation judiciaire).

---

[133] Voir aussi : S.NDAOT-REMBOGO ; ancien Bâtonnier de l'Ordre des Avocats du Gabon in : les institutions judiciaires du Gabon, centre d'édition et de production pour l'enseignement et la recherche Yaoundé, CAMEROUN 1981.

[134] Voir dans le sens : Jean- Emmanuel ROY : droit du travail ; droit vivant 13e édit 2004/2005 Edit. LIAISONS. p :45-45

Ils étudient chaque dossier et **rédigent les jugements**. La fonction du juge consulaire **n'est pas rémunérée (bénévolat)**.

Le Président du Tribunal de commerce **est élu pour quatre (04) ans par les juges consulaires** et il est obligatoirement choisi parmi les juges consulaires ayant au moins six (6) ans d'ancienneté.

La mission des assesseurs auprès du Tribunal pour enfants est aussi précise. Dans sa formation de jugement, le Tribunal pour enfants se compose d'un Président (magistrat) et de deux assesseurs.

L'assesseur est compétent pour connaitre les **contraventions** de 5e classe, délits et crimes commis par des mineurs âgés de moins de 16 ans au moment des faits. En outre :

- Il consulte les dossiers avant l'audience ;
- Il fait poser par le Président, au cours de l'audience, toutes questions utiles à la bonne compréhension des débats ;
- Délibère après l'audience, sur la nature et le contenu des peines et mesures à prendre, relaxe, mesure éducatives, peine pour les mineurs de plus de 13 ans.

Les décisions sont prises à la majorité des voix. La voix de l'assesseur a autant de poids que celle du Président. Qu'en est-il au Gabon ?

Admettre que les assesseurs et les juges consulaires siègent au Tribunal peut donner lieu à confusion. Il est même permis de craindre que l'expert siégeant **fort de la connaissance dans son domaine et ne fasse la décision.**

Siéger c'est **tenir les séances** du Tribunal dit le dictionnaire le Robert : or, le siège est le lieu où le Tribunal tient ses audiences, on peut y être sans recevoir la mission de juger parce que juger est tout un office, une technique de raisonnement acquise.

Des juridictions de commerces où siègent à la fois un magistrat professionnel et des (magistrats) élus **hérités du Moyen Age**, ce sont des juridictions **collégiales consulaires,** c'est-à-dire composées des commerçants élus et compétents **pour trancher les litiges** opposant des commerçants, concernant des actes de commerce, des sociétés commerciales ou les difficultés des entreprises commerciales conduisant au redressement ou à la liquidation judiciaire. N'est-ce pas là une mission redoutable ? Il faut être au fait de l'évolution des lois et avoir le temps de faire les recherches parce que le droit est aussi une science.

Des juges élus, il y en a eu en France, le principe des juges élus a été abandonné au profit de leur nomination depuis 1793 **à cause des excès auxquels les juges étaient arrivés.**[135]

La méfiance vis-à-vis des magistrats vient du moment où ils ont été désignés par le pouvoir politique et **en raison de la mouvance de l'argent, ce justiciable particulier** ; la multiplication des pratiques passe-droit qui tendent à se normaliser. Le juge professionnel a l'avantage d'avoir suivi une formation ; avoir appris une technique de raisonnement ; savoir n'écouter que la loi.

Bien qu'il soit un agent de l'Etat, le juge professionnel **est réputé indépendant des pouvoirs exécutifs, législatifs.** Son serment doit être son réveil à toutes les étapes de sa vie professionnelle. Il doit entretenir sa conscience de cette exigence du justiciable et surtout de la justice **qui attendent de lui compétence morale, professionnelle et scientifique**.

Dire que les délibérations ont lieu en présence des assesseurs et des juges consulaires laisse redouter que cette coexistence ne donne lieu à l'alourdissement. Les débats vont tirer en longueur en raison de la grande technicité des questions dont le traitement nécessitera une formation spécialisée des juges ; or les assesseurs et les juges consulaires sont accaparés ailleurs dans leurs professions d'origine professionnelle.

C'est alors que vient à l'esprit la question de savoir s'il ne faut pas renoncer ou suspendre le modèle ambiant de la composition du Tribunal du travail et du Tribunal commercial avec assesseurs et juges consulaires conçus comme on vient de le voir plus haut et dont on sait déjà que la mise en application du modèle ne fonctionne pas ? Il **donne plutôt lieu à une impasse,** en raison des problèmes de financement, des difficultés à réunir les assesseurs et les juges consulaires, des retards dans la tenue des audiences ; des débats interminables qui ne manquent pas pendant les délibérations.

C'est pourquoi **ce banc d'essais**, qui fait vivre du surplace, voudrait que des leçons utiles soient d'abord bien tirées et qu'il soit bien compris que place doit être faite **aux principes de la spécialisation, la célérité, l'impartialité** dans le rendu des décisions judiciaires.

---

[135] La constitution de 1791 art 5 titre II consacre le principe des juges élus à temps par le peuple.

Rappelons qu'au Gabon en matière de travail, le litige passe par la phase préalable de la conciliation, devant l'inspecteur du Travail (phase une) et devant le tribunal (phase deux). Les assesseurs pourraient bien apporter leur contribution à ce niveau, en ce qui sera institué un bureau de conciliation dont l'objectif serait de régler à l'amiable les conflits individuels en matière de travail. Ce bureau composé d'un assesseur salarié et un assesseur employeur aura pour rôle de **proposer une solution acceptable** pour les parties en conflit. Lorsque l'affaire n'a pas été réglée préalablement par voie de conciliation, elle est portée devant le bureau de jugement.

C'est alors que commence **la phase contentieuse** réservée à la compétence exclusive des juges professionnels. D'aucuns craignent que cette phase n'impose aux salariés des délais d'attente trop longs pour pouvoir entrer dans leurs droits.

Précisons que le bureau de conciliation présidé par un Président juge professionnel aura pour mission d'entendre les parties et leurs explications. Il peut ordonner la délivrance de documents tels que certificat de travail, bulletins de salaire, que l'employeur est légalement tenu d'établir au profit du salarié. Il a également la faculté d'ordonner le versement d'une provision sur salaire lorsque la demande lui parait fondée.

Pour accélérer le déroulement de l'instance en l'absence du demandeur ou du défendeur, et pour éviter tout moyen dilatoire, le bureau aura pouvoir de renvoyer l'affaire devant le bureau de jugement composé d'un Président et de deux assesseurs, tous juges professionnels.

Lorsqu'il y a conciliation totale, le bureau en prend acte et le conflit se trouve réglé. Lorsqu'il n'y a pas eu conciliation, l'affaire est alors transmise au bureau de jugement.

Dans tous les cas, retenons que la spécialisation des magistrats des juridictions spécialisées est gage d'efficacité et de bonne juridiction. La décision est attendue et rendue dans le temps. La procédure de référé sera possible par devant le Président du Tribunal au cas où il y aurait urgence avérée et absence de préjudice au fond.

SECTION II : QUEL AUTRE DROIT JUDICIAIRE ET DE LA PEINE D'ADAPTATION AU GABON ?

En 1960, *« la justice coloniale laissa une empreinte si forte que l'indépendance ne pût l'effacer. Le droit judiciaire actuel de la République du Gabon, du Congo-Brazzaville, de Centrafrique y compris du Tchad n'en est qu'une reprise*[136]*»*.

Le législateur a mis en place au Gabon un droit d'emprunt dont l'ambition affichée de la norme prend toutefois en compte certaines données sociologiques.

Il entend ainsi :

- Unifier les groupes ethniques ;
- Punir les pratiques tribalistes ;
- Faire taire le sentiment de vendetta ;
- Combattre par l'exercice d'une justice ferme et équitable l'anarchie, tout trouble à l'ordre public nouveau ;
- Etablir et assurer la protection de la vie, des biens, de la liberté.

Or, *« un tel emprunt des efforts d'adaptation qui, en réaménageant l'accessoire de la norme, préserve et renforce le principe sous-jacent. Il suppose également une grande vigilance dans l'application des normes car, une pratique peu soucieuse de la finalité des institutions par des acteurs chargés de leur mise en œuvre aura vite fait d'en dévoyer le fonctionnement dans la luxuriance des nuances éthérées de l'arc-en-ciel, dans des interprétations solidaires et subjectives, mère de l'arbitraire qu'il faut nécessairement brider par d'incessants questionnements sur le rapport de la norme et son application »*[137].

De même, c'est souvent parce qu'il cherche à composer avec la réaction confuse de l'opinion publique, à ménager l'institution de vengeance qui anime la victime et ses proches que le législateur tarde à mettre en œuvre les réformes devenues nécessaires pour que le droit devienne vie et action. Il hésite à anticiper sur les opinions retardataires. Il mène peu de pédagogie pour faire comprendre à ceux-là que l'époque actuelle (XXIème siècle) marquée du progrès de la civilisation humaine, n'est plus celle de la vengeance mais celle de punir autrement.

---

[136] Sylvère NGOUNDOS IDOURAH : L'administration de la justice au Gabon, au Moyen-Congo, Oubangui-Chari et Tchad : de la création des colonies à l'aube des indépendances, Ed. l'Harmattan, Paris 20, Préface.

[137]NDONGO FALL : Le Droit Pénal Africain à travers le système pénal sénégalais, Editions juridiques Africaines, Sénégal 2003 p.13.

Les pouvoirs publics doivent de ce fait, suivre l'évolution des mœurs, des pratiques, et modifier en adaptant les règles du droit de la peine pour agir correctement sur l'évolution de la société, parce que *sans réadaptation, la répression reste vaine et inutile. Mais, comment punir ce qui demain ne sera peut-être plus un délit ?*

En relisant l'histoire des civilisations de l'humanité, les codes d'Hammourabi, les lois de Manou, les XII Tables de la République Romaine nous apprennent qu'ils étaient constitués essentiellement de normes répressives. Par contre le droit pénal traditionnel africain nous enseigne que, hormis les actes qui emportaient une réprobation unanime, les juges cherchaient certes la satisfaction de la victime mais avaient pour objectif majeur : apaiser les inimitiés et éviter que la partie lésée ne se livre à une vendetta. La modération dans le règlement du conflit était donc l'axe qui entrainait tout le reste.

Or, selon le droit d'emprunt, tout est répressif :

Article Premier : - Sont des crimes, les infractions que la loi punit soit de la peine de mort, soit de celle de réclusion criminelle.

« Tout coupable d'assassinat, de parricide ou d'emprisonnement sera puni de mort » art. 227 C. Pénal gabonais même si cette peine est aujourd'hui abolie.

« Tout condamné à mort sera fusillé » Cf. art. 9 ancien C. pénal gabonais ancien.

« Le meurtre emportera la peine de mort lorsqu'il aura été précédé, accompagné ou suivi d'un autre crime ». Art. 229 Code Pénal gabonais.

Article 2 : - Sont des délits, les infractions que la loi punit d'une peine d'emprisonnement de plus d'un mois, ou d'une amende de plus de 24 000 Francs.

Article 3 : - Sont des contraventions, les infractions que la loi punit d'une peine d'emprisonnement d'une durée d'un mois au plus, ou d'une amende quelle qu'en soit la valeur.

Article 4 : - L'amende, la relégation, l'interdiction de séjour, l'interdiction à temps de certains droits civiques, civils et de famille, la fermeture d'établissements, l'interdiction d'exercer une profession et la confiscation spéciale du corps du délit, de ses produits ou des choses destinées à le commettre **sont des peines accessoires ou complémentaires communes aux matières criminelles et correctionnelles.**

C'est bien heureux que depuis le 13 septembre 2007, le gouvernement a pris l'option d'abolir la peine de mort. Cette vieille idée de vengeance n'est plus d'époque. Le débat à son sujet n'a plus de raison d'être. C'est une peine qu'il faut désormais ranger dans le musée où se trouvent **l'abandon royal** (le coupable d'une agression injustifiée est abandonné par les siens au clan adverse) ; **le talion** (œil pour œil, dent pour dent) ; **le fouet, le bûcher, l'amputation de l'oreille, de la main, le ridicule, la bastonnade, l'ostracisme, le bannissement.**

Pourquoi ?

Parce que le caractère sacré de la vie doit faire école, c'est une valeur qui n'a pas de frontière ni de prix.

Parce qu'encore, *« nous ne voulons plus de supplice. Pour nous la cigne s'appelle Socrate, le gibet se nomme Jésus Christ » (disait Victor Hugo).* Et c'est encore bien plus parce que la loi d'un peuple est la mesure de sa civilisation.

Toutefois, le législateur qui a pris l'option de l'abolition de la peine de mort semble se méprendre du progrès réalisé par la loi française qui a mis à la disposition du juge pénal pour qu'il prononce à la place de l'emprisonnement ou à la place de l'amende correctionnelle des peines de substitution comme le jour d'amende, le stage de citoyenneté, le travail d'intérêt général, des peines privatives ou restrictives de droit (article 131-6 ;131-14 code pénal français).

Il reste que c'est sur la base d'une nouvelle technologie juridique que les Tribunaux et Cours devraient dire désormais quelle est la sentence que tel Gabonais devra subir.

Or, l'histoire judiciaire de notre pays est aussi l'histoire d'erreurs judiciaires, l'histoire d'une réalité mouvante d'un Gabon arrimé à un village planétaire dont les normes changent ; il faut s'adapter au rythme, au mouvement de pensée, d'organisation et être à la bonne mode. En cela, il n'y a aucun mal que notre droit de la peine et notre droit judiciaire opèrent les réajustements que réclame le corps social.

La justice est désormais mise à rude épreuve.

La Constitution gabonaise, dans son titre préliminaire intitulé *"Des principes et Droits Fondamentaux"*, alinéa 1er, reconnait *« les Droits de la défense dans le cadre d'un procès garanti à tous, la détention préventive ne doit pas excéder le temps prévu par la loi. »*

A ce titre, la loi fait obligation à l'officier de police judiciaire, aux juges, de voir tout justiciable assisté d'un avocat pour assurer sa défense dès l'enquête préliminaire, au moment de l'instruction, de la mise en détention et du jugement.

Les articles 51, 53, 54 du Code de procédure pénale obligent à respecter la dignité humaine et les droits de la défense que sont :

- Le droit d'avoir un interprète si la personne poursuivie ne sait pas parler français, (articles 307 et 308 du Code de procédure pénale ;
- A informer une personne de sa famille, son entourage ou son employeur ;
- A avoir un avocat : l'avocat communique avec le gardé à vue dans les conditions qui garantissent la confidentialité de l'entretien. A l'issue de l'entretien, l'avocat, qui a **accès au dossier de son client, présente des observations écrites** qui sont jointes au dossier ;
- Lorsque le prévenu ne peut pas constituer un avocat à ses frais, il lui est commis un d'office.

A la barre, la personne poursuivie à la parole en dernier lieu.

Les jugements réputés contradictoires doivent être signifiés pour faire courir les délais d'appel, dispose l'article 312 du Code de procédure pénale gabonais.

Lorsqu'elle est condamnée, la personne poursuivie a droit aux recours à savoir : former opposition au cas où elle n'a pas comparu, relever appel en cas d'un rendu contradictoire ou réputé contradictoire, former un pourvoi en cassation ou encore un recours en révision au cas où la décision a été entachée d'une erreur judicaire.

Ces Droits de la défense, tout comme **la présomption d'innocence,** ont besoin d'être surveillés et contrôlés autrement et renforcés pour connaître leur effectivité.

Pourtant, le moment du déferrement est encore étranger à l'avocat ; le Parquet méconnait les droits de la défense alors qu'il **décide** gravement et unilatéralement du sort de la personne poursuivie.

Le débat contradictoire est écarté sans raison juridique aucune. Quelques procureurs ont pourtant, dans un passé pas lointain, accepté de recevoir la personne déférée avec son avocat, ont entendu les observations de ce dernier sans qu'il puisse se suivre des conséquences dommageables pour la suite de la procédure.

Dans tous les cas, la protection du droit du mis en cause doit s'étendre jusqu'au niveau de la détention provisoire où une pratique se fait jour dans certains cabinets des juges d'instruction où l'avocat ne joue qu'un rôle de figurant.

La présomption d'innocence est une clause de style ; sans que ne paraisse l'affirmation du caractère exceptionnel de la **détention provisoire**. Le principe énoncé par la loi pénale est que : *« La détention* *provisoire est une mesure exceptionnelle qui ne peut être ordonnée qu'en cas de délit ou de crime. Elle a pour but de préserver l'ordre public, la sécurité des personnes et des biens ou d'assurer la conservation des preuves ainsi que la représentation en justice. »*

Ceci veut dire que lorsque la personne poursuivie justifie d'un domicile connu, elle ne peut faire l'objet d'une détention provisoire qu'en cas de crime ; si elle est poursuivie pour un délit, elle ne peut être placée en détention provisoire que lorsqu'elle ne justifie pas d'un domicile connu. A contrario, si elle justifie d'un domicile connu, elle ne peut être placée en détention provisoire. **Elle attend le jugement librement, sauf si ces faits sont graves.**

Quant à la détention préventive, la réflexion qui vient d'ici et d'ailleurs nous invite à la faire nôtre et à penser à une autre politique pénale qui, tout en assurant la sécurité des personnes et des biens, envisage et fait la promotion d'une autre manière de punir le citoyen qui a fauté.

Ce n'est pas à dire qu'il se met en place une justice de l'impunité. Non, ceci est la jeune pousse de la civilisation de l'universel et de l'avènement d'une **perspective de punir autrement**.

Parce que l'être humain n'est pas une table qu'on casse et que l'on peut réparer après coup ; parce que **l'être humain avant d'occuper sa position de marcher debout sur ses jambes rampait comme le singe** ; parce que encore les leçons acquises de la manière dont les ordres juridiques et judiciaires précoloniaux fonctionnaient, leur destruction n'a pas mis en place un ordre juridique et judiciaire si parfait, accepté pour marquer la fin de l'histoire de la discipline et de la sanction.

Aussi, juger autrement fait partie d'une réflexion tant que le besoin de sanction est une nécessité de la vie en société.

Monsieur Jean Pierre FOFE DJOFIA Malewa, observant le cas du fonctionnement de la justice pénale en R.D.C, pays qui, comme le Gabon, a adopté le système d'origine romano-germanique, préconise pour venir à bout de ce phénomène délinquanciel, véritable serpent de mer, que les Etats adoptent *« une politique de la symbiose de la tradition africaine avec la modernité, une politique criminelle participative à dominante victimocentrée (CPDV) visant à encourager la résolution du litige victimocentré de l'infraction par la reconnaissance des droits de chacun [...] replacement de la réparation au cœur de la justice et l'organisation de la prévention autour de la protection et de l'éducation des victimes potentielles».*

L'avantage de ce traitement, c'est d'assurer l'équilibre, symbole de la justice, permettre en même temps le désengorgement de l'appareil judiciaire[138].

Le cas vécu par le peuple japonais est aussi, une autre leçon de civilisation de manière d'être.

« Le Japonais répugne de recourir systématiquement aux Tribunaux étatiques pour obtenir gain de cause »[139].

« Le recours au Tribunal étatique sur la base du droit reçu constitue une solution extrême »[140].

« D'ailleurs, les Tribunaux étatiques s'efforcent de fonctionner comme organes de conciliation lorsqu'une affaire de responsabilité civile arrive devant le Tribunal, ***le juge s'empresse de réunir une commission chargée de concilier les parties****. C'est la procédure extrajudiciaire de Tchôtei. En cas d'échec, le procès peut commencer ; mais, sa première phase consiste encore dans une tentative de conciliation par la Wakai,* ***solution à base de concessions réciproques des deux parties*** *»*[141](arrangement amiable).

Ici, l'esprit de conciliation prédomine. Ce sont là des éléments permettant de dénouer autrement tout litige qui interviendrait dans la cité.

Le droit européen, considérable par sa qualité, met en place des grands principes à portée universelle.

L'article 8 de la Déclaration des Droits de l'Homme et du Citoyen de 1789 dispose que : *« la loi ne doit établir que des peines strictement et évidemment nécessaires et nul ne peut être puni qu'en vertu d'une loi établie et promulguée antérieurement au délit et légalement appliquée ».*

Ce texte pose le principe de légalité et de nécessité de la peine.

---

[138] FOFE DJOFIA Jean Pierre : Malewa in Justice pénale et réalités Sociétales, Ed. L'Harmattan, 2007 p.30

[139] L'acculturation juridique.

[140] In La Réception des Droits privés étrangers comme phénomène de sociologie juridique, Edition L.G. D.J. Paris 1975, P.8-9.

[141] In La Réception des Droits privés étrangers comme phénomène de sociologie juridique, Edition L.G. D.J. Paris 1975, P.8-9.

D'autres principes gouvernent le droit de la peine : **le principe de la proportionnalité des peines, le principe de la personnalité des peines.**

Ces principes sont protégés par les dispositions du Code Pénal ou du Code de Procédure Pénale, mais également dans les textes internationaux.

Les sociétés africaine et japonaise nous donnent à réfléchir sur ce que pourrait être cette orientation.

Dans la société africaine, le procès se déroulait dans une ambiance de débats ordonnés ; les parties allaient à la justice avec l'espoir que l'expérience, la sagesse et la bonne régulation parviendraient à donner un verdict de qualité réfléchie.

Sans être parfaite, la sanction infligée au coupable était acceptée par la victime. Elle visait avant tout **la préservation de la paix dans la communauté**.

C'est un droit utilitaire dont le but est l'intimidation collective, l'intimidation individuelle et la réadaptation sociale.

Fort de tous ces apports des autres peuples, l**a justice pénale de demain** au Gabon consistera à mettre en place une justice ayant une triple fonction : **prévenir**, **punir autrement** et **réadapter**, parce qu'il n'y aura pas de sitôt sur la planète terre pour les humains, de société sans discipline, peut-être qu'on y arrivera ? Mais, pas aujourd'hui !

Dans cette dernière fonction, la peine a pour but de corriger mais **au sens d'amender** ; elle permet d'éviter que le délinquant ne réitère les actes proscrits et de faire en sorte qu'il se conforme désormais aux règles de la vie en société.

On peut retenir, comme relevant du progrès de l'esprit humain, le principe acquis de la fixation de la peine et que désormais il est un droit que la peine prononcée ne peut être que celle fixée par la loi.

Mieux, pour qu'il y ait infraction, il faut que le juge constate la réunion des trois éléments constitutifs que sont : l'élément légal, l'élément matériel, l'élément intentionnel.

Toutefois, même si la juridiction de jugement a une certaine latitude dans les limites et lors de l'exécution de la peine, le juge doit individualiser la peine en se tournant vers le passé et vers l'avenir.

C'est dire que l'office du juge doit être regardant avant d'adapter la peine à la responsabilité propre à chaque délinquant ; auquel cas, il pourra comme le permet la loi, soit diminuer, soit aggraver la peine.

Le juge doit se tourner vers l'avenir pour chercher la peine **qui facilitera la réinsertion sociale** du délinquant. Il pourra alors, tout en prononçant la peine, **dispenser le condamné** de l'exécuter grâce à **l'institution du sursis**.

C'est dire encore que dans un Etat de droit comme le nôtre, il est avantageux que les textes d'incrimination fixent les peines qu'ils prévoient entre un minimum et un maximum, entre lesquels le juge choisira librement.

Quoi qu'il en soit, l'une et l'autre borne peuvent être franchies par les excuses atténuantes, circonstances atténuantes, qui sont des causes légales d'atténuation de la peine ; tout comme on peut obtenir par le jeu de circonstances aggravantes ou par la récidive l'aggravation de la peine.

C'est là **un effort louable**, une méthode, pour contenir la violence et la vengeance fût-elle celle de la société. C'est un pas dans la bonne direction ; à l'opposé des peines vécues par nos ancêtres, avant et pendant la colonisation, qui consistaient en : *« sanctions variant en indemnité payable en esclaves, à la peine de mort, en cas de crime non indemnisé. Il arrivait également que le voleur récidiviste soit vendu aux négriers et le produit de sa cession remis à la victime. La remise de marchandise, "igambo", était la sanction couramment applicable au complice de l'épouse adultère, alors que celle-ci était publiquement flagellée et devenait l'opprobre de sa famille. Les ordalies et l'épreuve du poison, administrées par un connaisseur, étaient fréquentes. Les contraintes par corps, pour le règlement de créances et la prise d'otages dans la famille du débiteur, pour garantir le remboursement d'une dette, la vente des otages, devenus esclaves, en cas de non-paiement dans les délais »*[142].

Une nouvelle conception très présente aujourd'hui trouve sa source dans *« la charte pénitentiaire »* de 1945 ainsi que dans les règles pénitentiaires formulées en 1987 par le Conseil de l'Europe qui fixent les mesures qui doivent désormais être orientées vers ***« la réinsertion sociale »*** et favoriser les relations avec l'extérieur.

L'origine de cette technique d'organisation de la peine est à rechercher dans les principes posés par l'Ecole Sociale Nouvelle. Créée

[142] Séraphin NDAOT-REMBOGO, Les institutions judiciaires du Gabon, publié au Centre d'Edition et de production pour l'enseignement et la recherche, Yaoundé, 1981, p.16

au lendemain de la seconde guerre mondiale, par le magistrat Marc ANCEL, elle émettait l'idée selon laquelle le délinquant devait être *« remis dans le droit chemin »* par l'emploi d'un traitement approprié, respectueux de sa dignité, tout en lui apportant une assistance nécessaire.

Il existe aujourd'hui des peines alternatives qui sont une préfiguration de la société future, pour réguler autrement est désormais possible et à portée de main. Faire de la loi un moyen de transformer positivement la société est le sens de l'histoire.

La justice du XXIe siècle doit prendre cet axe de développement comme celui qui l'emporte sur tout le reste.

Ces idées qui ont pourtant fait école sont aujourd'hui en net recul dans notre environnement où **la peine d'emprisonnement** est devenue systématiquement la *« peine maîtresse ».*

La peine d'emprisonnement continue à faire terreur comme si **le sursis, l'amende, la confiscation** des biens, **le travail d'intérêt général, la mise en débet,** ne peuvent pas être utilisés comme des sanctions alternatives. Pourquoi faire miroiter l'aggravation de la peine comme étant la seule solution au phénomène de la délinquance dans le but de satisfaire **l'émotion de l'opinion ?**

Par ailleurs, on ne saurait sans faire injure à l'intelligence humaine condamner en matière criminelle sans tenir compte des circonstances de la commission du crime, de l'âge du criminel, du fait que les criminels nés sont rares et que le reclassement social, développé par le magistrat français Marc ANCEL, **est un acquis des politiques pénales modernes**. Il y a un vent régressif **à la remorque de l'émotion qui** veut également revenir sur la peine de mort et supprimer la prescription concernant les crimes dits rituels qui en réalité, ne sont rien d'autres que **des crimes de sang aggravés** par l'imputation d'organes, la consommation de la chair humaine.

La solution apportée au crime rituel, avec imputation d'organe, ou à des fins d'anthropophagie n'est ni extraordinaire ni une thérapie convaincante permettant de venir à bout de ce mal qui puise sa source dans la forme de société, puisque déjà l'article 211 du code pénal punissait de travaux forcés à temps fort tout acte d'anthropophagie, toute cession de chair humaine à titre onéreux ou gratuit faite dans le même but sans préjudice de l'application de l'article 229 en ce qui concerne le meurtre commis dans le but d'anthropophagie qui lui est puni de mort.

Le meurtre était puni des travaux forcés à perpétuité (art.229 al 2).

Le meurtre commis avec emploi d'actes de barbarie telle la torture constitue une circonstance aggravante.

Toutes les circonstances aggravantes avaient pour effet de substituer la peine de mort aux travaux forcés à perpétuité. Or, le deuxième article de la loi nouvelle n°11/2016 du 09 août 2016, croyant venir à bout du phénomène en prescrivant que *« le meurtre commis avec prélèvement d'organes ou d'éléments du corps humain à des fins de fétichisme, sorcellerie et/ou commerciales est puni de la réclusion criminelle à perpétuité. Tout condamné pour des crimes visés à l'alinéa ci-dessus ne peut bénéficier d'aucune mesure de grâce ou d'amnistie, de libération conditionnelle ou de réhabilitation et tout autre aménagement des peines ».*

De son côté, la loi n°12/2016 du 09 août 2016 prescrivait que *« les peines prononcées en matière de meurtre avec prélèvement d'organes ou d'éléments du corps humain à des fins de fétichisme, de sorcellerie et/ou commerciales* ***ne peuvent faire l'objet d'une amnistie, de libération conditionnelle ou de tout autre aménagement. »*** *L'*article 3 précisait que *« les peines prononcées par un arrêt rendu en matière criminelle se prescrivent par vingt années révolues à compter de la date où cet arrêt est devenu définitif,* ***à l'exception de meurtre commis avec prélèvement d'organes ou d'éléments du corps humain à des fins de fétichisme, de sorcellerie et/ou commerciales. »***

L'article 355 de la loi n°042/2019 du 05 Juillet 2019 punit *« de peine de réclusion à perpétuité, le coupable de meurtre commis à des fins de prélèvement d'organes, de tissus, de sang ou de tout autre élément ou produit du corps de la victime », « le meurtre suivi d'un tel prélèvement à des fins mercantiles est puni de la même peine ».*

L'article 357 énonce que l'action publique relative aux crimes prévus par les articles 355, 356 et suivants ainsi que les peines prononcées sont imprescriptibles.

Alors que les coups mortels donnés sans intention de donner la mort sont qualifiés de délit par des pays comme le Sénégal, l'article 364 de la loi du 05 Juillet 2019 estime que *« l'auteur des coups et blessures portés volontairement, sans intention de donner la mort, mais qui l'ont pourtant occasionnée est puni de quinze ans de réclusion criminelle ».*

Venant mettre un terme aux dispositions de l'article 232 de la loi n°021 du 31 Mai 1963 pour qui : *« si les coups et blessures faits volontairement, mais sans l'intention de donner la mort, l'ont pourtant occasionnée, le coupable sera puni de la réclusion criminelle à temps ».*

On pouvait être tenté d'être convaincu de ce que le droit pénal n'est pas que répressif et qu'ici l'article 364 ramenant la peine sus évoquée à 15 ans d'emprisonnement participe comme il se doit à la politique pénale des temps présents.

Or, le problème qui s'est posé et qui se pose encore est celui de nommer **crime** cette infraction alors que les faits matériels commis sont des coups et blessures **sans intention de donner la mort**.

Il y a à l'évidence ici un manque de concordance entre les faits matériels commis et le texte d'incrimination susceptible de s'appliquer.

En l'absence d'une intention de donner la mort, d'une volonté de tuer, l'homicide dont s'agit doit revêtir la juste qualification de coups mortels punis comme étant un **délit** devant le Tribunal Correctionnel et non comme un crime passible de la Cour d'Assises.

Autant dire qu'au rythme où vont les réformes, les remises en cause des conquêtes légalistes, il est à craindre que, dans un avenir proche, certains esprits proposent à la Nation et viennent à faire voler en éclats des lois progressistes et annihilent les acquis du droit de la légitime défense de soi ou d'autrui prescrit par l'article 51 du Code Pénal Gabonais qui justifie le crime lorsqu'il a pour but de répondre à une agression contre soi-même ou la personne d'autrui, agression injuste et actuelle, ou la disposition de l'article 50 du Code pénal qui déclare que *« N'est pas punissable, celui qui était atteint au moment de l'infraction d'un trouble psychique ou neuropsychique ayant aboli son discernement ou le contrôle de ses actes »* parce que dira-t-on *« un fou est une personne qui a fait mal, il faut rendre le mal par le mal. »*

Tout comme il y a risque que la disposition adoptée qui intègre dans les faits justificatifs **l'état de nécessité** soit abandonnée.

Les tenants de la répression aveugle comme moyen permanent de régulation des rapports humains ne manqueront pas de crier "halte là" au vent des réformes qui dépasse les bornes car ils sont opposés au progrès lorsque l'ancien article 51 du Code pénal gabonais[143] disposait que : *« Il n'y a ni crime, ni délit lorsque l'acte commandé par la nécessité actuelle de soi-même ou d'autrui à condition que cette défense soit légitime et proportionnée à la nature et à la gravité de l'agression. »*

---

[143]Modifiée par la loi n°19/93 du 27 Août 1993.

Aujourd'hui, l'article 35 de la loi n°042/2018 du 05 Juillet 2019 portant code pénal dispose que : *« n'est pas pénalement responsable la personne qui, face à un danger actuel ou imminent ou une atteinte injustifiée qui menace elle-même, autrui ou un bien, accomplit un acte nécessaire à la sauvegarde de la personne ou du bien, sauf s'il y a disproportion entre les moyens employés et le niveau de menace ou la gravité de l'atteinte ».*

Dans tous les cas, l'état de nécessité **n'est pas le défaut d'intention coupable, il est dû à un mobile particulier**. Il est désormais légalisé.

Il s'apparente à la contrainte. Il est à l'origine de la décision du juge français MAGNAUD qui a eu le courage, et animé par l'esprit de justice, de relaxer une mère qui a volé pour donner des aliments à son enfant affamé.

Ainsi, **ce fait justificatif, en quelque sorte, tire sa source dans des considérations d'ordre social.**

L'état de nécessité c'est la situation de celui à qui il apparaît clairement que le seul moyen d'éviter un mal plus grand ou égal est de causer un mal moins grand ou égal.

L'auteur de l'infraction ne témoigne **d'aucune puissance de nuire**, parce que **« ventre affamé n'a point d'oreille » :** c'est sa particularité. Les conditions requises se résument à un danger actuel ou imminent. Il doit être dû à un fait indépendant de l'agent.

Cependant, l'acte justifié doit être proportionné à la gravité de la menace. Il doit être nécessaire pour sauvegarder la défense de soi-même et d'autrui.

Oui disons-le, le crime dit rituel **n'est rien d'autre que le crime de sang avec cette circonstance aggravante déjà punie de la peine de mort hier**, de la peine d'emprisonnement à perpétuité désormais.

Aujourd'hui, est-ce pour cela qu'il faille revenir sur les conquêtes légalistes acquises de la politique pénale du **reclassement social, du pardon de la société ?** Notons que ce sont les marabouts, les faiseurs de sort et d'autres vendeurs d'illusions qui sont les premières **personnes à identifier, à arrêter et à traduire en justice en même temps que les manipulés.**

Il y a là un horizon limité qui s'illusionne et fait croire qu'il faille **soigner le mal par le mal** ; alors que suivant l'apport d'une réflexion achevée depuis les siècles passés au sujet de la peine de mort et de la prescription, le retour à cette politique pénale ne se justifie plus. Il est inopérant, inefficace et ne peut arrimer notre société aux standards des politiques criminelles de notre temps ; c'est une bifurcation.

Ce vent régressif, le sort de la marche des siècles, c'est un faux pas dans la marche du monde.

N'oublions pas aussi que nous appartenons désormais à un village planétaire ; ce qui se conçoit à OSLO est lu et apprécié en temps réel en Afrique, Asie, Amérique. Le XXIe siècle ne pourra jamais être construit en assemblant, exhumant les ruines du 5e, 16e siècle comme on tente de nous le vendre en ce moment-ci des découvertes et progrès de la science. Ce courant d'idées fait comme si les siècles passés du règne de la justice vengeance n'ont pas instruit l'homme **en quête et épris de justice et de paix sociale**.

Il s'agit là d'une attaque du progrès de l'esprit humain sur la base d'idées reçues et simplistes des vestiges révolus de Lombroso, doctrinaire Italien, théoricien du criminel né pour qui, quiconque viendrait au monde avec un front fuyant, des mâchoires grossières, est un criminel né, à éliminer de la société.

C'est une bifurcation qui déroute. La vengeance de la société à la place de la vengeance individuelle a montré ses limites. Aujourd'hui, nombreux sont les Etats qui abolissent la peine de mort. **Peine à ranger désormais au musée de l'Histoire[144].**

Ce recul n'a pas lieu d'être car il ne se fonde sur rien de nouveau.

Le crime a toujours sa source dans la société. Son aggravation n'appelle pas comme réponse le durcissement de la répression ; comme pour dire l'impuissance de l'être humain à l'éradiquer par des vraies solutions crédibles, efficaces que la société elle-même sécrète tous les jours depuis les temps des temps.

Ces lois de 2016 succédant aux lois sévères de la période coloniale de 1945 auraient pu être des lois modèles en matière de justice et afficher l'ambition de mettre un terme à l'angoisse et à l'amplification du phénomène, grand danger pour la société.

Au lieu d'aggraver la sanction pénale, ce retour à une répression sévère est, de toute évidence, l'impuissance de l'Etat à endiguer la criminalité en cours autrement que par les moyens épuisés. Alors qu'existent :

- L'éducation,
- L'information,

- Le fait de donner goût au travail,
- La démystification des propositions des charlatans et sorciers et autres vendeurs d'illusion en sollicitant la contribution des psychiatres, psychologues qui donneraient des émissions d'éveil, des conférences, feuilletons, films, contes, etc.

Dès lors, une idée surgit : comme on peut le voir, le droit de **la peine au Gabon doit être repensé**.

Mais comment repenser une question qui désormais fait partie des certitudes ?

Comment chercher à résoudre un problème qui, selon les apparences, a déjà trouvé des solutions ?

- La peine du crime, c'est la peine de mort ou la réclusion criminelle ;
- La peine du délit, c'est l'emprisonnement ;
- La peine de la contravention, c'est l'emprisonnement.

Repenser la peine est assurément une question redoutable dans la mesure où nombre de ces certitudes se sont fait un lit néanmoins inconfortable dans un environnement en quête de savoir et de mieux faire. Toute chose égale par ailleurs, ce qui amène à vouloir repenser la peine c'est uniquement : *« l'amour de la justice »* et le refus d'une approche devenue mode qui considère l'être humain comme étant le seul responsable de ses actes au point d'en déduire que ce *« méchant »*, ce *« vilain »* doit être banni de la société.

C'est encore cette confusion et ce discrédit qui entourent ces derniers temps cette institution partie liée à toutes sociétés organisées (il n'existe pas de société sans discipline) qui amène tout curieux à s'associer à qui voudrait faire un renouveau du travail sur la peine. Travail rendu nécessaire et urgent. Il y a un grand besoin de clarifier certaines idées confuses tendant à mélanger deux genres, à savoir **sanctions** et **exclusion** du délinquant qui ne sont pourtant pas forcément liées.

La présupposition qui se suit voudrait que la peine de mort et l'emprisonnement soient, dès lors, considérées comme étant des peines immuables **pour sauver la société du chaos.**

Les pays africains qui n'ont aucune raison d'être en marge de cette évolution ont, depuis 1960, cru bon d'opter pour une politique pénale d'emprunt au droit de la peine de la métropole occidentale.

Toutefois, le législateur gabonais a beau être inspiré par le droit français de la peine, il s'adapte peu aux vraies réformes qui frappent à la porte de notre système pénal et qui ne peuvent qu'enrichir son patrimoine.

Si l'on continue à considérer l'emprisonnement comme étant la seule mesure pour obtenir la paix sociale et à penser que la privation de la vie et de la liberté sont les peines motrices et que l'on secondarise les mesures de prévention, de réadaptation, on aura opté alors pour la politique du surplace : **ce qui est un recul sur la marche des siècles du progrès de la civilisation car ce qui n'avance pas recule au risque de demeurer dans la nuit noire**.

En effet, le droit de la peine constitue une des branches du droit pénal, toujours en évolution, qui obéit à un certain nombre des principes généraux basés sur une philosophie qui s'est construite au fil des ans et grâce à des apports multiples.

Ainsi l'article 8 de la Déclaration des Droits de l'Homme et du Citoyen de 1789 prescrit : *« la loi ne doit établir que des peines strictement et évidemment nécessaires et nul ne peut être puni qu'en vertu d'une loi établie et promulguée antérieure au délit et légalement appliquée. »*

D'autres principes gouvernent le droit de la peine : le **principe de la proportionnalité des peines, le principe d'égalité, le principe de la personnalité des peines**.

Ces principes sont contenus dans les dispositions de notre code pénal et notre code de procédure pénale mais également dans les textes internationaux qui s'imposent aux Gabonais comme la Déclaration Universelle des Droits de l'Homme de 1948, la Résolution Africaine des Droits de l'Homme.

Des dysfonctionnements liés à l'existence de certaines pratiques et habitudes causent d'énormes préjudices à des compatriotes qui parfois n'ont commis aucune faute, ou qui sont oubliés parce que le juge d'instruction, le Parquet et la Chambre d'Accusation sont demeurés pendant longtemps peu regardants de la vie du détenu en milieu carcéral.

Après avoir décerné un mandat de dépôt, le Juge d'Instruction a souvent tendance à considérer que son œuvre de justice s'arrête là et c'est à partir de là que le dossier s'enlise : pas d'interrogatoire, pas d'extraction, le juge se préoccupe peu du suivi du tableau des entrées et des sorties. Les dossiers s'accumulent, seuls les dossiers nouvellement ouverts seront traités. Le passif peut attendre, sic !

Or, les mois, les années passent, mais aussi les générations de Magistrats.

Des vies humaines seront oubliées en détention sans nouvelles et sans jugement.

Il faut sans doute réformer la prison au Gabon en commençant par légiférer. Et revoir la Loi de 1955 qui organise actuellement la prison au Gabon parce qu'elle n'a pas suivi les nombreuses mutations de tous ordres intervenus dans le milieu pénitentiaire. La prison de Libreville par exemple a été construite pour recevoir **300 détenus.** Elle en compte aujourd'hui **1600 :** promiscuité, étouffement, surpopulation, conditions de vie et d'hygiène déplorables sont le lot quotidien. Le personnel pénitentiaire de base est mal recruté, le niveau de conscience professionnelle est étonnamment attendu.

On se souviendra de ce qui s'est passé dans une cellule à la prison, centrale de Libreville où 60 personnes enfermées ont toutes péries il n'y a pas si longtemps ou encore des mouvements de révolte qui n'ont pu laisser dans l'indifférence quiconque a conscience de ce que cette peine pose plus de problèmes à la société qu'elle n'en résout.

L'emprisonnement est une peine qui ne correspond plus à notre état de civilisation et se révèle chaque jour qui passe inefficace à résoudre l'épineux problème de la délinquance, **cette production sociale.**

C'est pourquoi, **si dans l'immédiat, elle s'avère être la moins mauvaise des solutions,** les pouvoirs publics n'ont donc pas d'autres choix que de concevoir deux types d'établissements, dotés des moyens indispensables.

1) Les établissements pour peine ou maisons de sûreté qui reçoivent les condamnés dont la dangerosité est prouvée par une expertise médicale. Ce serait davantage des maisons de psychiatrie.

2) Les centres de détention où seraient incarcérées les personnes dont la peine à subir ou restant à subir les oriente vers la réinsertion sociale.

Un nouveau droit de la peine est désormais né et est devenu **droit de la civilisation de l'universel** de progrès. Il convient de le repérer, le soumettre à la pensée positive. C'est un droit à la vie, un droit à la dignité, un droit à une justice plus humaine par la création de plusieurs mesures alternatives aux poursuites permettant de ne pas engager de poursuites contre le délinquant, à condition que celui-ci se soumette à certaines obligations comme par exemple la composition pénale (forme de transaction), à des mesures de réparation ou de médiation.

Ce n'est pas dire qu'il se met en place une société de l'impunité ; non, ceci est la jeune pousse de la civilisation de l'universel et de l'avènement d'une perspective de punir autrement. Parce que l'être humain n'est pas une table qu'on casse et que l'on peut réparer après coup. Parce que encore, la société ressent toujours le besoin de punir un de ses membres **à condition qu'il y ait faute ; à condition de ne pas punir plus qu'il n'en faut**.

Que la partie civile et la victime ne voient pas là la préfiguration du chaos, convaincues comme elles sont à l'idée selon laquelle le délinquant qui a commis une faute doit payer parce que seul responsable de ses actes ; la loi doit répondre à la violence de la transgression par la sanction qu'il mérite, à telle faute de gravité exceptionnelle doit répondre telle sanction exceptionnelle. L'incarcération, la peine de mort sont les seuls moyens crédibles pour neutraliser les personnes d'une dangerosité redoutable. La loi pénale doit rechercher l'effet de la dissuasion par le renforcement de la répression.

Bien plus, elles ne manqueront pas de croire qu'on s'oriente avec la nouvelle politique pénale de l'abandon de la justice, de sa mission. Il reste que si ce modèle dont rêve la partie civile, la victime avait apporté la bonne réponse au problème permanent de la délinquance, on ne serait plus à chercher d'autres solutions. **On s'en satisferait certainement**.

On se souvient que c'est parce que ce modèle n'a pas eu le résultat escompté, à savoir l'éradication ou même la diminution de la délinquance, que le législateur français l'a abandonné pour s'orienter, se concentrer sur le modèle éducationnel et de réinsertion sociale.

Bien que de nos jours, une ligne d'action en matière pénale se dégage qui souhaiterait voir enfermé chaque criminel, chaque délinquant sans attendre ; toute personne suspecte d'un crime ou d'un délit doit être arrêtée, gardée à vue, mise en détention.

Ceux qui pensent ainsi ignorent une chose : placer un citoyen en garde à vue, le mettre en détention, sont des **décisions graves** que l'Etat de droit n'autorise que **à la seule fin de réunir les preuves, éviter que la personne sur qui pèsent les indices de faute possible s'enfuie ou fasse disparaître les preuves.** Le cas de privation de sortie du territoire est inédit lorsqu'on ne sait pourquoi, par quelle autorité administrative la décision a été prise et sur quel fondement juridique.

N'oublions pas que ce qui est discutable, c'est la nécessité de maintenir quiconque est suspect, à la disposition des autorités judiciaires et policières alors même qu'il n'existe aucun danger pour les personnes, aucun risque de faire disparaitre des preuves ou d'exercer pression sur des témoins, des victimes, ou un véritable risque de fuite.

Priver un citoyen de sa liberté **est une option** avant de traduire le justiciable en justice **à condition qu'il soit évident que les preuves existent** ; elles sont incontestables. Il existe parallèlement la voie de la saisine du juge d'instruction pour une investigation plus approfondie, lorsqu'on **recherche la vérité judiciaire**.

Parce que la liberté est en jeu, parce que l'ordre public est troublé, **toute précipitation est à proscrire**, ainsi l'on évitera l'arbitraire et les erreurs dans les condamnations. Une justice juste c'est **la bonne régulation dans un Etat de droit, à conscience élevée sur les droits** et **devoirs de ses membres**.

Par ailleurs, le législateur contemporain a organisé, dans toutes les juridictions, une offre de justice à juge unique lorsqu'il y a pénurie de magistrats. L'offre de justice à juge unique en matière criminelle lorsqu'il y a un crime financier, un crime militaire, un crime politique, un crime sur mineur, cette offre est devenue un lieu commun qui prend de l'ampleur alors que la juridiction de tutelle et la juridiction d'instruction ont besoin d'une réforme pour que soit introduite la collégialité afin de garantir une justice de qualité.

Cet abandon du principe de la collégialité en matière criminelle en maintenant la compétence du juge unique en matière criminelle sous-estime le niveau hautement technique des problèmes évoqués. Les assesseurs n'ont pas la formation requise, ils ne connaissent pas le droit et la procédure pénale. Le président, un seul juge professionnel, est considéré comme infaillible, infatigable, ce qui n'est vrai dans tous les cas.

Cette juridiction à juge unique pose un autre problème : celui du recours en appel. C'est une nouvelle justice qui se met en place, sous la pression du pouvoir politique qui limite de ce fait la qualité de la justice à offrir aux justiciables.

Organisation des Juridictions à juge unique

	Juridiction des Mineurs	
Composition	**Formation de jugement**	**Dispositions actuelles**

- 1 ou plusieurs magistrats du siège - 1 Magistrat du parquet chargé des mineurs - Greffier	**En matière de Simple police et en matière correctionnelle** - **1 juge unique** **En matière criminelle** - 1 Président - 2 Assesseurs - Greffier Art.14-19 de la loi n°39/2010 du 25 novembre 2010	Art. 1-83 de la loi n°39/2010 du 25 novembre 2010

	Cour Spéciale Militaire		
Composition	**Formation de jugement**	**Dispositions actuelles**	**Dispositions antérieures**
- Magistrats (siège et parquet de la République) - Assesseurs Militaires - 1 Juge d'Instruction	**En matière criminelle :** - 3 Magistrats de carrière - 4 Militaires **En matière délictuelle et contraventionnelle :** - 1 Magistrat - 2 Assesseurs Militaires	Art.38 et s. de la loi n°7/73 du 20 Décembre 1973 portant création du code de justice militaire	Néant

	Cour Criminelle Spéciale instituées souvent par décret et selon la tenue de la session conformément aux dispositions du code de procédure pénale daté du 25 Novembre 2010	
Composition (art.193 et s)	**Formation de jugement**	**Dispositions**
- 1 Magistrat du siège - 1 Magistrat du parquet représentant le Ministère Public - 4 Assesseurs - 1 Greffier	- 1 Magistrats de carrière qui préside l'instance - 4 Assesseurs ayant voix délibérative (art.234 CPP)	Articles 190-248 du code de procédure pénale daté du 25 Novembre 2010

On note également sur le plan organisationnel que dans chaque chef-lieu de province (au Gabon), siège **une Cour d'Assises** qui **juge les crimes sur renvoi de la Chambre d'Accusation**.

Celle-ci se compose de **trois magistrats professionnels** désignés par le Président de la Cour d'Appel et de **neuf jurés** tirés au sort sur des listes établies à partir des listes électorales de chaque commune.

Lorsque le crime a pour auteur un mineur, ce dernier est traduit devant la Cour d'Assises des Mineurs.

Enfin, la Cour d'Assises adopte des formations particulières comprenant des magistrats professionnels en cas de crime militaire, de crime contre la sûreté de l'Etat ou de crime de terrorisme. Une Cour Criminelle Spéciale est créée par décret, comprenant un magistrat unique, juge professionnel et quatre assesseurs pour crimes financiers.

Ces Cours jugent sans appel depuis bien des années avec, comme seul recours, le pourvoi en cassation. Selon la nouvelle loi organique gabonaise : *« la Cour d'Appel statue en premier et dernier ressort en matière criminelle*[145] », alors que le droit d'emprunt a évolué puisque la loi française n°2000-516 du 15 juin 2000 **renforçant la présomption d'innocence et les droits des victimes** met fin à l'impossibilité de faire appel des décisions des Cour d'Assises. Les personnes condamnées pour crime mais aussi le Ministère Public et la partie civile pourront désormais faire appel d'une décision d'une Cour d'Assises.

Les nouvelles dispositions consacrent le principe de l'appel tournant, l'appel étant porté devant une autre Cour d'Assises désignée par la Chambre Criminelle de la Cour de Cassation. Pour l'Outre-mer, la Chambre Criminelle pourra désigner la même Cour d'Assises mais celle-ci devra être autrement composée. Parallèlement, le législateur a supprimé le double degré de juridiction obligatoire lors de l'instruction préparatoire (devant l'ancienne Chambre d'Accusation). L'appel devra être interjeté dans un délai de 10 jours.

Le déroulement de l'audience

L'instance est constituée par l'ensemble des évènements du procès, de l'introduction de l'action à la prise de décision finale par le juge. Lorsque le demandeur a formulé la demande initiale, c'est-à-dire *« celle par laquelle un plaideur prend l'initiative d'un procès en soumettant au juge ses prétentions »* (article 91 du Code de procédure civile), le défendeur peut opposer une défense au fond, c'est-à-dire *« tout moyen qui tend à faire rejeter comme non justifiée, après examen au fond du droit, la prétention de l'adversaire »* (article 108 du Code de procédure civile).

Le même défendeur peut en outre, opposer une exception de procédure, c'est-à-dire *« tout moyen qui tend soit à faire déclarer la procédure irrégulière ou éteinte, soit à en suspendre le cours »* (article 109 du Code de procédure civile).

Enfin, il lui est possible d'opposer une fin de non-recevoir, c'est-à-dire *« tout moyen qui tend à faire déclarer l'adversaire irrecevable en sa demande, sans examen au fond, pour défaut de droit d'agir, tel le défaut de qualité, le défaut d'intérêt, la prescription, le délai préfix, la chose jugée »* (article 133 du Code de procédure civile).

Dans le déroulement de l'instance, **le rôle du juge et des parties diffère suivant que la procédure est accusatoire ou inquisitoriale. Dans le premier cas, le juge doit rester passif et trancher le litige en fonction des argumentations présentées par les parties, dans le**

---

[145] Art. 91 al.2 de la loi organique n°009/2019 du 05 Juillet 2019.

respect du contradictoire. Dans le second cas, le juge a un rôle actif dans la recherche de la vérité. En règle générale, les procédures civile et administrative sont à dominante accusatoire, la procédure pénale à dominante inquisitoriale.

De plus, dans le contentieux privé, en application de l'adage *« aux parties le fait, au juge le droit »*, **les parties doivent établir les faits et le juge appliquer la règle de droit.** Les articles 13 et 16 du Code de Procédure Civile disposent respectivement que : *« à l'appui de leurs prétentions, les parties ont la charge d'alléguer les faits propres à les fonder »* et *« le juge ne peut fonder sa décision sur des faits qui ne sont pas dans le débat »*. L'article 12 du même code ajoute : *« Le juge tranche le litige conformément aux règles de droit qui lui sont applicables. Il doit donner ou restituer leur exacte qualification aux faits et actes litigieux sans s'arrêter à la dénomination que les parties en auraient proposée. »*

On peut alors diviser l'instance en deux phases principales : la première est celle de l'instruction, la seconde celle des débats.

Quand l'affaire est simple, l'audience au cours de laquelle auront lieu les débats peut être fixée dès que les parties ont échangé leurs moyens. Lorsqu'elle est plus complexe, un juge de la mise en état peut être désigné dans le contentieux privé, un juge d'instruction en matière répressive. Devant les juridictions administratives, un rapporteur prépare le dossier pour le compte de la juridiction auprès de laquelle il est affecté.

Lorsque le dossier est prêt, viennent les débats et l'audience. La part de l'écrit et de l'oral est tout à fait variable dans les différentes procédures. En général, la demande doit être présentée par écrit et des conclusions écrites peuvent être échangées. Devant les juridictions sociales, la procédure est essentiellement écrite.

Le moment des débats, moment de la découverte de la vérité, n'est pas celui des incantations mais celui où les parties apportent au juge les éléments d'éclairage, des preuves suffisantes pour qu'il **dise** le droit. Ils doivent se dérouler dans la sérénité, respect du Tribunal, des parties et des avocats qui sont là pour affirmer le Droit par leurs plaidoiries en proposant à la juridiction leur lecture des faits de la cause mais surtout les éléments de droit, les lois, règlements, jurisprudences applicables.

Le président d'audience doit observer la neutralité depuis l'instruction jusqu'à la fin des débats. Il lui est interdit de faire paraître ses impressions parce que la décision n'intervient qu'après délibération.

La délibération doit être un moment de discussions des magistrats ayant pris part à l'audience et non pas de la simple écoute du magistrat rapporteur.

Le Président doit prêter attention et être réceptif.

Le jugement

Dans la conception du droit d'emprunt, **le jugement se définit comme « la décision rendue par une juridiction spécialement organisée pour trancher, en observant une procédure minutieusement réglementée, les contestations que les plaideurs lui soumettent ».**

La décision de justice doit être portée à la connaissance des parties. Dans le cadre de certaines juridictions, le greffe notifie le jugement aux parties, mais en règle générale le jugement doit être signifié, c'est-à-dire présenté par un huissier, mandaté à cet effet par l'une des parties, à l'autre plaideur ou à son représentant (avocat). **La signification revêt une grande importance puisque c'est à partir de sa date que les parties condamnées sont tenues d'exécuter le jugement.**

Il est à recommander que désormais à chaque décision soit insérée l'opinion dissidente comme au Cameroun et dans les pays anglophones.

De même, tous les arrêts prononcés par les Cours d'Appel, Cours de Cassation, qu'ils soient de confirmation ou d'infirmation, de rejet ou de cassation, doivent être portés à la connaissance des juridictions qui ont rendues les décisions querellées.

A cet effet une expédition de chaque arrêt sera adressée aux magistrats et aux présidents des différentes juridictions du pays pour qu'il se constitue une jurisprudence lisible.

A la fin des débats, le jugement doit être rendu, soit immédiatement, soit sur le siège, dans un jour soit dans un délai de 15 jours, un mois maximum à une date que le président doit indiquer aux parties, toute prorogation ; si le prononcé est renvoyé pour plus ample délibéré à une autre date, le Président doit l'indiquer et la porter à la connaissance des parties.

C'est dire que le justiciable attend des Cours et des Tribunaux que soit dit un droit qui rassure.

Il faudra pour cela que le service de l'Inspection des affaires existant chargé des contrôles au Ministère de la Justice soit structuré, renforcé en moyens, en cadres et que les enquêtes des Inspecteurs soient suivies de sanctions parce que le contrôles des registres d'audience, des calendriers, du manque de respect des délais de transmission des dossiers frappés d'Appel et de pourvoi en Cassation ; du respect de la détention préventive ; le travail des Juges d'Instruction et la régularité des enquêtes préliminaires ; les mandats de dépôt doivent être redynamiser et jouer le rôle que le justiciable attend d'eux.

Ces services ont besoin d'une cure de jouvence. Leur mise en éveil apportera un plus à notre grande Dame la justice

Il faut certainement aussi dans un cadre plus large que **les Présidents des juridictions ne s'occupent plus des charges administratives dévolues à des gestionnaires**. Ils doivent jouer le rôle de contrôle, suivi, superviseur et correcteur du travail fait par les magistrats de leurs juridictions et pour pouvoir le faire, leur profil est le critère répondant : compétence morale, compétence professionnelle, âge biologique et âge professionnel.

Et pour plus d'efficacité dans la gestion de l'institution judiciaire, il faudra :

Institutionnaliser un pool des juges de la liberté et de la détention, un pool de magistrats en Chambre d'Accusation expérimentés afin d'éviter les excès et le mauvais zèle ;

Admettre la présence d'un avocat dès le début d'une procédure pénale et à toutes les interrogations de garde à vue et au Parquet ;

Mettre en place une collégialité de l'instruction pour éviter toute subjectivité et tout risque d'erreur ;

Interdire toute détention, pression connue dans les commissariats, cabinets d'instruction ;

Interdire tout aveu extorqué : *« avouez et vous serez libéré »* sic !

Institutionnaliser une commission des procureurs supervisée par un Procureur Général qui assure la liaison entre le Ministère de la Justice et les Juridictions ; c'est dire que le rapport des Procureurs de la République avec le Ministre de la Justice, passe par le Procureur Général. La Commission étant indépendante.

Interdire formellement toute pression du Procureur sur le Juge d'Instruction et toute pratique du Procureur tendant à nier l'indépendance du juge du siège en imposant son point de vue comme étant la décision de justice ; parce que lorsqu'on dit que le Ministère Public est maître des poursuites, cela veut dire en d'autres termes qu'il ne fait pas partie des juridictions de jugement, du siège, et que la loi lui confère la charge d'accuser.

Il est dépendant du pouvoir exécutif dont il peut recevoir des instructions, des orientations qui doivent passer par son supérieur hiérarchique, le Procureur Général près la Cour d'Appel. Le Ministère public assume des missions multiples dans ce sens : selon l'article 43 du code pénal gabonais, *« le Procureur peut ordonner un complément d'enquête, un classement sans suite, une action directe des auteurs devant les juridictions de jugement par procès-verbal d'interrogatoire de crime ou de délit flagrant »*.

L'article 44 de la loi du 05 Juillet 2019 portant code pénal l'autorise à proposer à l'auteur d'une infraction qui reconnait les faits, avant la saisine de la juridiction de jugement et sur accord de la victime, à condition que *« la victime de l'infraction déclenche l'action publique par plainte avec constitution de partie civile ou par citation directe par voie d'huissier »*[146].

C'est dire encore que le ministère Public assume des missions très diversifiées : il peut être partie principale au procès civil ou seulement partie jointe dans une action opposant deux parties. Il engage des actions pénales au nom de la société où il est toujours partie principale. Toutes ses nombreuses missions (article 43-44), il les reçoit afin **de garantir l'Etat de droit** qui est inscrit dans la constitution ; il ne peut de ce fait poser des actes en violation de celle-ci.

Il doit respecter la séparation des pouvoirs nécessaire pour objectiver la vérité. Il doit respect au siège qui a pouvoir de rendre la décision en toute indépendance : c'est le Tribunal. C'est dire que toute pratique tendant à faire pression sur le juge du siège est une bifurcation qui vide la justice de son savoir-faire.

Le parquet pourrait être un organe autonome de l'action de la justice et ne pas être considéré comme une partie au procès pénal. Il exercera alors au nom de la société le statut qui l'amènera à remplir la fonction objective dans l'intérêt de la société ; cela est un beau rêve ; de l'utopie pour l'instant.

Pour les temps présents, le modèle français de la répartition des pouvoirs au niveau du corps judiciaire fait du procureur l'accusation, même s'il requiert à charge et à décharge, il est plus juge de l'opportunité des poursuites, c'est-à-dire qu'il décide si oui ou non la personne soupçonnée de l'infraction pénale doit être jugée ou pas.

A l'instruction, le Procureur ne décide pas ; puisqu'il peut faire appel. Les Juges d'Instruction statuent hors de la personne du procureur qui est partie au procès. La navette de la procédure entre le cabinet

---

[146] Cf. art. précité.

d'instruction et le parquet a pour seule raison d'être de permettre au parquet de requérir à charge et à décharge et non de recueillir des injonctions du parquet. En outre, en raison du manque de célérité constaté dans la transmission des dossiers d'appel en matière correctionnelle, il y a lieu d'améliorer la procédure en sanctionnant la lenteur recherchée ou voulue par l'autorité administrative.

Aussi, dans l'hypothèse de survenance d'un tel cas, **il faudrait que l'article 400 nouveau du code de procédure pénale soit complété et admette que le dossier de l'affaire en souffrance soit reconstitué en appel par l'appelant**, s'il n'a pas été transmis dans les délais d'un mois au Parquet Général, le mandat de dépôt levé, la liberté du condamné ordonnée.

Quant aux vacances judiciaires, il convient d'en faire le bilan complet afin de revoir le fonctionnement de l'année judiciaire.

- Telle est la quintessence de la justice gabonaise, avec ses dysfonctionnements et ses perspectives d'avenir.

C'est une redoutable tâche que de repenser ce qui paraissait évident. On peut retenir en définitive de tout ce qui a pu être dit qu'il est possible de punir autrement dans notre pays. Le droit de la peine en vigueur au Gabon peut progresser grâce à la rencontre, à l'acceptation des mondes et pensées, des techniques juridiques sous l'action accélérant des moyens de communication de plus en plus performants qui font la poussée et le développement d'une civilisation raffinée, d'une pensée juridique nouvelle de progrès, niant tout préjugé de race, de couleurs, de tribus, d'ethnie, retenant seulement les éléments progressistes des originalités de chacune des formes juridiques en rencontre dans la synthèse des seules forces positives de l'humanité : la connaissance de la société, la bonne manière d'être, de l'être humain, de la justice, et de l'amour.

CONSIDERATIONS FINALES

Au terme de cette aventure, il ressort qu'il est impossible de conclure sur la justice car des pratiques judiciaires et des conceptions qui tendent à l'orienter, aucune n'a encore eu raison, ou convaincu le justiciable ici comme ailleurs.

La floraison des discours prônant sa réforme, les efforts des pouvoirs publics concrétisant certaines de ses réformes ne parviennent pas à combler « *les crevasses* ».

Nous ne pourrions à la fin de cette étude ne pas rappeler le fait que les mutations suivies par le droit en vigueur au Gabon donnent lieu à des constances qui configurent certaines garanties des droits des citoyens à portée universelle.

Toutefois, si les changements intervenus dans les droits des pays comme le Gabon comportent des constances, à bien y regarder, ils donnent l'impression que rien n'a changé et qu'en réalité la part de l'héritage, des vestiges l'emportent sur l'apport progressiste que l'on devra adopter parce que relevant du procès du droit ; même si dans certains de ses aspects, la modernité du nouveau code pénal fait une place à des infractions.

On peut constater que les droits qui se mettent en place se font une certaine idée de la place réservée à l'individu dans la société en construction ; de la propriété et ses démembrements, des échanges, des successions, de la famille, de la liberté d'entreprendre, de la fonction sociale, de la sécurité sociale des membres de la collectivité ; des rapports de travail dans et en dehors de l'entreprise, de l'enfance, de la maladie et ses conséquences, de la vieillesse, etc.

Dans beaucoup de cas, les catégories juridiques importées et retenues ici ont été maintenues non en raison de leur rationalité, mais parce que vecteurs essentiels d'un modèle de rapports sociaux et de rapports avec les biens qui rivent l'horizon de l'homme gabonais à un type de société qui veut assurer son hégémonie en régentant le monde.

Les valeurs de la société dont ce droit est porteur s'opposent sur plus d'un aspect à une vie sociale en commun. Mais puisque le discours politique admet que les règles de la vie sociale en commun sont en grande partie, un des moyens pour réaliser une société de qualité, le juge dont l'une des missions est d'appliquer la norme a le devoir de travailler dans le sens de la transformation de l'ancienne société. Il doit contribuer à l'évolution de la **présente forme juridique** en appliquant la loi certes, mais surtout en étant regardant sur certaines catégories juridiques, en tenant compte du niveau de développement du pays, de la valeur de l'être humain, de l'absence ou de l'insuffisance des structures de garanties sociales.

Pour cela, il faut des juges formés et ouverts aux réalités sociales de leur temps et à des modèles d'idéaux qui sont la négation de ceux dominants, sachant faire la part des choses entre l'essentiel et l'accessoire.

Sachant remplacer l'argent par les idées[147].

Sachant quitter le terrain où *« les Etats modernes qui défient la quasi-totalité des règles de la morale élémentaire »* ;

« En réponse aux incertitudes du temps où, on a médiatisé l'affairisme cynique considéré comme un remède au mal économique ».

Les valeurs cardinales du monde libre : la démocratie libérale, les Droits de l'Homme et l'économie de marché.

Il faut des juges qui assimilent le fait que la justice est la soupape de sécurité d'une société, le rempart contre l'arbitraire, et que la fonction essentielle de la justice est **d'apaiser les tensions** en assurant une défense convaincante des citoyens opprimés, dupés, maltraités ; voilà la préoccupation constante du magistrat.

C'est alors que le citoyen pourra satisfaire sa soif de justice et sera convaincu de cette rêverie de Joseph PROUDHON disant en d'autres temps et autres lieux : *« **la justice est humaine**, toute **humaine, rien qu'humaine** »* ; et que sera levé le doute qui s'est installé dans l'esprit de bon nombre de justiciables.

Qu'on le veuille ou pas *« la justice africaine peut et doit reconquérir la crédibilité pour redevenir l'institution qui sécurise le citoyen africain désorienté par le bouleversement de son univers culturel.[148]»*

« Dans cette période de transition [....] la solution n'est ni dans le refuge ni dans la tradition ou dans la modernité, ni dans le reniement de l'une au profit de l'autre, mais assurément dans un effort d'adaptation des solutions de justice à un environnement spécifique...[149] »

---

[147] Guy KONOPNICK in le Journal le Monde, Jeudi 21 janvier 1993, p.11

[148] Maurice KAMTO : une justice entre tradition et modernité in Revue Afrique contemporaine : la justice en Afrique n°156 4e trimestre 1990 p.64.

[149] Maurice KAMTO : une justice entre tradition et modernité in Revue Afrique contemporaine : la justice en Afrique n°156 4e trimestre 1990 p.64.

.../...

La volonté politique est, à bon droit, parfois mis au banc de l'accusé car on ne comprend pas que cette justice puisse souffrir d'un déficit de moyens en personnels, infrastructures, finances, de visibilité constante dans le contrôle de son fonctionnement.

Pas plus que n'est justifiable le fait du refus de redynamiser les structures, les hommes qui l'animent, en optant pour une échappatoire qu'est la C.C.J.A ; ce qui rend d'avantage complexe l'accès à la justice pour le commun des mortels.

Le crédit de la justice à construire est à soigner quel que soit le prix. Ce prix est **financier**. Il y a aussi une éthique à diffuser, à défendre principalement par l'Etat parce que la justice doit être en **toute effectivité publique, contradictoire et égale**.

Ces valeurs ne doivent pas seulement orner les discours des dirigeants en exercice. Elles ont besoin d'être suivies, contrôlées et leur violation sanctionnée, même si cela s'avère dérangeant pour certains esprits *« malins »* parmi les Juges et les Avocats pour que la justice, requière ses lettres de noblesse. Telle est la leçon essentielle que l'on peut retenir en partant du constat fait à partir de l'analyse d'un arrêt atypique rendu par des juges dont les missions sont pourtant clairement prescrites mais qui, à dessein, peuvent refuser de dire la vérité judiciaire.

Avons-nous suffisamment éclairé le justiciable sur ce monde encore caché, cet univers d'un certain langage, de certaines pratiques judiciaires ? Dans tous les cas, l'apport de ces quelques développements a été d'essayer de faire voir que le besoin de justice doit être satisfait et doit l'être comme la soif de l'eau, la faim pour que suivent la paix et l'harmonie entre les hommes, pour que se développe une société sereine et confiante dans son avenir.

Dans tous les cas, n'oublions pas que la justice est un phénomène social qui découle des conditions générales de la vie collective dans un type de société donnée historiquement déterminée. On ne peut donc l'appréhender que suivant les différentes phases de son développement et de son histoire.

C'est dire en d'autres termes que la justice et son droit ne doivent pas être *« considérés de manière isolée et abstraite mais bien plutôt, comme un moment dépendant d'une totalité, en corrélation avec d'autres déterminations qui constituent le caractère d'une nation et d'une époque*[150] ».

[150] HEGEL : Le droit, la morale et la politique, textes choisis par Marie-jeanne KONIGSON PUF. Paris 1977 p.22.

NOTES ET BIBLIOGRAPHIE

Eléments doctrinaux
PREMIERE PARTIE :
COMMENT PROCEDE LE JUGE DANS UNE AFFAIRE OÙ LES PARTIES VIENNENT DEMANDER RAISON ?

- **Jean CARBONNIER,** Essais sur les lois *in* Répertoire du Notariat DEFRENOIS, p.293, imprimerie de France 1979 ;
- **Simone GOYARD**, Essai de critique Phénomène Logique du Droit, paru aux éditions KLINCKSIECK Pau, p.120 Paris 1972 ;
- **Hegel**, in Le Droit, la Morale et la Politique *in* textes choisis par Marie-Jeanne KÖNIGSON Paris 1977 P.19 ;
- **YVES Guyon,** *in* Droit Commercial général des Sociétés, Editions Economica, parue le 01er /01/ 1998 ;
- **Jean LARGUIER** : Droit Pénal des Affaires, collections U, 1980, p.155 ;
- **Michèle Laure RASSAT**, Cours polycopie, Droit pénal criminel, 1982, pp. 286-287 Ed. **;**
- **François RIGAUX,** Introduction à la science du Droit, Editions Vie Ouvrière 1974, p.141 ;
- Revue Projet 65/1972 p.1 14 rue d'Assas Paris 6e

DEUXIEME PARTIE :
L'ACCES A LA JUSTICE : UN BESOIN ET UN DROIT

- **P. Dupré**, Encyclopédie des citations, Editions de Trévisse, Paris 1959 p.4103-4-123 ;
- **André Jean Arnaud**, Clefs pour la justice *in* Collection CLEFS SEGHERS-PARIS 1977 p.9 ;
- **Maurice KAMTO**, Une Justice entre Tradition et Modernité, in La Justice en Afrique, Documentation Française-Paris 1990 ;
- **Loïc CADIET** ;
- **Etienne LEROY**, Le Justiciable et la Redécouverte d'une Voie Négociée des Conflits, *in* La justice en Afrique parue sous la Direction de J. de GAUDUSSON et Gérard CONAC, numéro spécial Afrique Contemporaine 1990 ;

- **Gérard CORNU** : Introduction au Droit Civil, Université Nouvelle Editions Montchrestien, p.43 ;
- **E. DUPOND-MORETTI et Stéphane DURAND**, *in* Directs du Droit Editions Michel Lafon, Paris 2017, pages 27-30 ;

TROISIEME PARTIE :
SANS READAPTATION DU DROIT, LA JUSTICE GABONAISE FAIRAIT DU SUR PLACE, REGRESSERAIT ET DEVIENDRAIT INHUMAINE

- **Martin ALIHANGA,** Structures communautaires traditionnelles et perspectives coopératives dans la société Altogovéenne, Editions Rome, 1976.
- **Dominique DOUBAUT et J. du Bois GAUDISSON**, La création du Droit en Afrique, Editions Karthala Paris 1997 ;
- **René DAVID**, Les Grands Systèmes Juridiques Contemporain, *in* Dalloz ;
- **T. OLAWALA Elias**, La Nature du Droit Coutumier Africain, Editions Présences Africaines, Paris 1967 p.183-190 ;
- **René RARIJOANA**, Le Concept de Propriété en Droit Foncier à Madagascar, Editions Cujus Paris 1967 ;
- **Guy Adjete KOUASSIGAN**, L'homme et la Terre Droits Fonciers Coutumiers et Droit de Propriété en Afrique Occidentale Editions Berger LEVRAULT Paris 1966 ;
- **Christian Aimé NKOGHE**, Magistrat chargé de la publicité foncière à la conservation de la propriété foncière, « L'accès à la propriété foncière », Revue Hebdo-Informations, n°637 du 31 Octobre, 15 Novembre 2015 ;
- **François OST**, A quoi sert le Droit ? Editions Brulant p.559 ;
- **Michel BACHELET,** L.G.D.J. Paris 1963 P.241 ;
- **Charles Blondel**, sur le Droit du Travail en Afrique, p. 28, Editions Paris, 1952 L.G.D.Jp.28 ;
- **Georges RIPERT**, les forces créatrices du droit, in L.G.D.J, paru en 1995 ;
- Quotidien national d'informations l'UNION du 05 avril 2019, p.1 ;
- Agent publics-Nouveau système de pensions de retraite : Arlésienne ou projet inachevé ?-Gabonreview.com I Actualité du

Gabon, Poste par Deo gracias Arambo / dans SOCIETE / 19 mars 2019, https://www.gabonreview.com/blog/agents-publics-nouveau-systeme-de-pensions-de-retraite-arlesienne-ou-projet-inacheve ;

- **J. Baptiste André Godin**, Solutions Sociales parue en 1979 aux Editions La Digitale Paris, p.9 ;
- **Evariste ADJE**, Le Code CIMA peut-il sauver des vies ? *in* Publication AUBEFCI Abidjan, p.206 ; 3ème Trimestre 2014
- **Jean Pierre AKUMBU M'OLUÑA**, Libres propos sur les réformes juridiques au Gabon dans le tourbillon de la Mondialisation Editions l'Harmattan Paris 2008 ;
- **Max LEROY**, L'évaluation du préjudice corporel Editions LITEC, Paris, 1993 ;
- **Lévy-BRUHL** *in* Sociologie du Droit, Editions P.U.F. Paris 1964 cité par J.P. MASSEON in le Pouvoir et la justice en Afrique noire et à Madagascar Ed. Pedon 1966 p.89 ;
- **Hegel**, *in* Le Droit, la Morale et la Politique, textes choisis par Marie-Jeanne KÖNIGSON, Editions PUF Paris 1977 p.22 ;
- **T. OLAWALE Elias**, la Nature du Droit Coutumier Africain, Editions Présence Africaine, Mai 1961 ;
- Quotidien national d'informations l'UNION du mardi 02 octobre 2007 n° 9534 PP 1 et 2 ;
- Quotidien national l'Union du 29 Octobre 2019, page n°3 ;
- **P. BELLET**, *in* la *« Justice Contestée »,* n°594 pages Projet Paris 1972 ;
- **Sylvère NGOUNDOS IDOURAH**, L'Administration de la Justice au Gabon, au Moyen-Congo, Oubangui-Chari et Tchad : de la création des colonies à l'aube des indépendances, Editions L'Harmattan, Paris 2003, Préface ;
- **NDONGO FALL,** Le Droit Pénal Africain à Travers le Système Pénal Sénégalais, Editions Juridiques Africaines, Sénégal 2003 p.13 ;
- **FOFE DJOFIA Jean Pierre**, Malewa *in* Justice pénale et réalités Sociétales, Editions L'Harmattan, 2007 ;
- Quotidien national l'Union du mardi 02 octobre 2007 n° 9534 pp 1 et 2 ;
- Quotidien national d'informations l'Union du 29 Octobre 2019, p. 3 ;
- *In* La Réception des Droits privés étrangers comme phénomène de sociologie juridique, p.8-9 Edition L.G. D.J. Paris 1975 ;

- **Séraphin NDAOT-REMBOGO**, Les Institutions Judiciaires du Gabon, publié au Centre d'Edition et de production pour l'Enseignement et la Recherche, Yaoundé, 1981, p.16 ;
- **Guy KONOPNICK** *in* le Journal le Monde, Jeudi 21 janvier 1993, p.11 ;
- **Maurice KAMTO**, Une Justice entre Tradition et Modernité *in* Revue Afrique Contemporaine, n°156 4e trimestre 1990 p.64 ;
- **Jean – Emmanuel RAY,** in Droit du Travail : Droit Vivant, Editions Liaisons, 2004-2005 ;
- **Augustin EMANE,** in le Droit du Travail au Gabon : Code du Travail commenté, Editions Raponda Walker, décembre 2012 ;
- **Pierre GONIDEC,** in Cours de Droit du Travail Africain et Malgache, Editions Paris 1966 L.G.D.J ;
- Quotidien national d'informations l'Union des 23 et 24 Novembre 2019, p. 4.

Législations

- Loi n°21/63 du 31 mai 1963 (mise à jour en novembre 1994) portant Code Pénal (ancien) éditée par la Direction des Publications Officielles ;
- Constitution de la République Gabonaise, Loi n°3/91 du 26 mars 1991 modifiée par la loi n°1/94 du 18 mars 1994, la Loi n°18/95 du 29 septembre 1995, la Loi n°1/97 du 22 avril 1997, la Loi n°14/2000 du 11 octobre 2000, la Loi n°13/2003 du 19 août 2003, et la Loi n°047/2010 du 12 janvier 2011, Publié sous le haut patronage de la Cour Constitutionnelle du Gabon ;
- Loi n°036/2010 du 25 Novembre 2010 portant Code de Procédure Pénale (ancien) éditée par la Direction des Publications officielles ;
- Loi n°042/2018 du 05 Juillet 2019 portant Code Pénal (nouveau) éditée par la Direction des Publications officielles ;
- Loi n°043/2018 du 05 Juillet 2019 portant Code de Procédure Pénale (nouveau) éditée par la Direction des Publications officielles ;
- Charte Africaine des Droits de l'Homme et des Peuples ;
- Ordonnance n°1/77/ PR du 02 Février 1977 portant adoption du Code de Procédure Civile ;

- Code Civil Gabonais ancien édité par la Direction des Publications officielles ;
- Code Civil français ;
- Loi Organique n°009/2019 du 05 Juillet 2019 portant Organisation de la Justice en République Gabonaise éditée par la Direction des Publications officielles ;
- Loi n°05/78 du 01er Juin 1978 portant Code du Travail de la république Gabonaise (ancien) éditée par la Direction des Publications officielles, N°25 du 28 novembre 1978 ;
- Code Civil français, Editions Litec 1993-1994 ;
- Spécial Code Pénal : In journal officiel République Gabonaise, 30 Juin 2020 n°72 bis, où est publié le décret portant promulgation de la Loi n°006/2020 portant modification de la Loi n°042/2018 du 05 Juillet 2019 interdisant l'homosexualité en République Gabonaise ? ;

ANNEXES

Repère des points de vue dans la presse gabonaise sur l'actualité des difficultés de la justice, du foncier et de la C.N.S.S: points de droit objet du procès.

« Je suis choqué de la perdition de la communauté Fang » dixit Albert MEZUI.

Par **Paul Essonne** · août 4, 2022

Albert MEZUI.

Pendant que nous voulons moderniser éhontément notre coutume Fang, notre socle au gré des nos envies égoïstes, matérialiste.

Pendant que nous prouvons à toutes les autres communautés que nous avons honte de nous-mêmes.

Pourquoi, on continue de mettre les éléments culturels suivants dans les articles qui accompagnent l'argent pour constituer la dot :

REFORMES ET RESPONSABILITE DU MAGISTRAT

ANNÉE judiciaire 2021-2022 s'est ouverte hier, au palais de justice de Libreville, en présence du chef de l'État, Ali Bongo Ondimba, par ailleurs président du Conseil supérieur de la magistrature. Occasion pour le premier président de la Cour de Cassation d'exalter les réformes initiées dans ce secteur. Le procureur général près ladite juridiction a, quant à lui, instruit sur la responsabilité du magistrat.

Pages 2&3

Pour moi quoi...

...Makaya

REFORMES ET RESPONSABILITE DU MAGISTRAT

L'ANNÉE judiciaire 2021-2022 s'est ouverte hier, au palais de justice de Libreville, en présence du chef de l'État, Ali Bongo Ondimba, par ailleurs président du Conseil supérieur de la magistrature. Occasion pour le premier président de la Cour de Cassation d'exalter les réformes initiées dans ce secteur. Le procureur général près ladite juridiction a, quant à lui, instruit sur la responsabilité du magistrat.

Pages 2&3

L'UNION

LITIGE FONCIER DE LONDON : QUI DIT LA VERITE ?

POUR MOI QUOI...

...MAKAYA

L'UNION

PLUS D'INFOS, PLUS PROCHE DE VOUS

lunion.ga

N° 13954 – Samedi 18 et Dimanche 19 Juin 2022 – 500 Fcfa

COMMONWEALTH

Plus qu'une question de jours. Le Gabon devrait entrer le 24 juin, lors de la réunion à Kigali des chefs d'Etat et de gouvernement, dans le cercle des pays appartenant au Commonwealth, pour en devenir officiellement le 55e membre. Un succès diplomatique pour le président Ali Bongo Ondimba.

Page 3

CEP

Les jeunes candidats – 51 051 au total – au Certificat d'études primaires (CEP) 2022 – connaissent depuis hier, à partir des plates-formes numériques XgestEdu et Kewa, leurs résultats. Et ils sont plutôt bons : 40 627 admis, soit un pourcentage de 80,89 %, contre seulement 53,82 % l'année dernière.

Page 6

FOOTBALL

Alors que le National-Foot, dans sa phase régulière, arrive à mi-parcours, voilà que resurgit l'épineux problème des salaires de joueurs. Un paiement qui, en réalité, pâtit de "procédures difficiles et d'un circuit parfois long", fait valoir à L'Union le patron de la Linaf, Brice Mbika Ndjambou.

Page 8

LITIGE FONCIER DE LONDON : QUI DIT LA VÉRITÉ ?

LA destruction brutale – quoique s'appuyant apparemment sur des décisions de justice – d'habitations sur une parcelle au quartier London, mercredi dernier, a conduit le ministère de la Justice à annoncer l'ouverture d'une enquête. La famille établie sur ce terrain depuis plusieurs générations et qui a donc perdu ses biens comme l'acquéreur en revendiquent le titre foncier. Lequel porte... le même numéro.

Page 2

POUR MOI QUOI...

La destruction en milieu de cette semaine des habitations d'une famille à London a bouleversé et heurté la conscience populaire.

On aurait pu éviter cette "injustice". Même si la partie adverse est dans ses droits. Mais que n'a-t-on pas vu dans ce pays ? Et puis, cette famille abusée vit là depuis la fin du XIXe siècle. Alors qu'on est au IIIe millénaire.

D'accord la loi c'est la loi. Elle est froide et à ce titre elle s'applique dans toute sa rigueur. Mais car il y a un "mais". Lorsqu'il y a menace sur la paix sociale, ne peut-on pas lire le droit autrement ? C'est-à-dire, en s'inspirant de nos traditions ancestrales, en protégeant David contre Goliath. Le juge qui a tranché cette "affaire" savait-il que la famille spoliée dispose aussi du même titre foncier brandi par la partie adverse ? Qui a raison ? Qui a tort ? On sait que sous les tropiques tout est tributaire des moyens. Seulement, à un moment, nos juges doivent comprendre que leur responsabilité est immense. Ce qui leur impose beaucoup de recul avant de dire le droit. Avant nous, nos traditions ont fait leurs preuves dans les conflits domaniaux. Par contre le Code Napoléonien est un héritage de la colonisation avec la brutalité qu'elle a générée. Une fois de plus, saluons la promptitude de la ministre de la Justice à relever les faits. Et puis, on est quand même sur les terres de nos ancêtres.

Tenez compte de tous ces paramètres. Encouragez vos contribuables à utiliser l'arme du dialogue qui a su éviter à ce pays bien des drames quoi.

...MAKAYA

LE FAIT DU JOUR

Querelle foncière à London : les arguments des deux parties

UNE famille gabonaise détentrice du titre foncier numéro 2821, section F de la parcelle 52 du nouveau plan cadastral de Libreville, a perdu tous ses biens immobiliers fruit de plusieurs années de dur labeur dans l'opération de destruction initiée par sieur Imad Jaber Nzong. Lequel serait devenu le troisième acquéreur de cette parcelle en 1997 après l'avoir racheté auprès d'un autre Libanais. Aussi, les conclusions de l'enquête ouverte par [illegible] ice pour déterminer le véritable maître des lieux sont-elles attendues par les parties en conflit.

Abel EYEGHE EKORE
Libreville/Gabon

Une vue des maisons détruites.

DANS la mi-journée du mercredi 15 juin dernier, un huissier de justice du cabinet Me Pongui, accompagné de quelques éléments de la force publique, a effectué une descente musclée à London, un quartier du 4e

il a sommé les occupants d'un lot de constructions de déguerpir du site. Et pour cause. Celui-ci est désormais la propriété d'Imad Jaber Nzong, "détenteur" du titre foncier de la parcelle en question. Aussi dite, aussitôt la décision de la justice est mise en exécution. Un engin lourd (un caterpillar) s'est mis à tout casser. Si les occupants ont promptement pu enlever quelques effets, Gervais Pylla, le chef de famille, évoque la destruction de 15 maisons à usage d'habitation, érigées sur cet espace de plus de 1 200

occupants et Imad Jaber Nzong depuis plus de deux décennies. Cette querelle foncière dont les images ont abondamment circulé sur les réseaux sociaux et les médias périphériques, a fait réagir au plus haut niveau le ministère de la Justice. D'autant que, dans un communiqué, le ministre de la Justice, garde des Sceaux, chargée des droits de l'Homme et de l'Égalité des genres, Erlyne Antonela Ndembet-Damas, a ordonné l'ouverture d'une enquête " afin de déterminer la réalité des faits ".

savoir plus, L'Union a rencontré les différentes parties en conflit pour mieux être situé. Sur le site démoli, Gervais Pally a donc relaté les faits. Il a présenté la zone, une sorte de village fondé en 1904 sur laquelle sa famille a consenti des investissements. Au fur et à mesure, le terrain de près de 5 hectares s'est effrité. Au point qu'ils ne sont restés qu'avec la parcelle querellée dont la superficie est évaluée à 1 200 mètres carrés.

Selon le plaignant, sa famille détiendrait le titre foncier numéro 2821, section F de la parcelle 52 du nouveau plan cadastral de Libreville. Il dit en plus n'être pas au courant d'une quelconque vente de cette parcelle, par qui que ce soit dans la famille. D'où son étonnement, au regard de ce que sieur Imad Jaber Nzong prétend détenir un titre foncier du site. Avec, s'il vous plaît, le même numéro. Toute chose qui, selon le chef de famille, s'assimilerait à un faux. D'où son interposition aux velléités de destruction de leurs biens par le fameux propriétaire.

plaignants. Hussein Jaber fils raconte : " Cela fait 24 ans que nous sommes dans la procédure pour tenter de rentrer en possession de notre terrain. M. Jaber est le troisième acquéreur de ce terrain en 1997, après l'avoir racheté auprès d'un autre Libanais, lequel l'avait préalablement payé ". Dans ses explications, il n'a pas manqué de brandir des documents juridiques établis à cet effet. Puis Hussein Jaber de poursuivre : " Nous ne pouvons pas agir sans que la loi ne l'autorise. Si nous avons procédé à la destruction, c'est parce que la loi nous a autorisés à le faire. Nous avons approché toutes les juridictions, celles-ci ont donné raison à notre requête. Nous avons donc agi conformément à la loi". Le propriétaire "légal" du site serait d'ailleurs prêt, " pour des raisons humanitaires ", à céder une parcelle de 500 mètres carrés clôturée à la famille déguerpie du côté de Malibé dans la commune d'Akanda. En plus des moyens financiers permettant à cette dernière de se réinstaller confortablement.

L'enquête ouverte par le ministère de la Justice devra donc permettre aux propriétaires légaux de cette parcelle de rentrer dans leurs droits. Les deux parties attendent donc vivement les conclusions de la Chancellerie.

Contrepoint

Quid de ces titres fonciers spontanés et ces agissements brutaux ?

EMA
Libreville/Gabon

ET de... ! On se perd en conjectures, tellement les outrances de nos compatriotes, libanais d'origine, concernant les titres fonciers qu'ils ne savent défendre qu'en détruisant les biens immobiliers qui se trouvent sur les espaces querellés, par leur nombre, exaspèrent l'opinion.

L'opération de destruction de toute une concession au quartier London de Libreville, mercredi dernier, procède de cette catégorie de défense d'un bien à partir de la possession d'un titre foncier. La démarche, la bonne, serait-elle à montrer les muscles pour faire droit et s'arroger une parcelle ou un domaine ? L'on a encore à l'esprit la démolition à coups d'engins lourds par un sujet libanais de l'établissement d'enseignement privé jouxtant l'école publique de Lalala. Là aussi, l'argument brandi était un titre foncier dont ce dernier se prévalait, alors que l'établissement détruit existe à cet endroit depuis des décennies.

Ces titres fonciers subits, qui surgissent bien des années après, doivent faire l'objet d'une dissection sérieuse et minutieuse pour en comprendre la validité et l'authenticité. Sans jeter la suspicion sur ces documents officiels, leur spontanéité, avec vocation à remettre en cause des décennies d'investissements importants, n'invite-t-elle pas à un certain recul ? Dans le cas de London, c'est une famille qui est là depuis plusieurs décennies. Il s'agit d'un bien légué par l'ancêtre disparu à ses fils, petits-fils et arrière-petits-fils qui en jouissaient dans la quiétude. Sans s'imaginer qu'un titre foncier existait après (ou avant ?) l'occupation familiale du terrain. Et la seule explication connue et valable aux yeux du prétendant est l'engin lourd pour tout démolir.

Que dire de certains huissiers de justice, dont les exploits sont toujours sujets à caution et dont les conséquences des actions sont souvent irrattrapables ! Ces frères libanais, parce que gabonais devenus, n'ont-ils pas une autre façon moins brutale et plus amène de s'affirmer ?

Sur un registre différent (mais un différend tout de même), à Franceville dans le Haut-Ogooué, c'est un autre compatriote de la même origine, commerçant, qui s'est illustré en portant... main à un élu local. Certes, la condamnation judiciaire ne fut pas à la hauteur de l'affront : trois mois de prison...

N'est-il pas venu le temps de faire entendre raison et mettre le holà à de tels agissements ?

Propriété foncière au Gabon

Une famille gabonaise à la belle étoile

Une famille gabonaise vient de se faire déloger à Glass par des sujets libanais (les frères Jaber). Ce dernier, possédant une décision du tribunal, a eu recours à des huissiers qui sont venus avec un bulldozer et des éléments de la police pour démolir le domicile d'une famille qui, en clin d'œil, s'est retrouvée dans la rue. Voilà qui repose le problème du foncier au Gabon et la propension des étrangers à déloger les compatriotes sans le moindre remords.

Il semble que les parties en conflit étaient devant la justice depuis 45 ans. Toute une vie. Les délogés disent être sur la parcelle depuis 1923. Or, c'est muni d'un acte de vente non signé que les Libanais se seraient fait délivrer des documents du terrain jusqu'à l'obtention de plusieurs titres fonciers différents. Est-ce sur cette base que la justice s'est prononcée en leur faveur en désavouant les vrais propriétaires du sol ? Déboussolés par cette action, les résidents dépossédés de leur terre disent eux aussi être en possession d'un titre foncier. Sur quelle base le Libanais a-t-il obtenu le sien ?

Gervais, le chef de famille, raconte la mésaventure : « *Hier, nous avons reçu la visite des huissiers venus nous prévenir qu'ils allaient venir casser alors qu'ils devaient attendre que la Cour de cassation se prononce. Nous avons un pourvoi en cassation et une demande de sursis à exécution qui est pendante sur la table de la Cour de cassation. Normalement, ils auraient dû sursoir. Je ne sais pas là où on va aller dès ce soir dormir à la belle étoile. Cela prouve aujourd'hui que c'est Monsieur Jabber qui dirige le Gabon...* »

Il est temps que nos parlementaires revolent la législation gabonaise en matière d'attribution des terres. C'est vrai que les torts sont partagés, au regard de la propension de certains de nos compatriotes à vendre vite et tout de suite des terrains aux expatriés. Parfois sans l'adhésion de l'ensemble des membres de la famille. Nous ne pensons pas qu'au Liban, par exemple, ou même à côté, chez nos voisins camerounais, équatoguinéens ou congolais, des expatriés puissent accéder à la propriété foncière aussi rapidement.

Tout le monde sait la difficulté à obtenir un lopin de terre à Libreville et y ériger son logement. L'Etat devra faire en sorte que les compatriotes qui ont réussi à y accéder soient protégés et ne puissent faire l'objet de déguerpissement, quelles que soient les conditions. Il faut éviter de susciter chez nos compatriotes ce sentiment de frustration qui peut faire naître une sorte de xénophobie à force de se voir humilié par des Libanais venus faire fortune au Gabon et qui semblent se sentir mieux protégés, en termes d'attribution des terres, que les Gabonais sur leur propre sol. Hier c'était une maternelle qui était démolie à Oloumi par un sujet libanais. Là, c'est toute une famille qui se retrouve dans la rue à cause d'un sujet libanais. Sur les réseaux sociaux, les Gabonais ne cachent pas leur indignation depuis hier...

Le M

Journal Le Mbandja N° 661 du Vendredi 17 Juin 2022. Page 8

TABLES DES MATIERES

Devenez auteur chez Les impliqués

Comme l'auteur du livre que vous tenez entre vos mains vous rêvez d'être publié? Alors...

...Vous aussi, osez la grande aventure de l'édition en nous faisant parvenir dès maintenant votre manuscrit. Pour cela, rendez-vous sur notre site:

www.lesimpliques.fr/envoi_manuscrits

Notre comité de lecture se fera un plaisir de vous lire et de vous accueillir parmi nos auteurs.

www.ingramcontent.com/pod-product-compliance
Lightning Source LLC
LaVergne TN
LVHW010914051026
849532LV00003B/695
* 9 7 8 2 3 8 5 4 1 3 0 2 6 *